上海出版资金项目
Shanghai Publishing Funds

8

课堂教学卷

于漪全集

上海教育出版社

亲授60年从教经验

"学霸"最喜欢提问题

绿化校园,汗水浇灌,享受美丽

春节期间,66届(1)班学生来访,拍全家福

出版说明

《于漪全集》是基础教育领域首部特级教师的全集,也是上海教育出版社为特级教师出版的第一部全集。它的出版,对于传承、弘扬和建设新时代社会主义文化,对于以教育自信创建自信的教育具有重要意义。

《于漪全集》收录了于漪在不同时期发表于全国各类期刊和出版于多种图书的论文、讲话、序跋等作品。难免挂一漏万,故对写作时间和文章出处不一一注明,留待日后修订逐步完善。同时,对原发期刊编辑部、图书出版单位一并致谢。

全集由上海市教师学研究会组织有关教师、专家编辑。于漪的教育思想植根于教学实践,是理论与实践的有机融合和生动阐述。有时一材多用,是为了从不同角度阐释相关问题,为读者呈现丰富的不同历史阶段的思考成果。

全集以"一辈子学做教师"为线索,根据文章内容,共分 8 卷 21 册,从基础教育、语文教育、课堂教学、阅读教学、写作教学、教师成长、序言书信、教育人生八个方面多维度展现于漪来自教育第一线的理论研究成果,力求树立当代教育家的典型形象。

目录

教学实录八篇

《拿来主义》教学实录 3

《事事关心》教学实录(节选) 30

《卖油翁》教学实录 39

《七根火柴》教学实录 70

"'课余'作文讲评"教学实录 96

《聪明人和傻子和奴才》教学实录 116

《晋祠》教学实录 129

《春》教学实录 160

中学语文备课手册

第四单元教学设计(初中语文教材第一册) 193

《香山红叶》 195

《济南的冬天》 204

《春》 220

《海滨仲夏夜》 230

第三单元教学设计(初中语文教材第四册) 239
    诗三首 239

第五单元教学设计(初中语文教材第六册) 252
    《地质之光》 253
    《二六七号牢房》 261

知识短文教学设计(初中语文教材第六册) 270
    《句与句之间》 270

第一单元教学设计(高中语文教材第三册) 275
    《风景谈》 275

教学实录八篇

《拿来主义》教学实录[①]

时　　间：1979年12月8日（星期六，上午第一、二节课）
任课老师：杨浦中学　于漪
班　　级：初二(1)班

第 一 课 时

（预备铃后，师、生齐背：《扬子江》《示儿》《枫桥夜泊》《饮湖上初晴后雨》和《题西林壁》）

师： 我们同学课外阅读的兴趣很浓，阅读的范围比较广泛。半个学期以来，我初步统计了一下：全班同学看的杂志种类，多达67种，科技的作品不说，就是中外文学作品，也有270多本，也就是说，这个学期平均每个同学已看了课外书籍5本左右。有一个同学看得非常多，连杂志带书籍共四十几本。书的种类也是很多，譬如说：有唐宋诗词，有《三国演义》《水浒》《红楼梦》，还有同学看"西厢"。（学生笑声）

《西厢记》，我曾借来看了一看，是"王西厢"。还有同学看明清笔记

[①] 1979年，中国改革开放刚刚起步，当时初二语文教材中并没有收录鲁迅先生的《拿来主义》，但作者觉得有必要学习，于是在课堂上给学生补充了这篇经典作品。作者通过《拿来主义》这篇文章，深刻分析了对待中外文化遗产的三种不同态度，结合1978年全国科学大会文件《提高整个中华民族的科学文化水平》中的内容，高度赞扬了"拿来主义"思想。

小说,是选译的。外国文学作品也看了不少。有的看列夫·托尔斯泰的《安娜·卡列尼娜》《战争与和平》;巴尔扎克的《高老头》,听到过吗?〔生(集体):听到过。〕还有看雨果的《悲惨世界》等。总而言之,古今中外的作品都有。对古代的和外国的文学作品,对这一些文化遗产,我们在接触的时候,看的时候,应该采取什么态度呢?——今天我们学习鲁迅先生的《拿来主义》,从中可以受到启发,得到教益。现在请同学们看课文。鲁迅的《拿来主义》这篇文章选自什么地方?请一个同学讲讲看。

生1:选自《鲁迅全集》第六卷《且介亭杂文》。

师:请坐。对不对?〔生(部分):对。〕对?我说这里头有几个字要注意啊。选自《鲁迅全集》第六卷的《且介亭杂文》,实际上是"租界亭"——《且(租)介(界)亭杂文》。(边讲边板书:租界)租界。有段时间,鲁迅先生住在上海闸北帝国主义越界筑路区域,(边讲边板书:越界筑路区域)这个地区有"半租界"之称。(在板书"租界"之前,板书:半)鲁迅先生有很强烈的民族自尊心,对帝国主义十分憎恨,因此,取"租界"二字的一半,表示愤慨之情。(在板书"租界"两字上,用红粉笔各圈一半:租界)半租界,取其一半,就变成什么啦?"且介"。以后记住"且介"的意思。

师、生(集体):且(租)介(界)亭。

师:"拿来主义"是鲁迅先生自己创造的词语。什么叫"拿来主义"呢?为什么对文化遗产必须拿来呢?这就是我们学这篇课文要解答的问题。我们先看文章的第一部分——第一部分是从第1~4段。大家在书上做好记号。

先看第1段,请同学们思考:鲁迅先生在提出"拿来主义"主张之前,先批判了什么主义?(学生议论)什么主义?××讲。(指定学生)

生2:首先批判了"闭关主义"和"送去主义"。

师：先是批判了"闭关主义"和"送去主义"。对不对？[**生**（部分）：对。]（板书：闭关主义）请同学们考虑一下，这一段的重点是在哪里？

生（集体）："送去主义"。

师："送去主义"。（板书：送去主义）重点是批判"送去主义"。我们先看文章的第一、二两句。（朗读）"中国一向是所谓'闭关主义'"。什么叫"闭关主义"呢？鲁迅先生作了精辟的解释，他是怎样说的？

生（集体）："自己不去，别人也不许来。"

师：对。（朗读）"自己不去，别人也不许来。自从给枪炮打破了大门之后，又碰了一串钉子，到现在，成了什么都是'送去主义'了。"原来是"闭关主义"——"自己不去，别人也不许来。"这就是说怎么样呀？

生（个别）：排外。

师：排外，盲目排外。可是后来就变了。"自从给枪炮打破了大门之后"，同学们知不知道："给枪炮打破了大门"是怎么回事情？

生（集体）：鸦片战争。

师：对。1840年英帝国主义用鸦片和枪炮打破了清王朝的大门之后，"又碰了一串钉子"——（个别学生举手，教师指名）

生 3：什么叫"又碰了一串钉子"？是什么意思？

师：有谁知道吗？第一次鸦片战争以后，接着就是什么？第二次鸦片战争，以后又是中法战争，我们看电影的时候接触到邓世昌，那是——

生（部分）：中日甲午战争。

师：对，甲午战争。以后又有八国联军等。凡是帝国主义侵略我国，发生了战争以后，我们无不丧权辱国。

生（个别）：（插话）割地赔款。

师：你讲得对，割地赔款，这就是"碰了一串钉子"的内容。"到现在，成了什么都是'送去主义'了。"这两句话非常概括地说明了近代以来,从清政府开始,怎样从盲目地排外到一味地媚外,从"闭关主义"一变而成为"送去主义",这一句理解了吗?

生:理解了。

师:现在请同学们看下面的文章。什么是"送去主义"呢?鲁迅先生摆了三个事实——当时的三件事实,来揭露国民党反动派搞的"送去主义"。请同学们看,哪三件?(指定学生)

生4:第一件,是把一批古董送到巴黎去展览;第二件,是几位"大师"们捧着几张古画和新画,在欧洲各国一路挂过去;第三件,是送梅兰芳博士到苏联去。

师:对不对?

生5:"顺便到欧洲传道。"

师:好,补充一句,还"顺便到欧洲传道"。这三件事情大家看得很清楚。你们看这里三件事情,都着眼在一个什么字上面?

生(集体):"送"。

师:"送"。"先送"什么?

生(集体):古董。

师:先送古董到巴黎去展览。第二件没有用"送"字,但是里头有没有"送"呀?有的。这里用了什么字?

生(部分):"捧"。

师:"捧"。事实上也有送,就是没有明写,对吗?是再送几位"大师",让他们捧着几张古画和新画,把这个"再送"——

生(个别):省略了。

师:哎,省略了。×××(指插话学生)讲得对。第三件是还要送——"送梅兰芳博士到苏联去,以催进'象征主义'"。鲁迅先生就用了当时发生的三件事情,来揭露"送去主义"是什么货色。当然单是这三个"送"字,还不能说明问题,还得看每一句话的后半句。刚才××同学(指生 5)已经看出来了,鲁迅先生的文章是做在后半句的。你们看对不对?譬如说第一件,是"先送一批古董到巴黎去展览"——名义上是展览,展览有没有错呀?[生(集体):没有。]没有错,关键在哪里?

生(集体):"但终'不知后事如何'。"

师:对,"后事"什么意思?

生(部分):以后的事情;(个别):结果。

师:以后的事情,结果。那"不知后事如何",能够理解吗?(学生议论)好,你说。(指定学生)

生6:名义上是拿去展览,其实是送给人家的。

师:送给人家的。鲁迅先生知道不知道呀?[生(集体):知道的。]但是鲁迅先生怎么说呀?

生(部分):"不知"。

师:知道还是"不知"?[生(集体):知道。]那么,用"不知"是什么意思?

生(部分):反用。

师:是反用——用反语来讽刺。以展览古董为名,行盗卖古董之实。(板书:盗卖)盗卖文物、盗卖珍宝给帝国主义。鲁迅先生明明知道后事怎样,却说"不知后事如何",以此来表达自己强烈的憎恨。这是第一件事情。第二,再送什么呢?再送几位"大师"——让"'大师'们捧着几张古画和新画,在欧洲各国一路的挂过去"。文章也做在后面,叫什么?

生(集体):"发扬国光。"

师:大家看出来了,文章也做在后面哪!这些"大师"们展览画有没有罪呀?[生(集体):没有。]没有罪,关键就在后面,国民党反动派和反动文人借这个叫嚷说"发扬国光"——发扬国家的光荣,把这些名画——有古画,有新画,送到帝国主义国家去,来博得帝国主义的欢心。

7

第三,文章做在什么地方?

生(部分):"象征主义"。

师:注意,"催进'象征主义'",下面注解讲得很清楚,这纯粹是什么?

生(个别):胡说。

师:对,胡说。×××(指插话学生)看到了。这纯粹是造谣、胡说,不是事实。当时苏联象征主义已经没落,而有些反动文人造谣,说梅兰芳博士到苏联去,就可以催进"象征主义"。所以,"不知后事如何","叫作'发扬国光'","催进'象征主义'",其实质是一样的。从这里可以知道什么是"送去主义"?——它实质上是什么?(边讲边板书:实质)

生7:媚外主义。

师:对,是卖国、媚外。(边讲边板书:卖国 媚外)昨天预习的时候有同学问:"鲁迅先生在这里是不是批判梅兰芳博士?"你们看是不是?〔**生**(集体):不是。〕喔,不是的。锋芒指向国民党反动派和摇旗呐喊的反动文人,他们借古董、借大师的名画和借梅兰芳博士的艺术,来进行媚外的勾当。"送去主义"的实质就是卖国、媚外。这三件事情揭露得很深刻。鲁迅先生在这一段末尾讲了什么?一起读。

生(集体):(朗读)"我在这里不想讨论梅博士演艺和象征主义的关系,总之,活人代替了古董,我敢说,也可以算得显出一点进步了。"

师:大家想想看,是"进步"吗?〔**生**(集体):不是。〕是什么?

生(集体):是倒退。

师:是倒退,是没落,是堕落。到了这样一个无耻媚外的地步:原来是用物——古物,现在竟怎么样呢?

生(集体):用活人。

师:对,用活人。卖国的丑剧愈演愈烈!所以在这里鲁迅先生又用了一个什么手法来写的?

生（集体）：反语。

师：为什么要用这个手法呢？

生（集体）：揭露国民党反动派。

师：对。字里行间充满对国民党反动派强烈的憎恨。现在我们搞清楚了，鲁迅先生是摆了当时的三件事实，去揭露、批判"送去主义"的。请同学们思考，这是不是"送去主义"的全部内容？〔生（集体）：不是。〕你们怎么看出来的？请大家仔细读课文，找出说明这个问题的关键语句。

生8：这里说的"单是学艺上的东西"。

师：你把这一句完整地读一读看。

生8：（朗读）"别的且不说罢，单是学艺上的东西。"

师：对。这里是讲的"单是学艺上的东西"。这个"学艺"就是文学艺术。"别的且不说罢，单是学艺上的东西"——单是讲文学艺术上的事情。因此上面讲的古董也好，"大师"捧着画到欧洲各国一路的挂过去也好，造谣说梅兰芳到苏联去催进"象征主义"也好，都是讲的什么？

生（集体）：学艺上的事情。

师：这就把所要揭露的、论述的范围，加以严格限制。其实国民党反动派搞"送去主义"，何止只是学艺上的问题？何止只是文化领域的事情？当时是1934年，日本帝国主义的魔爪已经伸到了东北、华北，国民党反动派实行卖国政策，拱手把大片国土送给帝国主义。主权、资源，我们的经济命脉，很多就是由英美帝国主义控制的。所以"送去主义"的内容，不仅仅是文化领域。鲁迅先生说，"到现在，成了什么都是'送去主义'了"，但是这一篇文章是讲什么领域的问题？

生（集体）：学艺。

师：学艺，文化领域的。"别的且不说罢，单是学艺上的东西"，这样就把论述的范围规定得非常明确，论述得很严密。这是我们要学习的。

这一段,我们一起读,看理解了没有?不理解还可以问。"中国一向是所谓'闭关主义'"——

生(集体):(齐读第1段)"中国一向是所谓'闭关主义',……我敢说,也可以算得显出一点进步了。"

师:读得很好,就是有一个词颠倒了,我们现在的习惯是读——

生(集体):代替。

师:这儿是什么?

生(集体):替代。

师:对了,"活人替代了古董"。现在我们从"总之"读起。

生(集体):(齐读)"总之,……我敢说,也可以算得显出一点进步了。"

师:鲁迅先生就是摆了当时大家所熟知的三件事情,来深刻地揭露国民党反动派的卖国、媚外政策——送去,送去,送去!"但我们没有人根据了'礼尚往来'的仪节,说道:拿来!"你有送去嘛,还应该怎么啦?

生(集体):"拿来"。

师:哎,"拿来"。可是,当时就是只送——

生(集体):不拿。

师:只送去,不拿来。只送去不拿来的后果怎样呢?请同学们默读第3段,找出关键的词语,说明只送去不拿来的后果将是怎么样?(板书:后果)

(学生各自默读第3段;教师巡视、指导)

师:能够找出关键的词句来说明吗?有问题也可以问。

生9:我们的子孙,"当佳节大典之际,他们拿不出东西来,只好磕头贺喜,讨一点残羹冷炙做奖赏。"

师:有不同意见吗?——没有,都找的是这一句呀?对不?[生(部分):对。]对的。只送去不拿来,其结果是我们的子孙呢,当佳节大典之际,拿不出东西来,只好磕头贺喜,讨一点残羹冷——什么?

生(集体):"zhì(炙)"。

师:做奖赏。这里有一个词很重要,说说看——

生(集体):"讨"。

师:对了。其结果只能是什么呀?——讨乞。这就是后果!只送去不拿来,其后果只能向帝国主义讨乞——"讨",很重要,刻画出所处的地位与神态,把这个词圈起来。可是,从行文上看,鲁迅先生并没有马上就讲这句话,而是在这句话的前面作了深刻的揭露和说理。请同学们朗读第3段,思考回答:作者在讲述"送去主义"的后果之前,谈了哪几层意思?

(学生各自朗读;教师巡视、指导)

生10:"一者见得丰富"的"者"是什么意思?

师:好,请坐。还有问题吗?

生11:"中国也不是"什么意思?

师:好,请坐。"一者见得丰富"的"者"有谁理解?

生12:当标点符号用,表示停顿。

师:理解得很好。现在请一位同学说说,作者在讲述"送去主义"的后果之前,说了哪几层意思?

生13:先说不是坏事情,再说尼采自诩是太阳,还说中国地下的煤足够世界几万年用。

师:有补充意见吗?有修改意见吗?

生14:送出去是坏事情,鲁迅说"不是坏事情"是反语,讽刺国民党反动派的卖国政策。

师:理解得很好。这里作者抓住反动派无耻的话加以深刻地揭露。那些无耻之徒,曾自我解嘲地说,中国地大物博,开化最早,由此推论,送给人家显得怎样?

生（集体）:"大度"。

师:"大度"是什么意思？看注解。

生（集体）:"宽宏大量的气度。"

师:对。鲁迅先生在这里用反语讽刺，揭露卖国有理的反动谬论，对这种谬论进行了有力的鞭挞。

生（个别）:鞭策。

师:"鞭策"与"鞭挞"不同。"鞭策"是什么意思？

生（部分）:鼓励。

师:鼓励、促进。"鞭挞"是鞭打、抨击的意思。（板书:鞭）自诩太阳为比较。"诩"怎么写？（做手势空书）

生（集体）:言字旁，羽毛的羽。

师:"自诩"是什么意思？

生（集体）:自己夸耀自己。

师:"自诩"到怎样荒唐可笑的地步呢？

生（集体）:"只是给与，不想取得。"

师:对。"只是给与，不想取得"，跟"送去主义"不是一样吗？只是"送去"，从不讲"拿来"。尼采为此自诩——

生（个别）:发了疯。

师:发了疯，遭到人民的唾弃。剖析尼采只给与、不想取得的荒唐是第二层意思。写这层意思是为了具体说明"送去主义"的荒唐与反动。中国怎么样呢？请一个同学把有关的语句读一读。大家认真思考其中的含义。

生15:（朗读）"中国也不是，……所以还应该给他们留下一点礼品。"

师:刚才有同学问过:"中国也不是"是什么意思？——谁能回答？

生16:中国也不是太阳。

师：说得好，省略了"太阳"。中国也不是太阳，当然也不能只是给予，不想取得。省略了，让读者自己去意会。这几句话说了什么意思？关键在哪个词？

生17：尽管地下有煤，总有掘光的时候，"我们"要化为魂灵，而子孙是在的。"在"是关键词。

师：理解得对。子孙在，应该为子孙造福，给他们留下好的遗产。然而，这伙民族败类哪顾子孙幸福，只是向帝国主义送去，送去，卖国媚外。因而，在说清第三层意思之后，进而论述后果极为严重，只能向帝国主义乞讨。鲁迅先生在论述严重后果的时候，字里行间充满了对国民党反动派的愤慨之情。既写严重后果，又辛辣地嘲讽国民党反动派的奴才相。看看，哪些词刻画得入木三分？

生18："磕头贺喜"，"讨"。

师：对，"磕头贺喜"，卑躬屈膝，奴颜婢膝的样子，乞"讨"一点残羹冷炙来做奖赏。

生19："奖赏"是什么意思？

师：看第4段，就请你读一读。看这一段中区别了哪两个词。

生19：（朗读）"这种奖赏，……我在这里不想举出实例。"

师：区别了哪两个词？

生（集体）："抛来"，"抛给"。

师：对。这两个词有什么区别？讲讲看。

生20："抛来"是一般的；"抛给"，一般用在把食物抛给——丢给狗吃。

师：她理解得对。你是怎样理解的？（指定学生）

生21：我的理解和她一样。

师：哦，一样的。"抛给"是抛给狗吃的，其中有怎样的感情色彩？

生21：贬义的，用鄙视的目光。

师：鄙视的目光，讲得好。所以，这种奖赏，不要误解为"抛来"的东西，不是漫无目的地抛来，而是"抛给"，就像丢给狗吃。洋大人不会发慈悲心，他们以主子自居，把从中国人民身上榨取去的血汗，掠夺去的财富，吃剩下来，抛那么一点残羹冷炙给国民党反动派，给帝国主义的走狗。"抛给"这个词当然很难听，于是怎样——

生（部分）：说得冠冕些。（有些）：说得好听一点。

师：好听一点，冠冕堂皇些，就称之为"送来"。"送来"的实例比比皆是，作者讲"不想举出实例"。以上是文章的第一部分。这一部分，鲁迅先生着重批判了"送去主义"，把其丑恶嘴脸、反动实质、恶劣后果揭露在光天化日之下，破得彻底。而且把问题放到了总结近百年历史教训的广阔背景中来论述，既深刻又有战斗力。请同学自己朗读第一部分，认真体会它的含义。

（学生各自朗读；教师巡视、指导）

第 二 课 时

师：鲁迅先生在批判了"闭关主义"，尤其是批判了"送去主义"之后，是怎样提出"拿来主义"主张的？请一个同学把文章的第5段朗读一下。

生1：（朗读）"我在这里也并不想对于'送去'再说什么，……我只想鼓吹我们再——"

师：再什么？

生（集体）："吝(lìn)啬(sè)"。

生1：（继续朗读）"我只想鼓吹我们再吝啬一点，'送去'之外，还得'拿来'，是为（误读为"wèi"）'拿来主义'。"

师：是"wéi"拿来主义还是"wèi"——？

生（部分）：是"wéi"。

师：好，你再读一遍。"吝(lìn)啬(sè)"——

〔生1重读第5段，最后一句"是为(wéi)'拿来主义'"，仍误读为："是'wèi''拿来主义'。"〕

师：最后一句再读，是——

生1：（重读）"是'wéi''拿来主义'。"

师：是为(wéi)拿来主义。这里是动词，不是作介词，不是"wèi"。文章第一部分先批"送去主义"，破得彻底，立得就鲜明，提出了"拿来主义"的主张。（板书：拿来主义）先破后立。破什么呢？——破"闭关主义"，"送去主义"，（在板书"闭关主义"之前，用红粉笔板书：破）立——"拿来主义"。（在板书"拿来主义"之前，用红粉笔板书：立）我们看第5段，提出"拿来主义"主张的时候，先用一句推开了上文。你们看，对不对？（朗读）"我在这里也并不想对于'送去'再说什么"，一句推开了，（朗读）"否则太不'摩登'了。"顺便再讽刺一下。因为那些反动文人，就讲究什么啦？

生（部分）：摩登。

师：摩登，要向外国主子去奉承阿谀，讨得欢心，鲁迅先生趁此再讽刺一句。所以一句推开上文，顺便讽刺，然后是引出下文，提出自己的主张："拿来主义"。"送去"之外，还得"拿来"。这"送去"有个引号，鲁迅先生赞成"送去"吗？〔生（集体）：不赞成。〕对，用引号表示否定的意思。

生2："鼓吹"是贬义词，为什么鲁迅先生说自己是"鼓吹"？

师：哦，贬义词。鲁迅先生为什么要在这儿用"鼓吹"呢？

生（部分）：反语。

师：意思是什么呢？要我们提倡，要我们——

生（个别）：赞成。

师：赞成，要我们强调。对吗？不是鼓吹的原来意思，是说反话，是赞成、提倡、强调。这个句子里还有个"吝啬"，跟前头哪个词是对照的？"吝啬"是什么意思？

生（集体）：小气。

师：小气。意思是跟——

生（个别）：跟"大度"对比的。

师：对，跟"大度"对比。国民党反动派要把所有的东西拱手送给帝国主义作礼品，讨得残羹冷炙，所以鲁迅先生特别用"吝啬"一词进行强烈地对照——要吝啬一点，就是不给，要"拿来"，要实行"拿来主义"。提出了主张之后，鲁迅先生就进行严密的论证。什么叫"拿来主义"呢？请同学们看第6、7两段，自己读。

（学生各自轻声朗读；教师巡视、指导）

师：同学们看，为了说明什么是"拿来主义"，文章针对当时一部分人的思想实际，先将"拿来"跟什么加以严格区别？

生（部分）："送来"。

师：对，跟"送来"区别。（在板书"拿来主义"之下，板书：1. 与"送来"区别。）请同学们看：鲁迅先生在这里，用列举的办法，一针见血地举了一些例子加以说明——用列举的方法，（板书：列举法）一针见血地来揭露帝国主义企图亡我的罪恶——要灭亡我们国家的种种罪恶。同学们看看，列举了哪些事情？

生（部分）：英国的鸦片。

师：喔，"英国的"——

生（集体）："鸦片"。

师："德国的"——

生（集体）："废枪炮"。

师："法国的"——

生（集体）:"香粉"。

师:"美国的"——

生（集体）:"电影"。

师:"日本的"——

生（集体）:"印着'完全国货'的各种小东西。"

师：从哪些领域到哪些领域？

生（集体）：经济、军事到文化。

师：对，从经济到军事到文化。所谓的"送来"，实际上就是进行贪得无厌地侵略、掠夺，使得我们国土沦丧，经济衰败，民生凋敝，这都是穷凶极恶的帝国主义侵略所造成的后果。因此，有些人当然就怎么样呀？对"送来"的东西怎么样呀？

生（部分）：恐怖。

师：恐怖。还有？

生（部分）：吓怕了。

师：吓怕了，对。因为帝国主义从经济，从军事，从文化等各个方面来榨取我们人民的血汗，掠夺我们国家的领土，侵犯我们国家的主权，毒害我们人民的心灵，所以这个"怕"、这个"恐怖"是很自然的。鲁迅先生就是针对当时的这样一种思想把"拿来"跟"送来"严格区别。我们呢，是"拿来"。我们这个"拿来"跟"送来"是完全不一样的。什么叫"拿来"？课文里是怎么说的？

生（集体）:"运用脑髓，放出眼光，自己来拿！"

师：一送一拿，截然不同。"送来"是谁送来呀？

生（部分）：帝国主义。

师：帝国主义。帝国主义哪有慈善心肠给你"送"得来呢，是地地道道的侵略。因此，"送来"本身就是侵略。而我们"拿"呢，是为了我们自己的需要。所以一送一拿，本质不同，内容全异。在论述自己主张的时候，先把"送来"跟"拿来",加以严格区别,就可以收到明辨是非,澄清人们的模糊思想的效果,使"拿来主义"的主张,更加鲜明,更加突出。这是第一层论述。那么什么叫"拿来"呢?再把第7段读一读。我们一起读。"所以"——

生(集体):(齐读)"所以我们要运用脑髓,放出眼光,自己来拿!"

师:怎么样叫"运用脑髓,放出眼光,自己来拿"呢?下面,鲁迅先生用形象的比喻进行深刻的论述。对待这些外国的东西,对待文化遗产,就好像一个穷青年,得了一所大宅子。究竟应该采取什么态度呢?哪几种态度是不对的呢?鲁迅先生在这儿批了几种倾向。(板书:2.批{)我们请一个同学把第8段读一读。同学们考虑:鲁迅先生在这儿强调的是什么?前提——对待遗产的前提是什么?然后对哪几种倾向加以批判?——听清楚没有?一个同学读的时候,别的同学要认真看书,积极思考。

生2:(朗读)"譬如罢,我们之中的一个穷青年,……'拿来主义'者(漏读"是"字)全不这样的。"

师:重读最后一句。

生2:(重读)"'拿来主义'者是全不这样的。"

师:好,请同学们想想看,这里强调的前提是什么?对这个大宅子的态度,前提是什么?

生(集体):"拿来"。

师:"拿来"。注意哦,把这个词画出来。前提是"拿来"。至于是怎么来的,我们就不讲了,鲁迅先生讲的话,都有所指。前提是"拿来",而且非常干脆,怎么"拿来"?

生(集体):"不管三七二十一。"

师:对了,"不管三七二十一"——语气斩钉截铁,"不管三七二十一","拿来"则是前提。搞清楚吗?对于中外文化遗产的态度,首先是"拿来",这是前提。那么,"拿来"以后怎样呢?有很多种态度。鲁迅先生又是采取了先驳不正确的态度的写法。在这里呢有三种态度。请同学们把三种对待这个宅子的态度的关键词语找出来,——看看,哪些是关键词语?

生3:第一种态度是"徘徊"。

师:"徘徊"。

生3:第二种是"烧光";第三种是"接受"。

师:第一种是"徘徊";第二种是"烧光";第三种是"接受"。你讲得很响亮。有补充吗?还可以说得确切一点吗?

生4:第三种是"接受一切"。

师:第三种是"接受一切"。好。第一种呢?"徘徊"能不能全部说明白?〔生(部分):不能。〕那应该怎样说?

生5:"是孱头"。

师:"是孱头"。

生5:第二种"是昏蛋"。

师:第二种"是昏蛋"。

生5:第三种"更是废物"。

师:第三种"更是废物"。(学生议论)好像有不同意见嘛!好,第一种,刚才×××(指生3)讲是"徘徊",还可以把它说得更明确一点,对这一所大宅子是怎么样?

生6:不敢进门。

师:不敢怎么样?

生6:进门。

师:再看看——看清楚,看仔细。

生6:进门。

师:不敢——走——进门,(在板书"批{"之后,板书:不敢走进门)这是第一种。请坐。用一个字来说,就是什么?

生(个别):"怕"。

师:"怕",对了。画下来。不敢去接触,看到外国的东西,就害怕,有恐外症。(学生笑声)看到就怕,不敢接触,"不敢走进门"。第二种——第二种是什么?

生(部分):"烧光"。

师:"烧光"。说得再形象一些呢。

生7:"勃然大怒"。

师:"勃然大怒"。"怒"这个词用得形象——发脾气,光火。他对宅子要怎么样呢?要围绕这个宅子来讲态度。看到这个宅子,"不敢走进门"。这个宅子就是遗产呀——文化遗产呀!第二种是什么?

生8:第二种是"放一把火烧光"。

师:"放一把火烧光。"

生(集体):"烧光"。

师:"烧光"。(在板书"批{"之后,板书:一把火烧光)他的形象是怎么样?"勃然大怒"。这里讲的是全盘否定文化遗产——全盘否定,对文化遗产采取了虚无主义的态度。(板书:虚无主义)什么都不要,一把火烧光。第一种是害怕,不敢接触。为什么不敢接触呢?因为怕给东西染污了。第二种是勃然大怒,一把火烧光。为什么采取全盘否定的虚无主义态度呢?

生(部分):"算是保存自己的清白。"

师:哎,"算是保存自己的清白","左"得可爱!(学生笑声)对不对?这是第二种。那么,第三种呢?

生(部分):"接受一切。"

师:对,"接受一切"。(在板书"批{"之后,板书:接受一切)接受一切就是全盘什么——

生(部分):肯定。

师：对,全盘继承。我们看鲁迅先生在这儿用他的非常锋利的笔,十分准确地勾画了(板书：勾画)三种人的形象。对"不敢走进门"的人,鲁迅称之为什么?

生（部分）："孱头"。

师："孱头"。"c‑àn",注意哦!"c‑àn→càn",一起读。

生（集体）："c‑àn→càn"。

师："孱(càn)头"。

生（集体）：（跟读）"孱(càn)头"。

师：软弱无能,缺乏勇气,缺乏改造旧事物的精神。这是第一个画像。第二个画像是什么?

生（部分）："昏蛋"。

师：你们看,这个形象怎么样呀?"勃然大怒"。什么叫"勃然"?

生（个别）：突然。

师：突然大怒,哎,对了。突然大发火,火到什么程度呢?一把火把房子烧掉。(学生笑声)好像新文化不要批判继承原来的东西就可凭空产生,好像原来的文化遗产全不行,因此,这种人是"昏蛋"。你什么东西都没有——砖和瓦什么都没有,怎么盖新房子呀!?第三个画像,画得更细致了。你们看看,这种人本来就怎么样呀?

生（部分）：对宅子"羡慕"。

师："羡慕"。好,很好。画出来。本来就"羡慕这宅子",这下子呢,好了,他得到了这个宅子了,就"接受一切"。他的表情是怎样的?

生（集体）："欣欣然"。

师："欣欣然"是什么样子?

生（集体）：高兴的样子。

师：高兴的样子。既然高兴,就应该堂而皇之地走进去,而他却又怎么样?

生（集体）："蹩进"去。

师："蹩进"去——是什么样子？

生（集体）：躲躲闪闪的样子。

师：好。躲躲闪闪的样子。你们看，把这种人的嘴脸刻画得惟妙惟肖，淋漓尽致！对吗？本来就很羡慕的，这次得到了以后，当然从心底里高兴。可是进去的时候又躲躲闪闪，一副见不得人的样子，"蹩进卧室"。蹩进卧室去干什么了？"大吸剩下的鸦片"。这"鸦片"比喻什么？

生（部分）：坏东西。

师：坏东西，糟粕。当然，这种人是什么呢？

生（部分）："废物"。

师："废物"——"更是废物"。"更"，强调。鲁迅先生在论述"拿来主义"之前，在对待中外文化遗产的态度上，先批判了这三种情况：一是"不敢走进门"，怕，恐惧；二是全盘否定，虚无主义的态度；三是"接受一切"，全盘继承。这都不是"拿来主义"。鲁迅先生用具体的、形象的比喻，把问题讲得非常具体，非常通俗。本来继承文化遗产，是一个很深奥的理论问题。可是一经这样论述，我们就恍然大悟，清楚明白了。你看，鲁迅先生讲得那么具体，那么形象："孱头""昏蛋""废物"。这就使得抽象的问题具体化，深奥的道理浅显化，深入浅出地论述了这个问题。这一段的末尾，鲁迅先生是这样来作结的，他说："'拿来主义'者是全不这样的。"你们辨别辨别语言的分量："全不这样"，这个"全"字有怎样的意思？

生（集体）：完全，所有。

师：强调完全——完完全全不是这样的，跟以上三种情况有本质的区别。"是"全不这样的，语气更怎么样啦？

生（部分）：更重了。

师：更加重了。既强调"拿来主义"者对待文化遗产态度的正确，又引起读者足够的注意。那么"拿来主义"者怎样呢？

生9："拿来主义"者是"占有""挑选"。

师："占有"，并且是"挑选"。前提是什么？

生（集体）："占有"。

师：关键是什么？

生（集体）："挑选"。

师：这四个字非常重要！前提是"占有"，关键是"挑选"。（边讲边板书：3. 占有　挑选）拿来怎么挑选呢？拿来了不挑选，像前面说的"废物"那样当然不行；"占有"了，一把火烧光，也不行；不敢走进去，当然也不行。那么怎么样来"挑选"呢？请同学们自己读第9段。读了以后，思考回答：针对文化遗产的不同情况，怎样挑选？怎样区别对待？好，自己读。（学生各自阅读课文；教师巡视、指导）不同对象，不同对待。看出来了没有？［生（部分）：看出来了。］好，看出来了。

生10：有四种情况。

师：四种。好，你讲讲看。

生10：第一种："看见鱼翅"，就把它吃掉。

师：好。这是第一种。

生10："看见鸦片"，不把它丢在毛厕里，把它送到药房里去，用来治病。

师：好。这是第二种。

生10：第三种："烟枪和烟灯"，送一点到博物馆去，其余毁掉。

师：第三种。

生10：第四种："还有一群姨太太，也大以请她们各自走散为是。"

师：什么意思呢？

生10：不要了。

师：不要了。有不同意见吗？——都是四种？［生（集体）：四种。］

是四种,对不对?[生(集体):对的。]好,都是一样的,四种。那我们看看,首先是"看见鱼翅"。鱼翅是——

生(部分):好的。

师:好的。采取什么态度呢?吃掉。

生(部分):有养料。

师:哦,对。条件是——

生(部分):有营养。

师:有营养。那就是比喻这个文化遗产里头有什么?

生(部分):有精华。

师:有精华,因此要吃掉,要吸收。对不对呀?鲁迅先生否定"抛在路上以显其'平民化'"。看到精华也要把它抛掉,真是"左"得可爱!

生(个别):"左"得可怜。

师:"左"得可怜。很好,"左"得可怜。看到文化遗产中好的东西——为什么说好呢?因为它当中有养料,有精华,(边讲边板书:精华)因此就要吸取。(在板书"精华"前面,板书:吸取)要吸取精华,把它吃掉,跟朋友们一起像萝卜白菜那样吃掉,"只不用它来宴大宾"。"大宾"什么意思?

生(部分):贵宾。

师:贵宾。不用来宴贵宾,不要把它提到珍贵到不恰当的地步。这是第一种。第二种:"看见鸦片"——鸦片本身是怎么样呀?

生(部分):坏的。

师:是毒品,坏东西,对吗?但是它也有一点用处。因此要"运用脑髓,放出眼光,自己来拿"。要运用辩证唯物主义的观点,把它送到药房里去,物尽其用嘛。注意!这里又顺带讽刺一笔:不要弄欺骗,造假,搞什么"'出售存膏,售完为止'的玄虚"。这是讽刺国民党反动派伪善的手法的。那么第三种:"烟枪和烟灯",这种东西有用吗?[生(集体):没有用。]基本无用,但是也有一点儿用处,干什么?

生(集体):放在博物馆。

师:哎,放在博物馆,作为反面教材。鸦片,是毒品,但可用来治病;烟灯、烟具有一点儿用处的话,就是把它放到博物馆里,让人们晓得过去的历史。该用的要用,该存放的要存放。那么最后呢,是"一群姨太太"——这是完全腐朽、无用的,就要把她们遣散,"各自走散为是"。这里区别不同对象,采取各种不同的态度:对于精华应该怎么样;对于有毒的,但是又有用的,应该怎么样;对于基本无用的,或完全无用的,应该怎么样。这就是"拿来主义"的挑选的态度。究竟把它并为几类呢?

生(几个):三类。

师:怎么知道是三类呢?

生11:本来说的二三两种可以并成一类。

师:本来说的二三两种可以并成一类,要用分析的眼光,对我们有用的——创造新文化有用的要保存;糟粕、坏的,应该怎么样呀?

生(几个):抛弃。

师:对,抛弃,剔除糟粕。(板书:剔除糟粕)吸取精华,剔除糟粕。因此,对待文化遗产中不同的内容,要具体地分析,要运用脑髓,放出眼光挑选——哪是精华,哪是糟粕,哪里有养料,哪个是腐朽的,是毒品,都要分得一干——

生(几个):不对。应该是一清二楚。

师:对。我说错了。不是一干二净,应该是分得一清二楚,明明白白,不能够把它们混淆起来。在这样论证的基础上,最后作者加以总结。第10段至最后,是全文思想和语言的精华所在,每一句都是一层重要的意思。好,我们一起来读:"总之"——预备起。

生(集体):(齐读)"总之,我们要拿来。……没有拿来的,人不能成为新人,没有拿来的,文艺不能自成为新文艺。"

师：好，第一句，"总之，我们要拿来"起什么作用？

生（部分）：总结。

师：对。重申主张，既紧扣题目，又再强调我们要拿来，对外国的、古代的文化遗产，我们要拿来。接下去，怎么样拿来？——第二句，怎么样拿来呀？针对不同的对象，应该怎么样？

生（部分）："或使用"。

师："或使用"——还可以继续使用。（在板书"占有 挑选"之后，板书：〈或使用〉或什么？

生（部分）："存放"。

师："或存放"。（在板书"占有 挑选"之后，板书：或存放）

生（部分）："或毁灭"。

师：对，"或毁灭"。（在板书"占有 挑选"之后，板书：或毁灭）这个"或"字怎么解释？

生（少数）：或者。

师：或者吗？

生（少数）：有的。

师：对，有的。表示选择。对于不同的文化遗产的态度，请同学们联系上一节课的内容来具体说明，怎样"或使用""或存放""或毁灭"？

（学生议论）

生12："或使用"，有的要使用，如鱼翅，有养料，有精华，就吃掉。"或存放"，有的要存放，像鸦片枪、鸦片灯，基本上没有用，但是放一点在那儿——送一点进博物馆，让人们懂得历史。像姨太太之类的，毫无用处，就毁灭。

师：理解得很好。这就是我们挑选的态度。而要挑选得正确，必须"运用脑髓，放出眼光，自己来拿"，用辩证唯物主义的观点、历史唯物主义的观点来辨别，看对我们有用还是无用。第三句，讲明了挑选的内容和态度之后,然后就讲挑选的作用。"那么,主人是新主人,宅子就会成为新宅子。"这就回答了我们为什么要"拿来"的问题。我们"拿来"是不是为了躺在文化遗产上欣赏欣赏呢?〔生(部分):不是的。〕不是的。为了什么呢?

生(个别):再创造。

师:再创造。讲得很好。推陈出新,创造无产阶级的新文化,做文化遗产的新主人。我们拿来的目的是古——

生(集体):古为今用,洋为中用。

师:推陈出新,那么什么人才可以拿呢?这里头就有个辨别真假革命者的标准。"昏蛋"能不能拿?〔生(集体):不能。〕要烧光的。那么,孱头呢?〔生(集体):不能。〕因为他怕。软弱无能、废物呢?〔生(集体):更不能。〕更不能。这种遗老遗少是不行的。因此,就要有怎样条件的人呢?——抓住关键词语说说看。

生 13:"沉着,勇猛,有辨别,不自私。"

师:对。这人要"沉着,勇猛,有辨别,不自私。"对待文化遗产,既不是全盘接受,也不是全盘否定,而是为了新宅子,为了创造新文化。这就提出了在对待文化遗产上辨别真假革命者的标准,明确地论述怎么样的人才能够批判地继承文化遗产。这是第四句。最后一句是文章的中心所在,用了两个双重否定的句子。请同学们一起读一下。

生(集体):(齐读)"没有拿来的,人不能自成为新人,没有拿来的,文艺不能自成为新文艺。"

师:怎么双重否定的?

生(部分):"没有……不……,没有……不……。"

师:对。就是一定要批判地接受,正确地吸收。没有拿来的话,人就不能自成为新人;没有拿来的话,文艺就不能自成为新文艺,这就回答了为什么要主张"拿来主义",为什么必须要"拿来"。"拿来"是为了要创造我们无产阶级的新文化。这一段是全文的中心思想所在。好,现在我们一起再把它读一读。"总之,我们要拿来。"——

生(集体):(齐读)"总之,我们要拿来。……没有拿来的,文艺不能自成为新文艺。"

师:好。这一篇文章,首先就它的见解来说,在今天对我们仍然是有现实意义的。对中外文化遗产,必须是吸取其精华,剔除其糟粕。鲁迅先生所论证的"拿来主义"的主张,跟马克思、列宁和毛主席所讲的对待文化遗产的历史唯物主义观点,是吻合的、一致的,至今我们还在用。在1978年召开的全国科学大会的文件《提高整个中华民族的科学文化水平》中,就很深刻地讲了这个问题,我读几句给你们听:"我们承认落后,不甘落后,要迎头赶上去,这就必须善于吸收一切外国的好东西,把它们统统拿过来,为我所用,把学习外国和自己的独创结合起来,以利于尽快地赶上和超过世界先进水平。"这就是对"拿来主义"的最精辟的解释。你们看对不对呀?拿来——拿过来为发展我们社会主义的科学文化所用。第二,这篇文章在写作艺术上也很值得我们学习。为了阐明自己的主张,先怎么样?后又怎么样?

生(集体):先破后立。

师:对。先破后立,有破有立,有比较有鉴别。在"立"——论述自己主张的时候,也是破在前头,先把一些不正确的态度加以分析批判,然后再论证自己的主张。这样,观点明确,中心突出。再加上运用了贴切的比喻,使说理形象生动,读的人易于理解,易于接受。这些,我们都要仔细体会。现在同学们自己把整篇课文读一遍,有问题提出来。

(学生各自轻声朗读全文;教师巡视、答疑)

师:课后把最后一段背出来。想一想看,运用鲁迅先生这篇文章中的观点,对待我们自己课外阅读的古代文学作品、外国文学作品,要怎么样?"要运用"——

师、**生**（集体）:"脑髓,放出眼光,自己来拿!"

师:对。要运用脑髓,要放出眼光,要自己来拿。以后有机会,我们再具体分析分析怎样来"拿"。

下课。

《事事关心》教学实录(节选)

第 一 课 时

师:同学们都知道,我们中华民族历史悠久,文化灿烂,遗产丰富。掀开我们历史的任何一页,都可以发现其中有无穷无尽的宝藏。每一个对自己民族有深厚感情的人,总是非常善于从中找精华,加以阐释、发挥,来为我们今天的现实服务的。今天我们学习《事事关心》。这篇课文的作者马南邨,是谁的笔名?

生(集体):邓拓。

师:对,邓拓,他就是这方面的高手。

(教师出示作者照片,师生交流)

师:请同学们说说看,这篇文章主要告诉我们一个什么道理?找文章里现成的句子准确地说明。

生:"既要努力读书,又要关心政治。"

生:"就是说一方面要致力读书,一方面要关心政治,两方面要紧密结合。"

生:我认为是"对一切知识都要努力学习"。

师:请你们辨别:"既要努力读书,又要关心政治"跟后面讲的"……两方面要紧密结合"有没有矛盾?

生（集体）：意思一样。

师：好，同一个意思为什么要在不同的地方出现呢？这个问题先放一放，以后解决。"既要努力读书，又要关心政治"（板书），是文章要阐述的主要观点，可是作者并没有开门见山把它端给读者，是从哪里入笔开篇的呢？

生（集体）：对联。

师：开门见山把这个观点摆出来，和引对联入笔开篇，哪一种表达效果好？为什么？请你们辨别辨别。我们一起把这副对联读一读，读的时候要注意节奏。

（学生朗读后发表意见）

生：我认为用对联好，用对联可以引人思考，可以吸引读者。

生：我认为应该先摆观点，因为这样可以开宗明义，使人一目了然。

生：我认为两种方法都是好的，但是在这篇文章中作者从一副对联写起，有他的目的，因此这篇文章从对联引出就更好一些。

师：她的看法，我很同意。我刚才问的问题，同学们如果不动脑筋，很容易说一种不好，一种好。其实文无定法，可以这样写，也可以那样写。这篇文章从引对联入题，它的好处刚才同学们说了。其实，它的好处不止这些，你们看还有什么？

生：起点题作用。

生：引起悬念。

生：有一种新颖感。

师：那么，这副对联哪儿来的呢？为什么要写第 2 段？

生（集体）：写这第 2 段，主要为了介绍这副对联的出处。

师：我们说话写文章有的时候也引用成语、名言，但不大介绍出处。为什么这儿要介绍出处？什么道理？

生：这样写使人感到真实可信。

生：为下文的论述提供了可靠的依据。

师：对！引出对联当然要发挥对联的作用，因此必须对它的含义加以阐释。请同学们阅读课文，看作者是怎样来阐释对联含义的？

（生认真阅读课文）

生：先是上下联分开解释，然后是综合起来解释。在分别解释的时候，主要是解释对联的含义；在综合起来解释的时候，先是解释对联背后的一些主要道理，然后加上作者对对联的理解。

（师生深入讨论）

师：我们把上下联一起读一读，上联着眼于什么角度来解释的？下联又是着眼于什么角度？

（学生朗读，教师在学生读后进一步启发思考：解释上联与解释下联有什么不同？注意关键词语。）

生：解释上联比较生动。作者说"令人仿佛置身于当年的东林书院中"，使人有身临其境的感觉。解释下联，写了作者对对联的看法，说明东林党人抒发他们当时的政治抱负，他们知道天下不只是一个中国，在政治上他们把国家事与天下事并提。

师：这里有些词用得非常好，请同学们仔细听我读："耳朵里好像听见了一片朗诵和讲学的声音。"行不行？

生：行。

师：那么书里为什么要加"真的"这个词？加了以后起何作用？

生：加了以后就使人更感到一种身临其境的感觉。

师：对。我们平时讲话，为了使听的人相信，就用"真的"这个词来修饰，加强语气。刚才有同学讲，"耳朵里好像真的听见了一片朗诵和讲学声音"就行了，可以吗？

生：可以。

师：这样说，"声音"后面几个字可以不要了？

生：（在教师的启发下恍然大悟）因为前面有风声、雨声两种声音，这里就不能不用。

……

师：刚才为什么同学们感到说半句就可以了呢？由于思考得不周到。我们说话写文章常常丢头落尾，前头说了后头忘。这篇文章就严密。开头写"风声、雨声、读书声，声声入耳"，风声、雨声跟读书声是交织在一起的，是齐鸣的，不能说一点，忘其他。上联介绍得娓娓动听，是由于用描摹性语言，形象生动，使人如闻其声，如临其境。那么下联呢？怎样解释这11个字？

（当学生懂得下联是把东林党人关心政治的思想揭示出来以后，教师又设问：作者阐述对联是先分后总，那么总起来说是不是简单的重复？为什么？待学生充分发表意见以后，教师归纳总结：一是点破了这副对联的实在含义。风声、雨声、读书声描写的是读书的环境和情景，其实东林党人是以讲学为名义讲政治。所以这里是"语带双关"。二是这样一写把上下联的内在联系加以揭示，使得它深刻的含义更为落实。因此，这里不是简单重复，而是把对联的含义解释得更深入。这问题清楚了，教师又提出另一个问题：对联含义解释得一清二楚，为什么还要写第3段呢？学生阅读、思考、答问。）

生：这一段主要讲了作者写这篇文章的目的，是为了推翻几个朋友所认为的。

（有个学生将"推翻"改为"反驳"，教师和学生仍不满意，于是又有同学讲——）

生：我认为作者写这一节的目的，是为了证明古人读书都没有什么政治目的的说法是不合乎事实的。

师：不合事实，对不对？

生：还有一点，对这副对联知道的很少，所以他要介绍。

师：这里说明了为什么会想到这副对联的两个原因。看来是信手拈来，其实是胸有成竹。那么，为什么忽然想起这副对联呢？下节课继续讨论。

第 二 课 时

（教师引导学生回顾复述前一节课所讲授的知识，然后发问）

师：刚才有同学提出，既然要事事关心，对联含义解释后就直接阐述文章的观点好了，为什么要写第7、8段的文章？如果我们写的话，在引出对联，解释含义之后，就会拉到哪一段？

生：（大家笑着答）第10段。

师：就会立刻拉到第10段，联系今天我们应该怎样怎样。注意：文章的妙处之一也就在这里。读书要认真思索。作者引出对联，解释对联，并不是要我们拜倒在古人的脚下，去学习东林党人具体的读书目的、政治目的，而是要我们吸取其中的精华。因此文章必然要对东林党人的进步性和他们的局限性进行剖析。这样，文章就进入了围绕对联评东林。现在先把第7、8两段读一读。读完以后回答这么一个问题：作者对东林党人怎样进行阶级的、历史的分析的？他的局限性在哪里，进步意义何在？

（学生阅读课文，互相讨论发言，"围绕对联评东林"。教师作简短的总结，然后进入另一个教学层，即作者对于对联的理论分析。）

师：引用对联，不是要恢复东林遗风，而是要懂得努力读书和关心政治这方面要紧密结合的道理。这样，文章就十分自然地进入到理论上的重点论述。那么，是怎样论述的呢？大家一起读。

（师生一起朗读课文第10段）

师：作者剖析了哪两种错误倾向？怎样在理论上论述的？自己阅

读思考,组织语句回答。

生:文章第 10 段先总述了不能光读书而不关心政治,也不能光关心政治而不读书。(教师插话:先总说。)然后再分头阐述那些不读书而空谈政治的人,是没有用处的;只读书而不关心政治的人也是没有用处的。接着再进一步阐述既要关心读书,又要关心政治。

师:有补充吗?

生:最后还点了题。就是:"所谓'事事关心'实际上也包含着对一切知识都要努力学习的意思。"

师:好,请坐。两位同学都讲得很清楚。这里先指出两种错误倾向时,用词相当重,哪一个词用得很重?

生(集体):极端错误。

师:极端。请换词,可以换什么?

(学生回答可用"很""十分""极为""极其""非常"等词来换)

师:总之,这个词的分量用得很重。目的是引起人们高度重视。先总后分,把道理阐述得很清楚。为什么我们能一看就看出来呢?因为它条分缕析。在分的时候也很清楚,用哪一个词联结的?

生(集体):"同样"。

师:"同样"前的三个句子和"同样"后的三个句子句式一样,各讲明一个道理。为什么一个意思,要一而再,再而三地讲?

生(集体):强调。

师:对。反面说,正面说,从后果说,把道理说透。这里是以今论今,深入地论述努力读书和关心政治要紧密结合,片面地强调某一方面都是极端错误的。现在我们再读一读,要读得整齐、响亮一些。

(学生朗读课文第 10 段)

师:经过理论上的阐述,道理十分明白,故而同学们能说文章水到渠成地点了题,跟篇首引的对联"事事关心"遥相呼应了。文章写到这里,可以结束了吗?

生(集体):可以。

师:既然可以结束,为什么还要写最后一段呢?最后一段又起什么作用呢?请同学们读一读,思考几个问题:1. 最后一段讲了几层意思?把它理清楚。2. 为什么要写最后一段?不写行不行?写了有什么好处? 3. 这一段哪些词用得特别好?好在何处?

(同学们认真阅读这一段后,对教师提出的三个问题,依次进行讨论发言,课堂气氛非常活跃。这时,教师把学生的发言进行归纳小结,使学生的认识向纵深发展。)

师:同学们认为末尾一段的论述不仅是针对那几位朋友对古人读书的糊涂看法,更重要的是对当时有些只读书而不关心政治的人的一种鞭策。我说这儿写得非常好。文章总应有针对性,一个善于从文化遗产当中发掘精华、加以阐述、赋予新意的人,一定是十分关心政治、注意为今日的现实服务的。因此末尾一段的含义非常丰富,我们多读几遍可能理解得还要深。刚才同学讲这一段中"更充分、更深刻、更透彻"这几个词用得很好,但是没有说出道理来。你们再想想,好在什么地方?

(学生回答)

师:古人为了维护封建制度,尚且知道既要努力读书,又要关心政治的道理。我们读书,当然要比古人认识得更充分、更深刻、更透彻!那么,你们读书是为了什么?……因此,我们单读书行不行?

生(集体):不行,还要关心政治。

师:你们看,马南邨针对60年代初有些人只读书而不关心政治的社会实际写文章进行了论述,今天我们学它仍然很有现实意义。这篇文章本身就是关心政治和努力读书紧密结合的产物,你们说对不对?不努力读书,胸中无点墨,能够进行这样深入的分析吗?用词那么精当,解释得那么娓娓动听,特别是对历史人物的评论,不关心政治,不掌握历史唯物主义是不可能写出这样的作品的。说古的目的是为了什么?

生(集体):论今!

师:论今啊!为了激励今人。文章的最后一段写得特别感人,感情非常充沛。我们再读一读,加深体会。

(学生朗读)

师:……作品就是从引出对联开始,到激励今人结束,好像一部车子从始发站到终点站经过好几个站头,论述的层次非常清楚。请同学们思考:这样一种论述方法我们叫它什么?

生(集体):层层深入。

师:对。层层深入地进行论述。文中"努力读书,关心政治"的有关语句出现三次,一提示,二拎出借鉴的精华,三重申。这样,观点十分鲜明,中心很突出。我刚才说了作者引用古人对联的目的绝对不是拜倒在古人脚下,而是古为今用。我们也学过一些古诗文,你们能举出些例子来加以说明吗?

(学生背诵学过的古人的诗文篇目和诗句片断)

师:好。一上课我就讲了,我们中华民族历史悠久,文化灿烂,遗产丰富。我们小小年纪所读的东西实在太少。然而,初步检阅一番就可以说上这么一大堆,可见确实是掀开历史的每一页,其中都有无穷无尽的宝藏,我们要善于发掘,古为——

生:(紧接)今用。

(对课文的讲解分析,至此已经结束了。接下去的教学是指导学生课外的阅读与写作。这时,教师出示《燕山夜话》,给学生介绍了其中《三分诗,七分读》《生命的三分之一》《放下即实地》《十日一水,五日一石》等文章的思想内容及写作方法,然后提出写作要求——)

师： 下一次作文写"金玉其外——"（学生紧接：败絮其中）。请你们仿造《事事关心》论述的过程和层次，从一句小小的话引述开始，通过层层深入论述，讲一个大道理。你们看"金玉其外，败絮其中"可以讲一个什么大道理？

生： 要有真才实学。

师： 建设"四化"就要有真才实学。

生： 要"金玉其外，金玉其中"。

师： 好，"金玉其中"。我们要以"金玉其外，败絮其中"这个"小"，论述做人的"大"道理，古为今用。

《卖油翁》教学实录

时　　间：1979年6月5日(星期二,上午第一、二节课)

任课老师：杨浦中学　于漪

班　　级：初一(1)班

第 一 课 时

师：上一课我们学了白居易的诗《卖炭翁》,现在我们集体背诵一下。注意,别拖腔拖调,要背得整齐。"卖炭翁——"

(生齐背《卖炭翁》全诗)

师：好,都背出来了。问两个词,看认识了没有：太监又叫什么?

生(集体)：宦官。

师："宦"怎么写?上面——

生(集体)：宝盖头,下面一个"臣"。

师：还有,"晓驾炭车辗冰——"

生(集体)："辙(zhé)"。

师：好!今天我们要学第23课《卖油翁》,一个卖油的老头子。《卖油翁》,作者是欧阳修。我们曾经在早读课时候,读过他的绝句,是什么?

生(部分)：《丰乐亭游春》。

师：《丰乐亭游春》。我们一起背背看。

生（集体）：（齐背）《丰乐亭游春》，欧阳修。"红树青山日欲斜，长郊草色绿无涯。游人不管春将老，来往亭前踏落花。"

师：背得很好。欧阳修，我们看注解①，编书的同志给我们作了介绍，告诉我们《卖油翁》这篇文章是从哪里选来的。对作者的生平也作了简略的介绍。现在请一个同学把注解①读一读。

生1：（读注解①）"选自《欧阳文忠公文集·归田录》，有删（误读成"cè"）节。（教师提醒："shān"节）作者欧阳修（1007—1072），字永叔，谥（误读成"yì"）号文忠，（教师提醒："shì"号文忠。并板书：删节　谥号）北宋吉州吉水（今属江西）人，著名文学家。"

师：好，他读得很响亮。有不同意见吧？

生2："删（shān）节"。

师："删（shān）节"。字典已经查到了，是吧？"删（shān）节"——"删节"是什么意思？

生（有的）：去掉；（有的）：除掉。

师：好。还有什么不同的意见？——没有。

生3：应该念"谥（shì）号"，不是"yì号"。

师：是"谥（shì）号"，不是"yì号"。"yì号"是读了半边了！"谥号"什么意思？（学生举手）你说。

生4：人死了以后给人的一个名称。

师：人死了以后给人的一个名称。赶紧查字典！

生5：谥号就是我国封建时代最高统治者，或其他有地位的人，在他死后另起一个称号。

师：对吗？有几个同学一听到读的音有怀疑了，就马上查字典，查得很快。谥号就是在封建社会里，君王、贵族、大臣等死了之后，按照他生前的事迹，给他一个名称。注意，"谥（shì）号"，——我们一起读一读：

"谥（shì）号"。

生（集体）："谥（shì）号"。

师：×××（指生1）开头读的时候，觉得很困难："欧阳文忠公"。姓什么？

生（集体）：欧阳。

师：复姓，好的。欧阳，叫修；他死了以后呢？给他一个号，叫文忠。"公"是什么意思呢？下面有解释。

生（少数）：尊称。

师：对男子的尊称。因此读的时候，应该是"欧阳　文忠公　文集"。——清楚了吧？这儿我要补充说几句。欧阳修是北宋著名的文学家，他的字叫永叔，他称自己是"醉翁"（板书：醉翁），又称自己是"六一居士"（板书：六一居士）。在当时被公认为文坛领袖（板书：文坛领袖）。北宋以来他是第一个在散文、诗、词方面卓有成就的文学家——散文也好，诗也好，词也好，都卓有成就。他不仅自己散文、诗、词很好，而且，能够团结和培养许多作家。过去我们通常说，古文运动当中有唐宋八大家。在唐宋八大家当中，就有六家是——

生（部分）：宋的。

师：宋的，好。有同学知道吧，唐的时候有两个，哪两个？

生（集体）：韩愈，柳宗元。

师：宋的时候呢？

生（集体）：欧阳修，王安石……

师：好，还是请一个同学来说说看。

生6：欧阳修、王安石、苏轼、苏——

师：苏——谁？

生6：苏洵，曾——

师：曾什么？

生 7：曾固。

（有的学生纠正：曾巩）

师：巩——曾巩。（板书：曾巩）还有吗？

生（有的）：没有了；(有的)：苏辙；(有的)：范仲淹。

师：还有范仲淹？（学生笑，举手）你说。

生 8：有三个苏。

师："三苏"。哪三个苏？××，（指生 8）哪三个苏？

生 8：苏洵，苏辙……

师：苏辙。"辙"刚刚读过。苏洵，苏辙，请坐。还有吧？

生 9：苏轼。——苏洵、苏轼、苏辙。

师："三苏"。苏轼的诗，我们学过。有好几个人的诗，我们都学过的。韩愈，学过他什么？

生（集体）：《晚春》。

师：柳宗元——

生（集体）：《江雪》。

师：苏轼——

（学生纷纷发言）

师：好，××讲讲看。有哪几首？

（生 10 声音很轻）

师：讲响一点，听不清楚。

生 10：《饮湖上初晴后雨》。

师：《饮湖上初晴后雨》，还有呢？

生 10：《六月二十七日望湖楼醉书》。

师：《六月二十七日望湖楼醉书》，还有吗？

生 10：还有《题西林壁》。

师：《题西林壁》——"横看成岭侧成峰"，好。王安石的我们学过吧?

生(集体):学过——(有些学生纷纷讲篇名)

师:好,你讲讲看。

生 11:《元日》。

师:《元日》。还有吗?

生 12:《书湖阴先生壁》《泊船瓜洲》。

师:《书湖阴先生壁》《泊船瓜洲》。所以这里有好几个人的诗,我们都学过。曾巩的没有学过,还有苏洵、苏辙的没有学过。唐宋八大家,宋有六个。欧阳修呢,是北宋著名的文学家。他一生写了许多散文。他的文字功夫很深,文章写得很简洁、明快,说理很透辟,描绘景物经常是委婉生动,而且抒情味道很浓,将来有机会还要读他的《醉翁亭记》,来领略他文字上的功夫。今天我们学的这一篇,是散文中的小品,非常短,只有 135 个字。它写了一件什么事情呢?我们课外预习过,有谁能够讲一讲?——《卖油翁》这篇文章主要记叙了怎样的一件事?

生 13:陈尧咨擅长射箭,当时没有一个能跟他比,另外他——

师:你等一下,是记叙了一件什么事情?

生 13:陈尧咨有一次自己在练习射箭时,有一个卖油的老翁在旁边看到他射箭,就说:"这只不过是手熟。"陈尧咨气愤地说:"你怎么敢轻视我射箭的本领!"卖油的老翁说:"凭我舀油的经验。"——

生(有的):酌油。

师:说"舀油",可以吧?

生 13:(继续讲)于是卖油的老翁就将一个葫芦放在地上,把一个铜钱盖在上面,把油慢慢地注入葫芦,油都注完了,钱上面一点也没有湿。卖油的老翁就说:"这只不过是手熟罢了。"陈尧咨就笑笑让老翁走了。

师:他有个本事,很会讲故事。有一次跟我们讲了 20 分钟!背功很好。现在我要你们用很简单的话讲一讲，概括地说明文章主要记叙了怎么一件事？他基本上复述了，看来他大致上是看得懂的。我们看看，谁能够简单地把它拎出来概括一下，说明主要记叙了一件什么事？这里有两个人，主要是写谁？

生（部分）：卖油翁。

师：好，主要是写卖油翁。那么记叙了卖油翁的什么事呢？要概括地说。

生14：记叙了卖油翁从钱孔沥油这件小事。

师：记叙了卖油翁自钱孔沥油这件小事。你们看她怎么会讲呢？书上有的，她是从练习一（指"思考和练习"一）来解决的吧？很好！我们读书要灵活仔细，练习一对我们有启示。那么，作者记叙这样一件事情，告诉我们怎样一个道理呢？究竟怎么来记叙的呢？现在我们来学习。早上同学预习的时候说，读不起来——很难读。是不是这样，我领读一下。有的同学还问"钱"是什么？——"钱"是纸币，怎么好倒油的啊？

生（部分）：铜钱，当中有方的洞的。

师：好，我领读。读的时候，同学们要注意：句子里哪些地方要停顿一下，为什么要停顿？有些不认识的字要认认清楚。——我读一句，你们读一句，我先在逗号地方停顿。（教师领读，学生齐声跟读全文）

师：会读了吧？我们一起读一遍，注意什么地方该停顿。"陈康肃公尧咨善射，——"（学生齐声朗读课文）

师：第三行请注意，"见其发——"什么？

生（集体）：矢。（大多数误读为"shì"）

师：第几声？

生（部分）：第三声。

师：到底第几声？

生（部分）：第三声。

师：×××读读看。

生15："sh-ǐ→shǐ"。

师：第三声。有的同学读错。矢，shǐ。还有163页，第一行："徐以——"什么？

生（部分）："杓(sháo)"。

师："杓(sháo)"，不是"zhǎo"。刚刚有的同学读错了。"杓"怎么拼？

生（集体）："sh-áo→sháo"。

师："sh-áo→sháo"。第二声。现在我们来看，这篇文章只有两段，第1段里两个人物都出现了，你们看对不对啊？［生（集体）：（轻声）对。］第一个出现了谁啊？

生（部分）：陈尧咨；（部分）：陈康肃——

师：请同学们看，第一个出现的人姓什么，叫什么名字？

生（集体）：姓陈，名叫尧咨。

师：到底叫什么名字？

生（集体）：尧咨。

师：那么康肃是他的什么？

生（部分）：谥号。（有的学生仍误读成"yì号"）

师：什么号？

生（集体）："谥(shì)号"。

师："谥(shì)号"，注意！有一个人，"陈康肃公尧咨"——他的姓名是陈尧咨，谥号康肃。所以读的时候要："陈　康肃公　尧咨"。请同学们看，第1段里先写了一个人在射箭，然后写一个人在看——一射一看。射的人是谁啊？

生（集体）：陈尧咨。

师：陈尧咨有何特点？

生（集体）：善射；（少数）：善于射箭。

师：现在请同学们把第一句写陈尧咨的讲一讲。谁会讲？试试看。

生16：有个叫陈尧咨的，他的谥号叫康肃公，他善于射箭——

生（部分）：谥号就叫康肃。

师：先听好。听人家讲完了再发表意见。

生16：在当时，没有一个人能和他比，他常以擅长射箭而自豪。

师：好，"公"是指什么？

生（部分）：是对男子的尊称。

师：这里尊称谁？

生（部分）：陈尧咨。

师："亦"怎样解释？

生（部分）：也。

师：好，你再讲一讲。

生16：也是——他也以此自夸。

师：以此自夸，"此"是什么？

生（部分）：这。

师："以"怎么解释？

生17：凭。

生（部分）：用。

师：他也凭这个——

生（部分）：（轻声）射箭。

师："凭这个"，再把它讲得通俗一点呢？

生18：他常用——

师：他常——怎么啊？这个"以"还可以解释为什么，除了讲"凭"以外？

生（部分）：用，拿。

师：好，×××,（指定学生）你讲。

生19：还可以解释"用""拿"。

师："用""拿"。好，×××（指定学生）把它连起来讲讲看。

生20：他常拿射箭的本领来自夸。

师：又漏掉一个字了！"亦"。

生20：他也常拿射箭的本领来自夸。

师：请坐。"陈康肃公尧咨善射"——这个"善"怎么解释？

生（部分）：擅长。

师：擅长。和我们现在用的"和善"的"善"有区别。擅长射箭，他的特点是"善射"。他射的技艺高到什么程度呢？

生（集体）："当世无双"。

师："当世无双"。"当世"是什么意思？

生（部分）：当时；（部分）：当代。

师：当时的世界上——没有第二个。换个词来说说看。

生（部分）：举世无双。

师：举世无双。再说。

生（部分）：独一无二。

师：还有吗？

生21：盖世无双。

师：盖世无双，首屈一指。刚刚同学提到盖世无双，想得很好。这说明他的本领怎么样啊？

生（部分）：高。

师：武艺高强。他呢，也拿这一点来自夸，夸耀自己——"自矜"。就在他射的怎么样的场景里，卖油翁出现了。卖油翁出现，动作怎样，神态怎样呢？请一个同学将卖油翁出现的情况讲一讲。

生22：他曾经在家里的射箭场里练习射箭，有一个卖油的老翁放下担子在旁边看着他,很久不走,见他射箭十有八九射中,便微微点头表示赞许。

师:他连起来讲,很好。一个一个词搞清楚了没有?"尝射于家圃","尝"什么意思?

生(部分):曾经。

师:记住。早读时××说,"尝"字查不到。现在查到了没有?——"尝"是什么意思,他说这"尝"是"尝试"的"尝"。

生(部分):是"曾经"。

师:应该解释为:"曾经"。"射于家圃",这个"于"什么意思?

生(部分):在。

师:介词,作"在"讲。在家圃,"圃"本来应该作什么解释的?

生(部分):苗圃;菜园。

师:本来应该解释什么?这儿应该解释什么?(学生举手)

生23:菜园。

师:菜园。这里呢?

生23:这里是指场地。

师:场地——这里作为一般的场地、院子解释。我们看,这个句子的主语是什么?

生(部分):陈尧咨。

师:对,陈尧咨。陈尧咨"尝射于家圃",这个时候有一个卖油的老头子——"释担","释"什么意思啊?

生(部分):放。

师:不是"解释"的"释",是"放下",放下担子。这个词的含义要搞清楚:放下担子。"而立睨之"——(学生纷纷议论)我说刚刚×××(指生22)漏掉一个词。

生(部分):却,而;立。

师：漏掉一个什么？看看。

生24：站。

师：站。"立"字没有解释出来。还有吗？——站在那儿……（学生举手）喔，还有一个词没有解释出来啊？×××。

生25："之"。

师：你讲讲看，这个"之"什么意思？

生（部分）：他；（部分）：代"他"；（部分）：射箭。

师：有的说是"他"，究竟指什么？

生（集体）：射箭。

师：代什么？代"射箭"——代陈尧咨射箭。不单是"他"，不是看他，而是看陈尧咨射箭。——有一个卖油的老头子，放下担子，站在那儿，斜着眼睛，看陈尧咨射箭。这个"立"不能漏掉；这个"而"是顺接，把"释担"和"立睨"连接起来了。请同学们注意，这里省略了什么？这个卖油的老头子是怎么样的？

生（部分）：他走过来。

师：走过来，对了。文章里没有写，只是简略地写放下担子，事实上在陈尧咨练习射箭的时候，有一个卖油的老头儿怎么样啊？——路过，放下担子。这个"路过"不写，明白吗？〔生（集体）：明白。〕所以这个省略是合理的。这个"睨"说明是怎么看法？

生（集体）：斜着眼。

师：斜着眼睛看。那么，不斜着眼睛看——叫什么呢？不斜着眼睛，同学们想想看。

生（部分）：正视；（部分）：注视。

师：正视，注视。

生26：轻视。

师：轻视啊？（学生笑）不斜着眼睛看叫什么啊？注视，正视。好，这个"睨",用我们现代汉语来讲,它前头还有一个字,有人知道吗?

生27:睥睨。

师:睥睨,好的。"睥"怎么写法?

生(部分):目字旁一个"卑"字。

师:对,斜着眼睛看。我们现在不用这两个字了,古今用法不一样。睥睨,斜着眼睛看。"久而不去",这个"去"怎么解释?

生(集体):走;(个别):离开。

师:离开,××讲"离开"。"久而不去"呢?

生(集体):很久不离开。

师:很久不离开。这个"而"起什么作用?

生(部分):连词。

师:连词是怎么连法子啊?

生28:连接上下文。

师:长时间地不离开,"而",相当于"地",是修饰的,"久"是修饰后面的"不离开"。"见其发矢十中八九",主语是什么?

生(部分):其;(部分):他。

师:主语是谁?

生(部分):他。

师:主语是什么人啊?

生29:卖油翁,这里省略了。

师:好,讲得好。卖油翁。这里省略了主语。是卖油翁看到"其——",这个"其"代谁啊?

生(部分):他;(部分):陈尧咨。

师:看到了陈尧咨,"发矢",这个"发"怎么解释?

生(部分):射;(部分):发射。

师:好,用"发"组成现代汉语的一个词,以"发"为词素。

生（部分）：发射。

师：对,现代汉语的词呢,就是"发射"。发射箭"十中八九",不能读"zhōng",要读"zhòng"。"十中八九",怎么解释?

生（部分）：十有八九射中。

师：十有八九射中。十次当中有八九次射中,武艺高强吧?〔生（部分）：高的。〕高强的,射箭本领很大。"但微颔之"——

生（部分）：（轻声）微笑。

师：哪个笑啊?

生（集体）：卖油翁。

师："但"怎么解释?

生（部分）：只是;（部分）：不过;（部分）：只不过。

师：注意啊,不是"但是"。请同学们注意：讲"只是"。"微颔之",（板书：微颔）"颔"是点头,稍微点点头。我们看卖油翁的动作、神态。对于这样一个射箭本领很高的人,有当世无双的技艺,他路过的时候,首先怎样啊?动作——

生（部分）：放下担子;（部分）："释担"。

师：放下担子。然后呢?

生（部分）："立睨";（部分）：立在那里看。

师："立睨"——站在那儿看。看了以后他表情是怎么样?

生（有的）："微颔";（有的）：微笑;（有的）：微微地点头。

师：微微地笑。对于这样一个射箭的情景,他是微微地怎么啊?

生30：点头。

师：微微地点头。好,请同学们看,这里就有矛盾了! 你们看,有矛盾吧?〔生（部分）：（小声）有。〕矛盾在哪里呀?

（学生小声议论）

师：好,×××讲讲看,（指定学生）你看矛盾在什么地方?

生 31：陈尧咨射得很好，卖油老头只是微微地点头！

师：这微微地点头表示什么？

（学生纷纷议论）

生（有的）：不在意；（有的）：看不起。

师：表示不在意。

生（有的）：表示赞许；（有的）：微微赞许。

师：好，×××说。（指定学生）

生 32：表示赞许。

师：表示赞许，是大力地称赞吗？

生（部分）：不是；（部分）：觉得不稀奇。

师：哦，不稀奇，微微地赞许，略微地赞许。把矛盾再找一找看：微微地赞许，这是卖油翁对陈尧咨射箭的评价；可是，陈尧咨对自己射箭的评价是什么啊？

生（部分）：自夸；（部分）：自矜。

师：这里边有矛盾吧？〔生（集体）：（轻声）有。〕一个是"自矜"，自夸，认为是了不起的；可是，卖油的老头子只是微微地赞许。这里就有了矛盾。好，我们把这一射一看的三句话读一读，背出来。自己读。（学生各自朗读）好，我们背背看。"陈——，预备——起"（学生齐背课文）好，我们再一起读一遍，加深印象。"陈康肃公——"，预备——起。（学生齐读第 1 段）既然这里头有矛盾，就引出了下文！射者自夸，观者呢只是微微赞许。射者心里服帖吗？〔生（部分）：（轻声）不服帖。〕因此就逼出了一个"问"。下面第 2 段就写他们二人之间一段精彩的对话！〔生（个别）：（轻声）不精彩。〕哦，你说不精彩，我用得不恰当。——这个对话不精彩的话，也引人深思。这个可以吧？〔生（集体）：可以。〕可以了。刚刚老师词用得不恰当，那么就用"引人深思"。我们首先看第一个问跟答。

生 33：康肃问："你也懂得射箭吗？我的箭射得不很精湛吗？"老头说："没有其他奥妙，只是手熟罢了。"

师：请大家看看，对吗？

生 34："精湛"怎么写？

师："精湛"怎么写法。这个"精"究竟怎么解释？

生 35：应该是本领高。

师：本领高，对吧？［生（部分）：（轻声）对的。］本领高。那么如果把"精"作词素来组词的话，可以——

生 36：精通。

师：精通。

生 37：精练。

师：精练。射箭精练行吧？

生（部分）：不行。

生 38：精熟。

师：精熟，好的。

生 39：精通。

师：精通。精湛，这个"湛"字怎么写法？

生 40："湛江"的"湛"。

师："湛江"的"湛"。这个词也是可以的。精湛。康肃就问了，"汝亦知射乎？""汝"什么意思？

生（集体）：你。

师：你。"知"怎么讲啊？

生（部分）：懂。

师："射"，这个"射"怎么讲？

生（部分）：射箭。

师：你懂得射箭吗？——你懂得射箭的道理吗？可以不可以啊？

［生（部分）：可以。］看下去："吾"是什么意思？

生（部分）：我。

师：我的。这个"射"怎么解释？

生41：射法。

师：射法。

（学生议论）

生（有的）：射箭的本领；（有的）：射箭的技术。

师：射箭的技术，射箭的本领，好的。箭术，箭法，可以吗？——我的箭法不也是精湛的吗？还有，精通的吗？精熟的吗？都可以。也可以说：我的射箭的技术不高吗？——这是意译。"翁曰：'无他。'"——没有什么啊？

生（部分）：没有别的奥妙。

师：没有别的奥妙。"唯手熟尔"。这个"尔"字什么意思？

生（部分）：罢了。

师：相当于什么？

生（部分）：耳朵的"耳"。

师：好，相当于耳朵的"耳"——罢了。只不过是手熟罢了。你们看，一个是进攻性的问："汝亦知射乎？吾射不亦精乎？"——很急迫的样子，来夸耀自己：你也懂得射箭吗？我射箭的本领难道不高吗？回答的人怎么样呢？他只是很沉着地讲："没有什么，只不过是手熟罢了。"——体会体会这个意味："只不过是手熟罢了。"这样一个回答，你们看起什么作用？

生（部分）：激起——；（部分）：激将。

师：哦，激将。因此康肃就怎么样了？

生（部分）：更气愤了。

师：气愤。"忿然"，就是气愤的样子，火冒三丈。我们看，他火冒三丈问了一句什么话,我们一起读读看。

生(集体):"尔安敢轻吾射!"

师:读的时候语气应该怎么样?

生(部分):愤怒;(部分):很凶。

师:用了什么标点符号?

生(部分):感叹号。

师:(范读)"尔安敢轻吾射!"你怎么敢轻视——

生42:(应声)看轻我射箭的本领!

师:好。这里有一个词和我们现在用法不一样。

生(部分):安。

师:"尔"怎么解释?

生(集体):你。

师:代词,和前面的不一样。这地方的"尔"——"你"的意思。前头呢?

生(集体):罢了。

师:罢了。对。不一样。你"安敢","安——"

生(集体):怎么敢。

师:你怎么敢轻——什么?

生(集体):轻视。

师:在现代汉语里头,"轻"是什么词性啊?

生(部分):形容词。

师:形容词。这里作什么用?

生(部分):动词。

师:现代汉语里"轻、重"是形容词,这儿是作动词,因为它后头还有什么啊?——宾语:小看我的射术呢?小看,就是轻视的意思;它后头有宾语:你怎么敢小看我的射术呢?老翁就又回答了。回答的这一句话怎么解释?

生43:以我酌油的这件事知道的。

师:以我酌油的这件事知道的。"以"怎么解释?

生(部分):凭;(部分):靠。

师:凭。"凭"也可以;"靠"也可以;"根据"也可以。可以吧?[生(集体):可以。]那么你(指定学生)解释解释看。根据——

生44:根据我酌油的经验知道这个道理。

师:知道这个道理。"之",是这个道理,什么道理啊?

生(集体):射箭的道理。

师:"以我酌油知之",这是老头子说的话,我们先听到他的话,先——闻其言;然后呢,老头子不仅说,还怎么样啊?

生(集体):做。

师:行动。好,我们看是怎样做的?有的同学问,"钱"是什么样的?(出示一枚铜钱)就是这么样的一个钱。(学生议论:那么小的洞!)就这么小的洞,有同学的毽子里就有这么样的一个钱,外头是圆的,里头的洞是方的。(学生热烈议论)有的同学问了,(学生继续议论)哦,不是七嘴八舌,是二十嘴三十舌了!——这么小的洞怎么倒法?还有问:葫芦口这么小啊?

(学生热烈议论)

生(有的):葫芦头大口小呀!

师:××,(指定学生)你讲,葫芦是什么形状的?

生45:就是葫芦形状呀!

师:你说是怎么样的?

生46:葫芦口小肚子大呀!

师:哦,口小肚子大。这个老翁就现场操作表演。现场操作表演,我们注意一系列的动词,自己看,哪一系列的动词?请一个同学把这一句话读一读,讲一讲。××,(指定学生)你来讲讲看,讲错了别人补充。书拿起来。

生47:于是拿来一只葫芦放在地下,(有的学生纠正:地上)用一个铜钱盖在它的口上,慢慢地把油杓——(有的学生纠正:用杓)

(下课铃响)

师:不着急,让人把话讲完,再提意见。

生47:慢慢地用杓把油从铜钱的口里注入葫芦,油从口里倒进去而铜钱没有湿掉。

师:卖油翁的善酌基本上讲出来了。我们下一课再学,休息一下。下课。

第 二 课 时

师:上课之前先纠正一个词。欧阳修是北宋时候的"文坛领袖"。"坛",我写了——繁体字,下课时同学给我指出,应该写——(板书:"土"旁,有的学生说旁边是"云",教师添上"云"——坛)好,注意这个"坛"字,我对简化字有时注意不够。

师:把书打开。刚刚我们学到第2段,卖油的老头子作现场操作表演。刚刚下课时同学问了,这个"乃"怎么解释?有的解释为"才",有的解释为"你"。"你"——我们是学过的,还记得吧,陆游的诗里头?

生(部分):"家祭无忘告乃翁。"

师:课文里这个"乃"究竟怎么解释呢?

生(部分):于是。

师:好,应该解释为"于是"。——刚刚××(指第一课时中生47)讲得还是比较好的;漏掉的,同学给他补充了。现在请一位同学把这一句连贯起来讲一讲。×××,(指定学生)请你讲讲看——"乃取一葫芦置于地……"

生1：卖油的老头于是拿一只葫芦放在地上，用钱盖住葫芦的口，慢慢地用杓酌油注入葫芦，油从钱的孔里沥进去而钱没有湿。

师：她这里加了一个词语，很好。"自钱孔入"，她前面加了一个主语是什么？

生（部分）：油。

师：油，好的。油从钱的孔里沥进去，而钱呢一点都没有湿。同学们看，这里有一连串的动作，请你们把动词找出来。

生（部分）：取。

师：你们讲，我写。（板书：取）"取"的是葫芦。

生（部分）：置。

师：置。（板书：置）"置于地"，"置"是什么？

生（部分）：放。

师："于"呢？

生（部分）：在。

师：好，第三个动词？

生（有的）：以；（有的）：覆。

师："以"是动词吗？

生（部分）：不是；（有的）：介词。

师：介词。"覆其口"，（板书：覆）——还有吗？

生（部分）：酌。

师：（板书：酌）"徐以杓酌油沥之"，还有吗？

生（部分）：沥；（个别）：徐。

师：（板书：沥）好。刚刚有个同学在讲"徐"，"徐"是动词吗？

（学生议论）

生（部分）：慢慢地；（部分）：形容词。

师：是形容词。慢慢地"以杓"——这个"以"什么意思？

生（部分）：用。

师：用——用杓子——

生（部分）：舀油。

师：对，拿杓子舀油。这个"酌油"就是舀油，舀油把它注入葫芦。这个"之"指代什么？

生（有的）：葫芦。

师：葫芦。宝盖头的"它"，指代葫芦。油从钱孔进去而钱不沾湿。请同学们看，这个老头子的现场表演给我们一个怎么样的感觉啊？

生（有的）：熟练；（有的）："熟尔"；（有的）：沉着。

师：沉着，讲得很好。非常沉着，胸有什么啊？

生（集体）：（齐声）成竹。

师：胸有成竹，讲得很好。很沉着，很冷静。一个是火冒三丈——"尔安敢轻吾射"！一个是"以我酌油知之"，——讲这句话好像轻描淡写。"你怎么知道？""我是以我舀油的经验知道的呀！"然后胸有成竹、不慌不忙、从容不迫地进行现场表演。你们看一连串那么多动作：要把葫芦拿出来，放在地上，再拿一个钱盖在它的口上，然后用杓子舀油，再把油灌进去。

这一连串的动作，如果心急慌忙能行吗？〔**生**（部分）：（小声应答）不行。〕对，不要讲钱湿掉了，钱都可能掉到地上了！作者写得非常准确，写他的沉着，没有用一个形容词。表示他的心理状态的形容词有吗？〔**生**（部分）：（轻声）没有。〕是用一连串的动作来表现的。在动作前面只用了一个"徐"——慢慢地，没有特别写他的心理活动，但是他的心理状态已跃然纸上！——沉着。而且表现了一手绝技。（在第一课时的板书"善酌"之后，板书：绝技）倒完了以后，他就发表议论了。"因曰"，怎么解释？

（学生议论）

生（部分）：于是说。

师：于是说。不是"因为"的意思。——于是他就说了，说什么呢？你们看这一句话跟前头的话有何异同？（板书：我亦无他，唯手熟尔）有何异同？——这话前头见过吗？——有何异同？

生（部分）：一样的。

师：一样的？——前头在哪里出现的？

生（部分）："无他，唯手熟尔。"

师：那么，你们看，同在哪里？异在哪里？——比较比较看，同在什么地方，异在什么地方？

生 2：同的都是说：没有什么，只是手熟；不同的是：一个是说陈尧咨，一个指自己。

师：她说，同呢都是"无他，唯手熟尔"；不同呢，一个是说陈尧咨，一个是说自己。对吧？对的。——"我亦"，（在板书"我亦无他，唯手熟尔"的"我亦"两字下面，各加着重号）我也——为什么要用"也"啊？

生（部分）：前面讲过了。

师：讲过了，对了。前头说过陈尧咨了，所以这里说我也——我也没有什么了不起，只不过是手熟罢了。你们看，讲得多么——

生（部分）：谦虚。

师：多谦虚，我也没有什么，"唯手熟尔。"——这个同跟异找得很好。康肃听了之后就怎么样？

生（集体）：笑了。

师："笑而遣之"。——本来是怎么啊？

（学生议论）

生（有的）：愤怒；（有的）：怒气冲天。

师：本来是很气愤的，现在呢笑了。由愤到笑，而且"遣之"。这个

"之"是谁？

生（部分）：他；（部分）：卖油翁。

师：笑着把卖油的老头子打发走了。好，我们懂了。现在体会一下问跟答。这边两组同学（指南面两排）读问的语句；这边两组同学（指北面两排）读答的语句。叙述的我读。读问、读答的时候注意，要把语气读出来！（教师和两大组学生照上面的要求朗读第2段）清楚了吧？[生（集体）：（轻声）清楚了。]清楚了。我们再换着读一次，凡是叙述的话就大家读。你们（指北面两排）读问的，你们（指南面两排）读答的。辨别一下语气！叙述的一起读，"康肃问曰"——

（学生按教师要求朗读）好，现在自己读，读了背出来。（学生各自读第2段）好，——大家注意，把一问、一答搞清楚了。现在一起背，"康肃问曰"——（齐背第2段）

师：两段基本上都理解了，现在我要问个问题。这篇文章究竟主要记叙了怎样的一件事情？要尽量用课文当中现成的语句来讲，非常概括地讲，记叙了一件怎样的事，主语，谓语，注意！就用文言文句子回答。

生3：这篇课文记叙了陈尧咨尝射于家圃，卖油翁——

师：不，我说是一句话——一句话。

生3：卖油翁以酌油知陈尧咨射箭本领无他，唯手熟。

师：好，她是这样理解的：记叙了卖油翁以杓酌油沥之的经验，晓得陈尧咨的善射的道理。再看看，如果以主要的人物来讲应该是用哪一句话？

生4：这篇课文记叙了卖油翁以杓酌油，自钱孔入而钱不湿这件小事。

师：请坐。可以用这个现成的语句。我们现在一个很大的困难，就是不会概括地讲，要训练。这个故事说明了怎样的一个道理呢？为什么这么小的一个钱孔,油沥进去而钱不湿?

(学生议论)

生(有的):唯手熟尔;(有的):熟能生巧。

师:什么啊?——熟能生巧。对吧?〔生(集体):对的。〕说明了反复实践、熟能生巧的道理。为何在如此短小的135个字的篇幅里,作者未发表一点议论,就能把道理说得明白生动,引人深思呢?这是和作者运用文字的深厚功夫分不开的。请同学们分析分析,这篇文章在材料的剪裁上有什么特点?

生5:剪裁好,有详有略。

师:哪些详写的?哪些略写的呢?

生(部分):卖油翁详写,陈尧咨略写;(部分):善射略写,善酌详写。

师:对!我们具体分析一下就十分清楚了。故事的主角是卖油翁,写陈尧咨的善射是为了陪衬卖油翁的善酌。——详写什么?

生(集体):善酌。

师:略写什么?

生(集体):善射。

师:该略的,多一点的笔墨都不肯用。因此,写陈射技之精只作概括交代,不加渲染。主要笔墨放在酌油的现场操作,采用了白描手法,既细腻,轮廓又清楚,动作、神态、手艺和议论,均写得十分精确——该详则详,该略则略。作者为何要作如此详略的处理呢?

生(部分):为了突出文章的中心。

师:对。作者为什么能作如此合理的剪裁?那是由于有敏锐的观察力,对生活中的某些现象能烂熟于心。我们自己写文章就要注意剪裁,不要平均使用力气。这是我们要学习的第一点:剪裁合理。(板书:1. 剪裁合理)第二,我们要学习的是什么呢?同学们看板书就可以一目了然。

生（部分）：对比。

师：对。作者把看来不相干的两件事情放在一起写,告诉人们熟能生巧的道理。为了使读者明白这个道理,作者把射者和酌者——加以对照。论技艺：陈尧咨十中八九,并不是百发百中;(板书在"十中八九"上加上括号)卖油翁沥油而钱不湿,可算是绝技。(板书"绝技"加上括号。然后在板书"善射"和"善酌"之前,板书：技艺)论态度：一个浮躁、自矜;一个从容、沉着。论见解："我亦无他,唯手熟尔。"陈尧咨也不及卖油翁。(在板书"我亦无他,唯手熟尔"之前,板书：见解)在当时的社会里,卖油是低贱的,射箭是高贵的,但是射箭和酌油的道理是一样的。一射一酌——这样写,文字虽不多,但鲜明生动,以陈来衬托卖油翁,给人以深刻的印象。(板书：2. 对比鲜明)第三,语言的运用也很值得我们学习。很精练,(板书：3. 语言精练)不是拖拖拉拉的,用词很恰当。我只举一个例子来讲,同学们课后自己去体会。比如说这里用了一些动词,我只讲一个,请同学们看,这个"沥"(在板书"沥"字下面,加上着重号)什么意思?

生（部分）：注。

师：注,注入葫芦里,葫芦口非常小,钱很小,钱孔更小。如果这个地方用一个"倒"字行不行啊?

生（部分）：不行;(部分)：倒么要倒出来的。

师："倾",更不行了,倒得很多。作者用"沥"——"沥"就是怎么样啊?

生（部分）：一点一点……

师：一滴一滴滴进去。但是这点——点——点又成为什么呢?一根线一样的,很细很细的一根线,无数的点啊,一滴一滴连成一根线,这样注进去,你们看这个词用得精确吧?——这个"沥"字用得多好!这是很值得我们学习的。写作上这么几个特点,希望同学们复习的时候很好地考虑。这一篇文章就学到这里,背了以后下一节课回讲。现在我们做课文后面练习四。练习四:(朗读)"把下边几句话译成现代汉语。"第一句谁来译?——"汝知为文之道乎?"

生6:你知道作文的道理吗?

师:"你知道作文的道理吗?"对不对?对的。"为(wéi)文",不是"wèi文","为(wéi)"作为什么词?

生6:作,动词。

师:作,动词。"你知道做文章的道理吗?"第二句,谁来译?第二句:"吾以卖油翁之酌油知之。"(学生小声译讲)好,你讲。

(指定学生)

生7:我以卖油翁酌油的经验知道。

师:"我以卖油翁酌油的经验知道","知道"什么?

生(部分):道理。

师:什么道理?

(学生议论)

生(有的):射箭的道理;(有的):不一定是射箭的道理。

师:不一定射箭,对了。讲得很好。这个地方不一定是射箭的道理了,因为前头没有前提,对吧?那么,上一句问的是什么呢?什么道理啊?

生(部分):作文的道理。

师:作文的道理,因此这个"之"呢?这个"之"——

生(部分):作文。

师:作文的道理。

生8:第二句跟第一句又没有联系的咯。

师:哦,第二句跟第一句没有联系的,请坐。在这里,编者是有意作了安排的。第一句问:"汝知为文之道乎?"——你知道写文章的道理吗?下面回答了:"吾以卖油翁之酌油知之。"[生(部分):有联系的。]是有联系的。

生8:既然有联系,可以写在一句里头嘛。

师:既然有联系就应该写在一道,为什么要分开呢?问得很好!这个我等会来回答。下面看第三——第三句谁来讲?

生9:老头能从钱孔里把油装——(有些学生纠正:注入。)注入葫芦而钱却不湿。

师:好,请坐。"翁能自钱孔沥油入葫芦而钱不湿。"大家修改得很好,原来讲了"装",后来改"注","注入",讲得很好。这一句都懂了吧?[生(集体):懂了。]第四,"无他,唯手熟尔。"——这句,×××。(指定学生)

生10:没有什么奥妙,只不过手熟练罢了。

师:没有什么奥妙,只不过手熟练罢了。请坐。第五,"为文求精熟,亦当如是。"谁会讲?

生11:作文要精熟,也应该是这样。

师:也应该这样。"精熟",还应该讲得——

生(部分):精练;(有的):精妙。

师:作文要写得好——精熟。×××,(指定学生)你讲讲看,"精熟"什么意思啊?

生12:精通而熟练。

师:做文章要精通、熟练——要写得好,也应当如此。——都会讲了吧?好,刚刚有同学(指生8)讲,既然这样,为什么不把它连起来呢?现在就请你们把它们连起来,把这五句话连起来用现代汉语写一段话,100个字左右,现在就写,写在本子上。(学生议论,有的问要求)100字左右,这里是四十几个字,你们把它们连起来,写在练习本上。——讲一讲要求:不要抄题目,用现代汉语连成一段话,这段话的中心是"为文之道"——写文章的道理。

生13:99个字可以吗?

师:(微笑)可以。你们把它们连起来,句跟句之间注意关联。为了关联得好,还可以对原来的有些词语略加修改,或者加一些词语。写好,我们马上交流。

(学生各自做练习;教师巡视、指导)

生14:用对话可以吗?

师:用对话也可以,甲乙两个人对话也可以,形式不拘。——句子与句子之间要注意关联。——要是写问答的话,一问一答,谁讲什么,甲、乙一定要搞清楚。做好后,同桌交换一下看。

(同桌学生相互交流练习)

师:现在请几个同学读读看,谁来读?——(根据巡视了解的情况指名)×××,你读读看,读响亮一点。

生15:(朗读自己的作业)你知道做文章的道理吗?我从卖油翁酌油中知道其中的道理。卖油翁能把油注入葫芦而钱却没有湿。这也没有什么,只不过是手熟罢了。做文章要精通熟练,也应当如此。

师:请坐,对不对啊?他把翻译的语句连起来了。译得对不对啊?〔**生**(部分):(小声)对。〕译得对的,没有什么补充。好,×××。

生16:(朗读自己的作业)老师问:——

师:"老师问",大家听好!是问和答。

生16:"你知道写文章的道理吗?"同学回答:"我从卖油翁酌油知道熟能生巧这个道理。老头能把油从钱孔注入葫芦而钱不湿,这并没有什么别的奥妙,只不过手熟罢了。"老师说:"文章写得好,也应当如此。"

师:他这个问跟答对不对啊?对的。××,你读读看,读响亮一点。

生17：（朗读自己的作业）一次，老师问一学生："你知道做文章的道理吗？"学生答道："我凭卖油翁酌油的经验，就可知道这个道理。卖油翁能把油从钱孔注入葫芦钱却不湿，这没有什么奥妙，只不过手熟罢了。作文要精熟，也应如此，熟能生巧嘛！"老师笑着点头称是。

师：（微笑）"老师笑着点头称是。"好，××读。

生18：（朗读自己的作业）一天，老师在路上遇见一位学生。闲谈之时，老师问："你知道写好作文的道理吗？"学生说："我凭卖油翁能从钱孔把油注入葫芦而钱却不湿这件事知道，卖油翁没有什么奥妙，不过是手熟罢了。作文要写得精通熟练，也应当这样。"老师听后，笑着点了点头。

师：（微笑）好，加一些词语。×××，你说说看。

生19：（读自己的作业，很轻）你懂得做文章的道理吗？

师：读响亮一点。

生19：你懂得做文章的道理吗？我是以卖油翁熟能生巧的道理而懂得的。

师：你还有"甲"跟"乙"呢，要读清楚了！甲——

生19：甲："你懂得做文章的道理吗？"乙："我是从卖油翁沥油熟能生巧的道理而懂得的。"甲："他能把油从钱孔里注入葫芦，而钱却一点儿不湿，可真了不起啊！"

师：好，这里有点变化，请同学们注意。他是这样讲的：甲说，卖油翁能够从钱孔里把油注入进去，真了不起啊！

生19：乙："这没有什么奥妙，只不过手熟罢了。"

甲："对，要把文章写得好些，也应该同样如此。"

师："也应该同样如此"——加上了一个"应该"。你们看看，怎么"同样如此"？也"应该——"？

生19：也同样如此。

师："也同样如此"——也应该这样。我看了一下,大家写的都差不多,一种是把它连起来,一种是用问答式,好像文采不大好,可能我刚刚讲的时候,没有把这个要求提出来,也可以适当地改变一下,在写文章的道理上做点文章。自己修改,在回答写文章的地方再丰富一下。——写文章,求精熟,应该怎么样?熟能生巧,哪些地方要熟啊?想想看,自己再改一改,改得丰富一点儿。——文章要写得好,要怎么样啊?

生(部分):多写。

师:多练。(板书:多练)

生(部分):多想;(有的):多观察。

师:多想。(板书:想)多看。(板书:看)

生(部分):多读。

师:多读。(板书:读)

生(部分):多背;(部分):多改。

师:多背。(板书:背)多改。(板书:改)好,你们自己想想,这个地方写丰富一些!写文章要多看,观察要怎么样?

生(部分):仔细。

师:主要是说为文之道——以卖油翁的善酌来写为文之道。

(学生各自修改;教师巡视、指导)

师:有没有写好的?修改了以后丰富一点的有没有?——有吧?××(指生18)来读读看。

生18:一天,老师在路上遇见一位学生。闲谈之时,老师问:"你知道写好作文的道理吗?"学生说:"我凭卖油翁能从钱孔把油注入葫芦而钱却不湿这件事知道,卖油翁没有什么奥妙,不过是手熟罢了。作文要写得精通熟练,也应当这样。"

老师听后,点点头笑着说:"对,应当多读、多想、多讲、多背、多写、多改,仔细观察,训练思维,认真积累,情动于中。只有这样,才能把作文写得精熟。"

师:她后面加了这么一点,清楚吧?——对,要把作文写好,要多读、多想、多背、多讲、多写、多改,要仔细观察,积极思维,情动于中。——这样可以吧?

生20:什么叫"情动于中"啊?

师:情动于中,讲过没有?〔生(部分):讲过。〕讲过了。所以平时积累很重要,到时候就派用处了。回去以后自己再去好好想一想,把翻译了以后写的一篇小文章,叫《为文之道》,以《卖油翁》的酌油来写"为文之道"。

生(部分):已经写好了。

师:写了还要改呀!刚刚不是讲还要多改吗?要改,把它写好。这里头有些语气,同学们还没有完全体会到——好好把语气体会体会,写得生动些。句子和句子之间,不但要注意连起来,还要体会它的语气。还有呢,课文基本上背出来了,要把它背熟,下一节课再讲。

《七根火柴》教学实录[1]

时　　间：1979年5月26日（星期六，上午第三、四节课）
任课老师：杨浦中学　于漪
班　　级：初一（1）班

第 一 课 时

师：今天我们学习王愿坚同志的《七根火柴》。请同学们把书翻到98页[杨浦中学语文教研组编选，《语文阅读教材》（初中第一册）]。火柴在生活中可以说是天天用到，看起来是那么微不足道。但是，你们可曾想过，在革命艰苦的年代里，在红军行过草地的时刻，就是这个火柴，发出过怎样的光？放射出多少热？它又有怎样的价值？今天我们学习的这篇课文，作者就是紧紧扣住火柴，给我们描述了一个动人心弦的故事，谱写了一曲感人肺腑的悲壮的赞歌。我们已经预习了，请同学们说说看，这篇文章的主人公是谁？

生1：《七根火柴》这篇文章的主人公是卢进勇。

师：请坐。她话讲得很完整。对她的回答有不同意见吗？

---

[1] 1979年，中国刚从"十年动乱"中走出不久，如何统一思想，坚定革命理想信念，开启新的革命征程，成为新的时代命题。作者在课上抓住文中人物的情感因素与主人翁崇高的人格力量，潜移默化中帮助学生树立理想信念。

生2：《七根火柴》这篇文章的主人公是"那个同志"。

师：是"那个同志"。你讲得响一点。

生3：对的。

师："对的"？他们两个人讲的都对的？——啊？同意谁的？

生3：××。(指生2)

师：同意××的，请坐。还有不同的意见吗？

生4：《七根火柴》的主人公是"那个同志"和卢进勇。

师：《七根火柴》的主人公是"那个同志"和卢进勇。——看来同学们读了课文以后，初步得到的印象有这么不同的三个。我说这篇文章的主人公是那个无名的战士。为什么主人公是无名战士呢？既然主人公是无名战士，为什么作者又花费那么多笔墨来写卢进勇呢？学习以后，就可以明白其中的道理。现在我们先学习文章的第一部分，从开头到第7段。请一位同学朗读，读的时候，请同学们思考两个问题：第一个问题，主人公是在怎样的环境里出现的？第二个问题是他怎样被引导到读者的面前来的？我们请一个同学先读一读。谁来读？——××，读得响亮一点，大家仔细看书。

生5：（朗读）"天亮的时候……便一瘸一拐地向那声音走去。"（朗读中有添字、漏字的句子，教师让学生重读。）

师：他读得比较响亮，看看有没有读错的？

生6："刹(chà)时"，他读了"sà时"。

师：第2段的第二行，"刹(chà)时"，"ch－à→chà"，一起读。

师、生（集体）："ch－à→chà"，"ch－à→chà"，"刹(chà)时"。

师：好，还有吗？

生7："一阵凉风"，他读了"一阵冷风"。

师："一阵凉风"。（学生举手）好，×××。

生8：第2段第三行应该是"冰雹(báo)"不是"冰(bào)"。

师：第几声？

生8：第二声。

师：第二声，"冰雹(báo)"。好，还有吧？

生9：在口袋底部"zhān"还是"nián"呢？（指"粘"字）

师：她提了一个问题，在口袋里的东西是"nián"还是"zhān"，谁能回答这个问题？有人会回答吗？

生10：第一行是"粘粘(nián nián)的东西"，第二行是"粘(zhān)着一小撮青稞面粉"。

师：那就是说，这个字是——

生（部分）：多音字。

师：多音字。在这儿有两个读音，明白了吗？——明白了没有？好，×××（指生9）你把这两句话读一遍，"突然……"

生9："突然，他的手触到了一点粘粘(nián nián)的东西。他心里一喜，连忙蹲下身，把口袋翻过来。果然，在口袋底部粘(zhān)着一小撮青稞面粉"。

师：请坐。清楚了吧？（学生举手）好，×××。

生11：第3段的第五行，应该说是"浑(hún)浊"，他（指生5）说"hùn浊"。

师："浑(hún)浊"。还有个地方啊，多了个字。

生12：第4段应该是打了几个"寒颤(chàn)"，不是"寒zhàn"。

师：哦，这个字（指"颤"）究竟是读"chàn"还是读"zhàn"？好，赶紧查字典。看看到底读什么？"寒 zhàn"哪，还是"寒 chàn"哪？

生13：应该是"寒 zhàn"。

师："zh-àn→zhàn"，"寒颤(zhàn)"。好，刚刚在读的时候，还有一个地方加了个字，同学们看，第6段——"更觉得饿得难以忍受"。他加了字吧？"更感觉得饿得难以忍受"，加个"感"，句子就不通了。有个地方他读得很好的，什么地方呢？"同志——"，把一个破折号也读出来了！还有什么地方读得比较好的？——第6段的第一句话，他读得好吧？我们请××(指生5)再读一遍这一句话。

生5："要是有堆火烤烤该多好啊！"

师：请坐。好，刚刚我们读了一下，现在请同学们把作者集中笔墨写的关于环境的2、3两段阅读一下，请你们回答：草地的气候，草地的天，草地的地，(板书：草地)有怎样的特点？作者怎样把这草地的气候、天、地的特点一下子就抓住，用关键词语描绘出来告诉读者的？看看，草地的气候怎样？要学会抓关键的词语。——好，下面有声音了，在讲了。(有些学生轻声议论)谁来回答？(学生举手)草地的气候？

生14：草地的气候是"怪"。

师：天呢？

生15：天是"冒——乌云"。

师：天是"冒"——(生15：乌云。)地呢？

生16：地是——清楚。

师：我刚刚说的是看第2、3段。气候的特点容易找，天和地的不那么容易，把第3段再看看。草地的气候——×××(指生15)自己有补充了。

生15：天是"阴"。

师：哦，天是"阴"。"阴"什么，它怎么说？

生15："阴沉沉的"。

师："阴沉沉的"。地呢？地是怎样？请坐。(学生举手)×××。

生17：看不清。

师：看不清，地看不清。草地是怎么写的？

生18："草地都沉浸在一片迷蒙的雨雾里。"

师："草地都沉浸在一片迷蒙的雨雾里。"（学生举手）好，×××。

生19："光滑地躺倒在烂泥里，连路也看不清了。"

师：什么东西"躺倒在烂泥里"？

生19：草。

师：什么草？

生19：荒草。

师：荒草"光滑地躺倒在烂泥里"。请坐。现在搞清楚了没有？草地的气候是——，大家回答。

生（集体）：怪。

师：草地的天？

生（集体）：阴沉沉。

师：草地的地，主要是烂泥和荒草，还有就是刚刚正音的地方，是什么呢？——绿色的浑浊的污水。现在我们先看草地的气候，"怪"，是一个关键词。"怪"在哪儿呢？谁能用一个成语来回答回答看，"怪"在什么地方？

生20：瞬息万变。

师：好：瞬息万变。还有吧？

生21：变幻莫测。

师：变幻莫测。

生22：变化无常。

师：变化无常。

生23：千变万化。

师：刚刚同学们讲的这四个词都很好，都是找出了一个什么特点啊？

师、生：变。

师：好，我们看作者是怎么样抓住这个"变"来具体描绘的。我把作者写的表示变的连词和副词读一读，你们呢读变的内容。在变之前原来的情况是，听好啊！——"明明是月朗星稀的好天气，忽然——"

生（集体）："一阵冷风吹来，浓云像从平地上冒出来的。"

师："刹时——"

生（集体）："把天遮得严严的。"

师："接着——"

生（集体）："就有一场暴雨，夹杂着栗子般大的冰雹，不分点地倾泻下来。"

师："冰"什么？

生（集体）："雹（báo）"。

师："冰雹（báo）"。刚刚我们理解了一下。你们看："明明"——"忽然"——"刹时"——"接着"，这些词就具体准确地写出了草地气候的变幻莫测，也就是说风云突变，雨雪交加。我们再看，草地的天，刚刚说了，是怎样的？

生（集体）："阴沉沉的。"

师："阴沉沉的。"你说它是"阴沉沉的"，看得见吧？［生（部分）：看不见。］为什么看不见？——为什么看不见？把表现看不见的关键的句子找到。说天是阴沉沉的，但是看不见的，哪一个是关键句子？

生24：因为它"沉浸在迷蒙的雨雾里"。

师：因为它"沉浸在迷蒙的雨雾里"。对吧？整个的草地都是笼罩着迷蒙的雨雾。地，都是烂泥、荒草、污水。请同学们看，作者抓住了草地的气候、天、地这些特征来描写，告诉我们这样一个环境是怎样啊？

生（部分）：恶劣。

师：对，非常艰苦，而且呢，听不见——

师、生：人声。

师：看不见——

生（部分）：人影。

师：好，××讲，（指定学生）这是怎样的地方？

生25：渺无人烟。

师：是渺无人烟的地方，所以不仅是艰苦，而且荒凉。我们红军长征过草地，就是在这样荒凉、艰苦的环境里行军的。正如毛主席所说的真是有说不尽的艰难险阻，更何况是一个伤口发炎掉了队的同志呢？我们看，掉了队的卢进勇经受了一夜暴风雨的浇注，清晨，一阵凉风吹来，他强烈地感觉到身上怎么样？

生（部分）：冷。

师：用哪个词来表现的？

生26："寒颤(chàn)"。[学生（几个）：（纠正）"寒颤(zhàn)"。]

师："寒颤(zhàn)。"他还强烈地感到肚里怎么样啊？

生（部分）：饿。

师：饿得怎么样啊？

生（部分）："难以忍受。"

师：此时此刻他渴望得到什么？

生（部分）：火。

师：火，哪个句子告诉我们的？

生（集体）："要是有堆火烤烤该多好啊！"

师：对。这个句子很重要！"要是有堆火烤烤该多好啊！"就在卢进勇渴望着有堆火烤烤，也正当他把那个面团捏成长条，正要把它送到嘴边的时候，出现了一个什么情况？（几个学生低声念书上的句子）好，看这一句，"正要把它送到嘴边"，我们一起读这一句。预备——读。

生（集体）："正要把它送到嘴边，蓦地听见了一声低低的叫声：'同志——'"

师：我们看主人公在这艰苦的环境里出现,是怎样被引到读者面前来的?

生(部分):"一声低低的叫声。"

师：未见其人,先——

生(部分):先见其声。

师：先见其声?

生(部分):闻——

师：对,先闻其声。是通过卢进勇的什么?

生(有的):声音;(有的):耳朵;(有的):听觉。

师：听觉,对,讲得很好。通过卢进勇的听觉,被引到读者的面前。我们看,这个声音是那样异乎寻常!是怎样异乎寻常?

生(部分):"微弱、低沉,就像从地底下发出来的。"

师："那么微弱、低沉,就像从地底下发出来的。"那么,为什么会发出这样的声音呢?这是怎样的一个人呢?让我们随着卢进勇的足迹去寻找吧。文章就从第1段过渡到第2段。现在我们先看未见其人,先闻其声的主人公的形象怎么样。我们请一位同学把描写形貌的8、9两段读一读。谁来读?

生27:(朗读)"卢进勇蹒跚地跨过两道水沟……但却没有动得了。"

师：嗯,这第8、9段,哪一段读得好?——第9段读得好。这里头——(学生举手)你有哪些看法?好,×××。

生28:第8段第二句里,"贮(zhù)满了一汪浑浊的污水",贮(zhù),他读了"chú"。

师：哦,"身子底下贮(zhù)满了……",还是"chú满"了?

生(部分):"贮(zhù)满"。

师：(学生举手)×××。

生29："一汪浑浊的污水",应该读"一汪(wāng)"。

师:应该第几声?

生(部分):第一声,"wāng"。

师:"一汪(wāng)"。

生30:"脸颊(jiá)",他读了脸"jiǎ"。

师:"脸颊(jiá)","j－iá→jiá"。

生31:应该是"他倚着树杈半躺在那里",他读"他倚在树杈上"。

师:"他倚着树杈……"

生32:应该是"黑毯(tǎn)糊",他说是"黑 tàn 糊"。

师:"黑毯(tǎn)糊",对吗?看看应该怎么读法?"黑——"在哪里停顿?

生(部分):毯。

师:"黑毯——糊贴在……"。有几个字看看应该怎么读?他倚着树什么?

生(部分):(小声地)"chà"。

师:怎么读?赶紧查,看看,第几声?(学生举手)好,×××。

生33:"ch－à→chà"。

师:第几声?

生(部分):第四声。

师:第四声,"树杈(chà)"。请坐。查出来了吧?树什么?

生(部分):第四声,"树杈(chà)"。

师:应该第四声,"树杈(chà)"。请同学们看一看,作者在这儿描绘了无名战士的形貌。你们看,这个形貌告诉我们:他已经是怎么样的一个人了?

生(部分):奄奄一息。

师:奄奄一息。再想想看,还可以用类似的近义词、同义词吗?奄奄一息,生命——

生(集体):垂危。

师:生命垂危。(板书:垂危)为什么说,他已经是一个生命垂危、奄奄一息的人呢?我们抓住他的眼睛跟他的身子来仔细地推敲一下。他的眼睛,在卢进勇刚看到他的时候是怎样的?听到卢进勇的脚步声,他的眼睛又是怎样的?请你们把描绘眼睛的两句句子找一找。——找到了吧?找到了没有?

生34:在卢进勇刚看到他的时候,他的眼睛是:"眼眶深深地塌陷下去,眼睛努力地闭着。"

师:当他听到卢进勇的脚步声呢?

生35:听到卢进勇的脚步声,那个同志"吃力地张开眼睛"。

师:你们看一看,这里头的动词:一个"闭",一个"张"。请你们注意"闭"和"张"前面的附加语。"闭"的时候要怎样啊?

生(集体):"努力地"。

师:努力地闭的。我们一般常人的眼睛闭着要努力吗?——不要。张开的时候呢?

生(集体):"吃力地"。

师:是吃力的。对,这个修饰语非常重要!这两个修饰语不是随便加的,它有很深的意思在里头。"努力地闭着","吃力地张开",这两个修饰语就告诉我们,这一个同志,已经连指挥眼皮也很困难了,指挥眼皮的力量很少了!我们再看,他的身子怎样?请你们找两个"没有",找到了没有?——第一个是什么?

生(部分):"没有挪动。"

师:"没有挪动"——看来已经是很长时间没有挪动了。那么刚刚听到卢进勇的脚步声的时候想动吧?

生(有的):想动;(有的):没有动。

师：可是怎么样？

生（部分）："没有动得了。"

师：对，"没有动得了"。这两个"没有"，就深刻地告诉我们这个同志已经丧失了活动能力！请同学们再看他的头发，他的脸颊上挂着水，他的身下一汪浑浊的水，这一切的一切告诉我们，他已经是生命垂危了。他的喉结有个怎样的动作？

生（部分）："在一上一下地抖动。"

师：一上一下抖动，确实像同学们所讲的奄奄一息。我们从这个形貌当中可以想象到他在长征途中所受的艰难、困苦；也可以联想到他昨夜怎么样啊？昨夜——他跟卢进勇怎么样？

生（部分）：一样。

师：一样。同学们讲得对，跟卢进勇一样，怎么样啊？受到暴风雨的——

师、生：袭击。（有的学生说"侵袭"）

师：所不同的就是不能像卢进勇那样躲到树丛里，他只能听凭冷风、暴雨、冰雹的袭击。但是，就是这样一个同志，他以惊人的毅力，等待着，支撑着。从哪里表现出来呢？——等待着，支撑着，刚刚我们念过的："同志——"（板书：同志——）那么，他为什么这样期待着同志的到来呢？——他为什么期待着同志的到来？此时此刻，他想了些什么？我们看下面的文章。请一个同学读第10～13段。看他为什么期待着同志的到来？此时此刻他想着什么？谁来读？

生36：（朗读）"卢进勇看着这情景……急急地说：'这……这里！'"

师：读得轻了一点。请同学们看。有一个字走音走得很厉害，哪一个字？

生37："那脸上挂着的雨滴"，"雨滴"他念了个"雨"。

师：他没有把句子念完整。请坐。还有吧？

生38：他加了两个字。"眼睛像揉进了什么"，他加了"似的"，——"什么似的"。

师：加了两个字。"眼睛像揉进了——"，这个字（指"揉"）怎么读啊？"揉（róu）进了"——"揉（róu）进了什么"，念"róu"，不是"rǒu"。请×××坐下去。好，这一段请同学们思考一下，他自始至终想的是什么呢？这里有三个表示他内心的关键性的动作。请你们找一找。表示他内心状态的三个关键性的动作。找找看。——他现在想的是什么？找得到吗？表示他现在想的是什么。我提示一下：当卢进勇要把青稞面送到他嘴边时，他怎样？

生（部分）："推开"。

师："推开"，好。找得出一个"推开"，下边就找得出来了。——看看，"推开"就意味着什么呢？

生（部分）：不要。

师：对，不要，拒绝了。（板书：拒绝　推开）"推开"，下面还有吧？再找找看，还有什么？（学生轻声地，有的说"唵"，有的说"挤"。）哦，"挤"——"挤出"。这说明他说话很困难，在齿缝里挤出来。

生39："那同志闭着眼睛摇了摇头。"

师："摇了摇头"。（板书：摇）那么，在什么情况下"摇了摇头"的？

生39："闭着眼睛"。

师："闭着眼睛"，"闭着眼睛摇了摇头"，再想一想看，就是当卢进勇要怎么样？

生39：当卢进勇对他说"走，我扶你走"的时候，他摇了摇头。

师：对，这个很重要。还有吧？还有没有？

生40：他"急急地说"。

师："急急地说"。还有动作吧？请坐。

生41：还有一个是"指"。

师:"指",(板书:指)"指"什么?

生41:指着他自己的左腋窝。

师:指着他自己的左腋窝。看一看,这里头——(学生举手)×××。

生42:前面说,他已经不能动了,为什么后面说,他能够推开卢进勇的胳膊,而且他还能指着自己的左腋窝?

师:哦,他(指生42)说,前面说他不能动了,这里怎么还能够抬起手,推开卢进勇,而且还能够用手指着左腋窝?这个问题问得很好,现在我们先把它挂着,等会儿一起回答。现在先请同学们思考一下,就是当卢进勇把青稞面送到他嘴边的时候,他怎么样?——"推开"。当然,这个"推开"前头有一个什么啊?

生(部分):"吃力地"。

师:"吃力地……推开。"也就是说他拒绝了,不要吃同志给他的这个粮食了。卢进勇看到他这个乌青的脸啊,心里很难过。他想如果有一堆火,有一杯热水的话呢,他也许能够活下去,因此就说:"走,我扶你走吧!"可是他又怎么样啊?——"摇了摇头"。第二次拒绝了什么?——请同学们看一看,这一个"推",一个"摇",拒绝了同志的帮助,说明他等待着同志的到来,是不是为了他自己活下去啊?[生(部分):不是。]对,这里重要的词是"推"和"摇"。这一"推"一"摇",清楚地刻画了,明白地告诉我们:他等待同志的到来,不是为了自己活下去,为了自己的生命。那么是为什么呢?就是为了七根火柴!也就是刚才讲的一个动作。什么动作呢?

生(部分):"指"。

师:"指"着左腋窝。请同学们看看,这"推"——"推开""摇"跟"指",两相对照,我们就知道这个战士一直在想的不是为了自己,而是为了七根火柴!为什么为了这七根火柴?他是怎样珍藏的呢?我们看看无名战士在生命垂危之际,怎样来把火柴当宝贝一样珍藏起来的?请同学读14、15两段。

生43:(朗读)"卢进勇惶惑地把手插进那湿漉漉的衣服……像一簇火焰在跳。"

师:读得太快了,慢一些,别人好思考。重新读一遍。

(生43重读这两段)

师:要读得慢一些,不要太快了。

生44:"正压在那朱红的印章的中心",他读"章印"。

师:哦,应该是"印章的中心",印章。

生45:"这一刹(chà)那间",他读了"一shà那"。

师:"一刹(chà)那","chà"。他读得还是比较好的,就是快了一点。还有两个字读音不对。现在请同学们考虑一下无名战士是怎样把火柴当宝贝一样珍藏起来的?(板书:珍藏)看书上的描写,说一说这火柴珍藏的地方,珍藏的位置,珍藏的结果。——珍藏的地方,珍藏的位置,珍藏的结果,找一找关键性的语句在什么地方。

生46:他把火柴与党证摆在一起。

师:哦,他是当宝贝一样地把火柴跟党证放在一起,跟比生命还宝贵的党证放在一起。她回答得很准确!再说。

生46:火柴是焦干的。

师:火柴是焦干的。——说完了吗?好,请坐。还有补充吗?你说。

生47:火柴放在腋窝里。

师:火柴放在腋窝里。看看,它的位置是怎么放的呀?跟党证放在一起,具体的位置放在什么地方?——"红红的火柴头……"我们一起读。预备——起。

师、生:(朗读)"红红的火柴头簇集在一起,正压在那朱红的印章的中心,像一簇火焰在跳。"

师:这位置放在什么地方的?

生(部分):"印章的中心。"

师:放在印章的中心,前头有个关键性的词,什么词?

生48:中心词是"压在"。

师:关键的词是"压在"的"压"。(板书:压)这个"压"——我说这个词分量是很重的!你们想,为什么要把这个火柴压在朱红的印章的中心?这个"压"象征着什么?——象征着这个战士怎么样?

生(有的):火热的心。

师:火热的心。好的。这个心跟朱红的印章怎么样?

生(有的):贴起来了。

师:喔,贴起来了!好。这个"压",就象征着无名战士火红的心跟党的心是相印的。你们看,这个"压"还可以象征什么?一簇火种,这火种能够怎么样啊?点燃,燃烧起熊熊的烈火!这革命烈火怎么样?谁点燃的?——毛主席点燃的,党点燃的。它象征着珍藏火柴的人,牢记着这革命烈火是党点燃的!所以这样一些关键词,很有分量的词,我们要很好地体会。——刚刚×××(指生46)讲了,他说这个火柴保藏的结果是怎样?

师、生:焦干。(板书:焦干)

师:这说明是珍藏着放在左腋窝里。今天早上自修课十分钟预习的时候,有同学问了这么一个问题,×××(指生49)问,他说怎么可能焦干呢?请你把你的问题再复述一下。

生49:课文里说,他的衣服是湿漉漉的,而且是冰冷的,火柴怎么会焦干呢?

师:他是这样问的,这个同志衣服都湿透了,衣服也是冰凉的了,火柴怎么会是焦干的?现在我再补充他这个问题,他不仅是衣服怎么样啊?——湿漉漉,而且胸口怎么样啊?(学生低声说:冰凉。)冰冷。脸上呢?

生(部分):乌青。

师:乌青,还怎么样啊?——挂着的雨滴滴滴答答。身子下面呢?

生(部分):一汪污水。

师:一汪浑浊的污水,都是湿的。那么,要把这火柴保藏得焦干,你们说这容易吗?〔**生**(部分):不容易。〕这是难以想象的困难!这里正是作者要着力刻画的。这是需要多么坚毅的革命意志啊!要经受多少的痛苦!我们看,他把火柴放在什么地方的?

生(部分):腋窝里。

师:左腋窝下硬硬的纸包,而且他是用垂危时候仅有的一点体温在温暖着火柴。这正是"湿"跟"干"鲜明的对照,突出了这样一个革命战士的一颗红心,对党的事业的赤胆忠心!×××(指生49)提的这个问题很好。我们从他的这个珍藏,就可以看到战士的思想在闪光。那么,他珍藏的目的是什么呢?——珍藏的目的是什么?下面就是这个故事的高潮部分。他珍藏的目的是为了交给同志,是为了交给组织。这节课就讲到这里,请同学们从开头到这里读一遍,自己读。

(学生出声读课文第1~15段;教师巡视、指导)

师:同学们静一静,有的同学提了些问题。譬如说,既然是火柴头簇集在一起,并排摆着,为什么说"一小堆"?应该说"并排摆着一小排火柴",书上这个量词是不是可以研究一下。问题提得好。这个我不解答,提供同学们思考。另外一个同学问,说是"焦干的火柴",这个"焦干"是不是火柴已经焦掉了?"焦干"是什么意思?(学生议论)就是什么?——非常干。再用一个词说说看。

生(部分):干燥。

师:"焦干"就是很干燥的意思。×××提了这样一个问题,他说这个火柴怎么会像火一样的呢?怎么会"像一簇火焰在跳"呢?现在请同学们——(有的学生小声说:这是想象。)喔,有的说是想象。请你们仔细思考一下:红红的火柴,朱红的印章,在一只哆哆嗦嗦的手中,那就犹如一簇跳动的火焰。这火焰升起在无边的草地,它划过阴沉的天空,横扫草地荒凉肃杀的气氛。所以,这样一个想象的出现,它是能够给人以什么啊?——光明、温暖和力量。理解了吧?好,这个问题是问得好的。

下课。

第 二 课 时

师:上课。刚才我们学习了课文的第14、15段,理解了无名战士是怎样珍藏火柴的。现在继续学下去。我们看,生命垂危的无名战士,他珍藏着这七根火柴,心里念念不忘的是什么呢?是嘱托。(板书:嘱托)把火柴嘱托给战友。下面请一位同学把第16~21段朗读一下。读的时候,请大家思考:他是怎样把七根火柴嘱托给战友的?嘱托几次?——谁来读?从第16~21段。朗读得响亮些。

生1:(朗读)"'同志,你看着……'……笔直地指向长征部队前进的方向……"

师:读得好,句读分明,有感情。下面,哪位同学能够说说,无名战士他是怎么嘱托的?嘱托了几次?你说说看。

生2:他很激动,很郑重,嘱托了三次。

师:很郑重地嘱托了三次。哪三次啊?

生2:第一次,他数火柴,"数完了,又询问地向卢进勇望了一眼,意思好像说:'看明白了?'"

师:第一次。

生2:(继续回答)第二次,"他合起党证,双手捧起这几枝火柴,像擎着一只贮满水的碗一样,把火柴小心地放到卢进勇手里,紧紧地把它连手握在一起,两眼直直地盯着他的脸。"

师:第二次。

生2:(继续回答)第三次,"他蓦地抽回手去,深深地吸了一口——"(师:吸了一口气。)"——吸了一口气,用尽所有的力气举起手来,直指着正北方向"。

师:第三次。哦,他说三次,同学们都同意吗?

生3:后面的说话也是的。

师:后面的说话,哪一句——也是嘱托?

生3:"好,好同志……你……你把它带给……"

师:对,这一句话是他再一次向卢进勇嘱托。现在我们看第一次嘱托。请同学们认真体会:这第一次嘱托时无名战士的动作——一系列动作上的细节描写,把表示动作的词语找出来。

生4:"抬手"——

师:"抬手"。

生4:"伸开""拨弄""数"。

师:"伸开""拨弄""数"。还有吗?

生5:还有"望"。

师:还有"望"。他说得对吗?〔学生点头示意;(有的):"对"。〕对。从这一连串的动作里,我们可以感到这个嘱托是怎么样的?

生(部分):郑重。

师:对,是极其郑重的。你们看,数火柴的时候,他伸开僵直的手指,小心翼翼地一根根拨弄;数完了,又询问地望了卢进勇一眼。同学们,这些表示动作的词里,哪一个最关键?

生(部分):"数"。

师:"数"。(板书:数)对。我们接着看第二次嘱托——就在卢进勇看他数完火柴,高兴地点点头的时候,一瞬间,一个神奇的现象出现了:本来他的脸色是乌青的、怕人的,现在怎么样了?你说现在怎么样了?

生6:"舒展开来"。

师:眼睛本来是死灰般的颜色,现在——

生(集体):"爆发着一种喜悦的光。"

师:本来他的手是哆哆嗦嗦的,手指是僵直的,现在他手的动作怎么样了?

生(集体):"捧起这几枝火柴。"

师:不仅捧起火柴,而且还放到卢进勇手里,连手握在一起!这一节写了神奇的变化,谁来读一读,注意关键的词语。请你读这一段。

生7:(朗读)"就在这一瞬间……两眼直直地盯着他的脸。"

师:好。无名战士他已经是奄奄一息,这一连串的动作,真使人难以想象!请同学们想一想:这神奇的现象表示了无名战士的什么?他的力量是从哪儿来的?

生8:来自那个同志对党的赤胆忠心,表示他对革命事业无限热爱。

师:说得好!正因为这样,才出现了这神奇的现象。他这一连串的动作倾注了他整个的生命。现在请同学们再仔细地看下去,他再一次嘱托的时候,留给人间的最后的语言、最后的动作是什么?

生9:他留给人间的最后的语言是,"好,好同志……你……你把它带给……"他留给人间最后的动作是,"用尽所有的力气举起手来,直指着正北方向"。

师:最后的话就这一句吗?这前面还有没有什么话?

生9:"记住,这,这是,大家的!"——一共两句话。

师:准确地说,无名战士留给人间的最后的语言是一句半话。第二句话他没有说完!"好,好同志……你……你把它带给……"(板书:带给)带给谁呢? 带给同志们。正是为了这一点,他忍受了难以形容的痛苦、折磨,在死亡线上挣扎而硬不咽下最后一口气;也就是为了这一点,他没有用一根火柴来取暖。同学们想一想,如果用火柴烧堆火,这位无名战士也许会怎么样?

生(集体):"也许他能活下去!"

师:对。因为卢进勇想过,"要是有一堆火,有一杯热水,也许他能活下去!"但是,这位战士没有为自己用一根火柴,他一心想着大家,一心向着党,向着长征途中的毛主席,无私忘我,他的生命爆发出耀眼的光芒! 这不禁使我们联想到保尔所讲的一段名言——大家回忆一下,一起背背看。预备——起。

生(集体):(背诵)"人最宝贵的东西是生命。生命属于我们只有一次。一个人的生命是应当这样度过的:当他回忆往事的时候,他不因虚度年华而悔恨,也不因碌碌无为而羞耻——这样,在临死的时候,他能够说:'我整个的生命和全部的精力,都已献给世界上最壮丽的事业——为人类的解放而斗争。'"

师:无名战士的英雄形象,就是像保尔所讲的那样,是我们学习的光辉榜样。第8~21段,是文章的主体,是七根火柴故事的核心内容。《七根火柴》这篇文章篇幅不长,我们看到的这位无名战士,也只是他临死前的一刻,但是他的形象怎么样啊? ——高大、巍峨,不仅矗立在茫茫的草地,而且活在我们的心上。这是为什么呢? 这是由于作者选材精当。(板书:选材精当)作者紧紧抓着人物性格闪出耀眼光辉的一刹那,来刻画人物优美的精神世界。作者用在主人公身上的笔墨不多。有些同学开始读课文的时候,只是从描写笔墨的多少来衡量,因此误认为主人公是卢进勇了。拿语言来讲,无名战士说的话多不多啊?〔生(部分):(轻声)不多。〕不多。总共没说几句。但是有一个词却反复出现了好几次,哪一个词啊?

生(部分):"同志"。

师:对,"同志"。前后出现了几次?

生(有的):三次;(有的):五次。

师:"同志"这个称呼,他说了五次。言为心声,他念念不忘把七根火柴和党证一起交给同志,其中包含无限的期望,无限的深情。他相信卢进勇是会把这七根火柴交给同志们的,因此,他最后充满期望和信任地对卢进勇说:"好,好同志……你……你把它带给……"再看动作。无名战士留给人间的最后一个动作是什么?——是一个大幅度的动作:"用尽所有的力气举起手来,直指着正北方向"。这些动作、语言和一系列的细节描写,都反映了生活的本质。因此,这篇文章在写作上的一个特点是:选材精当。这是我们需要学的。请同学们再考虑一下,既然主人公是无名战士,作者为什么花许多笔墨来写卢进勇呢?

生10:因为作者以卢进勇为线索来写这篇故事的。

师:讲得好!我们没有讲过这方面的知识。以卢进勇为线索来写这个故事。好!其他同学还有补充吗?

生11:写卢进勇是为了衬托无名英雄。

师:对。为了在短小的篇幅里突出主人公的高大形象,作者在结构上作了巧妙的安排。(板书:结构巧妙)这篇文章是以卢进勇为线索开展故事情节的。请同学们回忆一下文章的第一部分,主人公无名战士是通过什么引出来的?

生(集体):卢进勇蓦地听见一声低低的叫声。

师:他的形貌呢?

生(部分):"倚着""半躺",脸色怕人,眼眶塌陷。

师:对。主人公的形貌,通过卢进勇的视觉展现在读者的眼前。同时,作者还通过卢进勇的"想"和"说"衬托出主人公崇高的思想品质,突出了无名英雄牺牲的全部意义。花很多笔墨写卢进勇,是为了节省笔墨写主人公。如果文章不是这样结构,不以卢进勇为线索,而是从主人公倒下来写起,那要怎么处理?请同学们课后思考思考。——如果不是这样的结构,该怎么写法?好,我们看,文章最感人的是哪一节?——第21段。这是作者饱含感情的描写。我们一起把它读一遍。读的时候注意把感情表达出来:该缓慢的地方缓慢,该低沉的地方低沉,该高昂的地方高昂。"话就在这里停住了……"预备——读。

生(集体):(齐读)"话就在这里停住了……笔直地指向长征部队前进的方向……"

师:这是一个极其悲壮的场面。

生12:前面说卢进勇的"眼睛模糊了";后面却又说"那只手是清晰的"。不是矛盾吗?

师:问题提得好!而这也正是作者运用语言奥妙之处。跟"清晰"相对的词是什么?

生(集体):模糊。

师:对,模糊。"他的眼睛模糊了",这是着力写卢进勇失去战友的无限悲痛。那么为什么写"那只手是清晰的"呢?这就像舞台上的一个场景,背景慢慢地慢慢地暗下来,灯光最后集中在一只手上,这是无名战士的高擎的手,加了最后一个特写镜头,分外清晰。这只手像路标,指向红军长征的方向,那儿有党中央,有毛主席、周副主席,那儿是中华民族的精华所在,是中华民族的希望。这里,作者用"模糊"和"清晰"对比着写,既深刻地表现了卢进勇无限悲痛的感情,又使无名战士崇高的思想品质放射出耀眼的光辉。是不是可以这样来理解?卢进勇失去战友的无限悲痛伴随着整个草地的哭泣,为顶天立地的英雄唱哀歌,唱赞歌,正如《人民英雄纪念碑》这篇文章里所说的,英雄的品质像牡丹一样——

生（集体）：高贵。

师：像荷花一样——

生（集体）：纯洁。

师：像菊花一样——

生（集体）：坚忍。

师：革命是要付出极大的代价的。前面的同志牺牲了，后面的同志踏着他们的血迹继续前进。卢进勇呢，他现在也从倒下的战友身上吸取了前进的力量，带着战友的嘱托飞快地赶路。下面这最后一部分，第22～24段，请×××同学来朗读一下。（指定学生）

生13：（朗读）"这以后的路，……'一，二，三，四……'"

师：卢进勇接受了无名战士的嘱托，很快地追上了后卫部队，把火柴交到了指导员的手里。同学们看，文章的最后一段，在写法上同前面哪一段是相似的？

生14：第16段，那同志"口里小声数着'一，二，三，四……'"。

师：前面第16段，作者写了无名战士非常郑重地一根根数着火柴，把它交给了卢进勇。现在呢，卢进勇像那位无名战士把七根火柴嘱托给他时一样，也极其郑重地一根根数着，把火柴交给了指导员。他悄悄走到指导员身边，用颤抖的手指打开党证，用异样的声调数着火柴。这里，"悄悄走""颤抖的手指""异样的声调"，这些词组，写出了卢进勇此时此地复杂的思想感情。这种复杂的感情，凝聚在哪一个词上呢？——"数"。（边讲边在板书"数"下面，加一个着重号）他为什么含着那么复杂的感情，极其郑重地一根根地"数"呢？因为这几根火柴，在那时长征的部队里，就是极其宝贵的火种，它能给历尽艰险的战士们带来光，带来热，带来欢乐。请同学们找一找，把文章里描写火的语句找出来。

生15："要是有堆火烤烤该多好啊！"

师：第5段，"要是有堆火烤烤该多好啊!"

生16："要是有一堆火,有一杯热水,也许他能活下去!"

师：第12段,卢进勇望着那同志,痛苦地想："要是有一堆火,有一杯热水,也许他能活下去!"

生17："他仿佛看见了一个通红的火堆,他正抱着这个同志偎依在火旁……"

师：第18段,卢进勇看到了那七根火柴,就仿佛看见了一个通红的火堆,他正抱着这个同志偎依在火旁……

生18："在无边的暗夜里,一簇簇的篝火烧起来了。在风雨中、在烂泥里跌滚了几天的战士们,围着这熊熊的野火谈笑着……"

师：第23段,卢进勇带着无名战士留下来的七根火柴追上部队以后,一簇簇的篝火就烧起来了,战士们围着这熊熊的野火谈笑着。同学们看,文章前后有四个地方具体写到了火,对火的描写贯串了全文。从这些描写中,我们可以看到,在无边的草地上,在冷风暴雨、冰雹无常的恶劣环境里,火真是我们的部队最需要的东西,它可以救活同志,可以解除饥饿、寒冷的痛苦。这么珍贵的东西,无名战士用生命保存了它。在生与死的考验中,无名战士把生的希望送给同志,把死亡留给自己。因此,卢进勇数着这几根火柴,此时此地,他的心潮怎样?

生（集体）：澎湃。

师：他的思绪怎样?

生（集体）：万千。

师：他想到了这位为了同志而牺牲的战友,想到了战友的深情的嘱托,因此,他以一种异样的声调在数着。这个"数",饱含着对战友牺牲的无限哀思,饱含着对战友伟大品格的无比敬仰。而且,在这里,还饱含着这几根火柴的不平常的意义和价值! 卢进勇的带着异样声调的"数",还可以引申一下,他还想到了自己——他想着自己的什么呢? 说说看。

生19：想到自己完成了任务，实现了烈士的遗嘱。

师：想到完成了任务。还有补充吗？

生20：还想着自己要踏着先烈的道路前进。

师："踏着先烈的道路"，这样说法通吗？"踏着先烈的"什么？

生（部分）：足迹。

师：对，踏着先烈的足迹前进。

生21：想着自己革命到底的决心。

师：对。他想着自己要像无名战士一样，忠诚党的事业，革命到底。过去，我们的红军，出于战略考虑，在草地上进行艰苦的长征；今天呢，全国人民为了实现四个现代化，在进行新的长征。因此，这个"数"，是不是也给我们提出了一个严峻的问题——怎样继承先烈遗志？对党的事业应当采取怎样的态度？（学生小声议论）千千万万的革命先烈是我们的光辉榜样。为了表示对献身革命的千百万烈士永久的纪念，中华人民共和国成立以后，人们在洒满阳光的天安门广场，树立了巍峨、雄伟、庄严的人民英雄纪念碑，碑的正面是——

生（集体）："人民英雄永垂不朽"八个金色大字。

师：背面的碑文是——

生（集体）：（背诵）"三年以来，在人民解放战争和人民革命中牺牲的人民英雄们永垂不朽！三十年以来，在人民解放战争和人民革命中牺牲的人民英雄们永垂不朽！由此上溯到一千八百四十年，从那时起，为了反对内外敌人，争取民族独立和人民自由幸福，在历次斗争中牺牲的人民英雄们永垂不朽！"

师：我们革命后代要永远记住先烈为了革命付出的代价。无名英雄的高贵品质，既是无名英雄自己的，也是卢进勇以及千千万万红军战士所共同具备的。这就是文章的主题，是作者奉献给读者的一曲红军战士对党的事业忠心耿耿的悲壮赞歌。这篇文章以数着"一,二,三,四……"来结尾,言虽尽,而意无穷! 大家要好好地体会啊。现在请一位同学把全文朗读一遍,加深对课文的理解和感受。

(生 22 表情朗读全文)

师:读得很好!特别是两个"数",能够分别读出既相似又不同的感情。无名英雄的"数"——庄严、微弱、低沉;卢进勇的"数"——激动、深沉,包含着坚强的决心。我们读的时候,要一字一句体会人物的感情。刚才有同学问,既然无名英雄身上有党证,为什么文章不写出他的名字呢?——无名?这个问题提得好!我这里不作回答,留给同学们课后思考,好不好?!下面布置几个作业。第一,复述课文的第二部分。这部分是文章的主体。要求呢,是讲——用自己的话说,不是背诵;以卢进勇为线索,突出无名英雄。第二,课外阅读 81 页《草》,也是王愿坚同志写的。(朗读《草》的"小序")"一位藏族同志指着当年红军走过的草地,说:就在这里,在奶粉厂旁边,我们要建一座糖厂。这最甜的地方。"你们在读《草》的时候,思考这么几个问题:(1)文章讲了怎样一个故事?主人公是谁?以谁为线索,怎样结构情节的?(2)为什么说"这里是最甜的地方"?"我们正是因为吃草吃得强大了,吃得胜利了"?最感动人的情节是什么?——两个作业,明确了吗?

生(集体):明确了。

"'课余'作文讲评"教学实录

师：在我们国家，欢乐是生活的主旋律。这次写"课余生活"，同学们的笔底下涌现出来的都是欢和乐。我在批改的时候，常常被你们文章里跳动着的喜悦、兴奋、快乐所感染，我改着改着，有时忍不住地笑出声来，或者用你们作文里的话来说叫作"捧腹不已"。同学们在作文里究竟写了哪些趣事和乐事呢？现在请一些同学报一报自己这一次写的课余生活作文题目，或者用一句话说一说你这一次写的内容。

大家讲的时候声音响亮一些，可以讲作文题目，也可以用一句话简要地说明自己所写的内容。

（学生举手，发言积极）

生1：我写的内容是第一次学剪纸的乐趣。

师：周俭。

生2：我写的课余生活是剪贴。

师：黎莉。

生3：我写的是泥塑。

师：杨蓓珏。

生4：我写的是集邮。

师：集邮。魏巍。

生5：我写的是烧菜。

师：烧菜，做家务。张涛。

生6：我写的是养花。

师：养花。陆铭。

生7：我写的是课余的欢乐——溜冰。

师：课余的欢乐——溜冰。冯宇。

生8：我写的是养金鱼。

师：养金鱼。洪鼎良。

生9：我写的是喂鸡。

师：喂鸡，这也很有乐趣。

生10：我写的是学缝纫。

师：学缝纫。仇海风。

生11：我写的是课余生活中的欢乐之神——小花。

师：欢乐之神，小花。范菁。

生12：我写的是养花。

师：养花。卢鸣。

生13：我写的是钓鱼。

师：钓鱼。王强呢？

生14：写的是少林寺弟子。

师：他写的是少林寺弟子，要打引号吧！

生14：点头。

生15：我写的是朗读给我带来的欢乐。

生16：我写的是乐迷。

师：乐迷。大家知道她最喜欢歌唱。她说她对着无线电听歌可以半个小时听下去，跟着唱，跟着唱。学，而且学外国歌曲，听不懂就录下来一个一个字记。（另一学生又举手）你写的是什么？

生17：我写的是球。

师：什么球？

生 17：乒乓球。

师：好，姚蓉。

生 18：我写的是学骑车子。

师：学骑车。你(另一学生)呢？我们这里最小的一个(风趣)。

生 19：我写的踢足球。

师：踢足球。你呢？瞿兵。

生 20：赛象棋。

师：赛象棋。王伟。

生 21：我写的是一场特殊的足球赛。

师：特殊的足球赛。张欣。

生 22：我写的是四国大战。

师：四国大战。叶路绮。

生 23：我写的是一场棋战。

师：一场棋战。吴震宇。

生 24：我写了棋战。

师(小结)：棋战。稍微检阅一番，就可以窥见我们课余生活的欢乐，而尤其给我们带来欢乐的是球与棋，棋与球，有十多个同学写四国大战、足球赛、乒乓球赛，……正因为如此，我们这一节作文讲评课就先把个人课余生活的乐事放一放，着重评一评球赛和棋赛的内容。

很显然，要写球赛和棋赛，必须描绘场面，而这个场面又是以人物活动为中心的，对不对？要把我们的课余欢乐写出来，就必须把以人物活动为中心的场面写好，因此这节课就着重讲评场面描写。因为多数都写棋赛和球赛，即使是写个人的课余乐趣，也会涉及一些活动场面的描写。很多同学写了课余活动欢乐的场面，可是要写得生动别致，引人入胜，就大有讲究、大有区别了。

刚才我说了，有的我读了以后可以捧腹不已，有的我读了以后，好像还没有受到感染,有的取材是一样的,可是呐(促学生深思)下笔写出来就不一样。那么怎么样才能把场面写得逼真生动而富有情趣呢?我们先来看一看魏群写的《四国大战》。讲义已经发给你们了,(学生打开讲义)请一个同学读一读。读完以后评论:魏群这一篇《四国大战》,是不是写得生动逼真,引人入胜?好在哪里?你觉得有问题吗?有问题,问题在什么地方?现在请我们班级音量最大的王伟同学读。王伟同学读时有两点要注意:第一,不要读破句;第二,如果你认为他能够把课余的欢乐写出来,那么,请你力求读出这个气氛。

生25:读全文。(略)

师:有没有读错的?

生26:他把文章里的平舌音大多数读成了翘舌音。

师:请你举例。

生26:"……的一次'大战'"中的"次(cì)"读成"次(chì)"。

师:"cì"读成"chì",正确的是"一次(cì)大战",还有没有?举例说。

(学生稍停)

生27:他还把"叶路绮(qǐ)"的"绮"读成"yǐ"。

师:"叶路绮(qǐ)"还是"叶路绮(yǐ)"?

生(齐答):"qǐ"。

师:我们伙伴(指班上一学生)的名字不知如何读,似乎不应该啊!王伟读得有进步,声音响亮是他的长处,读破句是他的短处,今天,破句比较少。有一个地方要注意:"我"再调兵救援,想使个"什么"——

生(集体):"围魏救赵"。

师:他读成两个"围(wéi)魏(wěi)",应该是"围(wéi)魏(wèi)救赵"。刚才读时,有的地方我们忍不住地笑了,现在请同学们具体评论这篇文章。陆荣珍——

生28:魏群写的《四国大战》这篇文章非常生动形象,把人物写活了。

师：怎么样把人物写活了？

生28：比如说，第4段讲他得意洋洋的心情的时候，他从侧面描写了"问史进的物理问题"这一细节。

师：侧面描写，问了史进物理题目。

生28：他还运用了一些有趣的词，象声词，比如："叭""轰隆"……（学生笑）

师：象声词"叭""轰隆"。

生28：另外，"殉难""健在""出山"等增加了趣味性。

师：用了一些词，准确、生动，增加了趣味性。

生28：并且，这篇文章情节有波澜。

师：怎样有波澜呢？

生28：前面让人们看起来是要赢的，但是呢，几个回合后又失败了。这就是起伏，这就能吸引读者。并且他还注意心理描写，当时他得意洋洋，心里是怎样想的，战争失败的时候又怎样想的，但是，我认为这篇文章里……

师：好，她摆了这篇文章不少优点，但是也觉得有问题，在什么地方？

生28：文章的段落大意写得不好。

师：段落大意写得不好。对，写作提纲中的段落要点。

生28：太简单了。前面还有一处，就是第3段讲到"我方素以稳重，打'防守反击'称著"，而文章里没有突出这个特点。并且在最后的描写中说："大家你争我吵"，究竟为什么而吵？看不出来。

师：为什么你争我吵，没说明原因。（学生继续举手发言）好，张欣。

生29：文章开头开得很好，先用列举方法，把所喜欢的都列举出来。

师：所喜欢的是些什么？

生29：所喜欢的三大爱好，后面是最喜欢的突出，居首位，因此，这样就——

师：话，一定要一句一句讲清楚。

生29：突出最喜欢的，下面就是讲主要爱好。还有"我方素以稳重，打'防守反击'著称，而对方则以骁（yáo）勇冲杀，屡出奇兵闻名"，这写了我方和对方势均力敌，后面将是一个激烈的场面，更增添了紧张气氛。

师：增添了紧张气氛，说话要完整，请坐。（在黑板一角板书"骁"）这个字怎么读？

生（集体）："骁（xiāo）"。

师：正音。

生（集体）："x－iāo→xiāo"。

师：第几声？

生（集体）：第一声。

师：骁勇冲杀，屡出奇兵。除了他们讲的以外，还有——

生30：这篇文章里，有高人一着之处。

师：有高人一着之处，什么地方高人一着？

生30：引用了一个典故，"围魏救赵"。这个故事说：赵都被魏国围住了，后来齐国就派大将去救，齐国攻打了魏国国都，迫使魏国放弃攻赵，文章里本来打仗的气氛就很紧张，用了这个典故……

师：（启发）本来打仗气氛很紧张。

生30：用在这里，不仅充满了乐趣，更加渲染了当时紧张的气氛。

师：渲染了当时紧张气氛，你认为这里是高人一着的。好，洪鼎良。

生31：这篇文章抓住了细节描写。如第4段写道"叶路绮频频点头，翘着嘴角，嘿，俨然一副'大将风度'"。

师：这是细节描写,好像电影的什么一样?

生31：特写镜头。

师：特写镜头一样,这里是写细节。"俨然",我们在哪碰到过?

生(集体)：《向沙漠进军》。

师：第一课,《向沙漠进军》里学过。这个词用得很好,俨然大将风度……好,王强。

生32：此文意义是积极的,最后说"胜败虽是兵家常事,但骄兵必败",说明课余这篇文章并不是反映了一般的生活情趣,而且还寓含哲理……

师：大家听清楚了没有?请再说一遍。

生32："胜败虽是兵家常事……"

师：对!"胜败虽兵家常事,但骄兵必败"。议论得好。请坐。还有什么意见?

生33：在开头讲到"我方素以稳重,打'防守反击'称著",既然这样,为什么后面说因骄傲失败呢?可见不稳重。(学生哄笑)

师：(稍停)好,既然前面讲"稳重"著称,为什么后面反击不稳重?这个问题放一放。还有别的意见吗?

生34：魏群的这篇文章写得非常精彩。但还有美中不足。

师：什么地方不足呢?

生34：文章开头描写了"我方"和"敌方"的特点,还应写出同学们围观的场景,把情绪渲染出来,更能增加紧张气氛。

师：不足的地方是未写围观者,写围观者,渲染了气氛,更能突出欢乐了。同意吗?(学生示意赞同)谢书颖。

生35：文中第一回合与第二回合用了不同方法。

师：(重复)请你分析。

生35：在第一回合,有一个小小波澜,先是叶路绮的司令、军长和一个师长损失了。

师：注意呀，是小小波澜。

生35：后面又讲形势急转直下，叶的炸弹炸掉了对方张欣的司令。第二回合写双方较量以后，"我"的司令炸掉以后兵败如山倒的局面。

师：她说第一回合跟第二回合是有区别的，同学们注意了没有？第一回合有小小的波澜，先是写了叶路绮的司令、军长、师长怎么样了，都损失了。看来是非败不可，可是形势急转直下，因此这里有曲折、有波澜。而第二回合呢，是直接写兵败如山倒，是不是这样？（学生点头）评得很好。还有补充意见吗？有没有？（等待）没有，我提个问题。我在批改的时候，这个事情弄不明白，就是刚才有同学说这里写得很好，什么地方？（稍停）江穗说。

生36：就是，得意洋洋地问裁判史进："哎，0.76米乘9.8牛顿每平方米是多少呀？"

师：对啊，在四国大战的时候，怎么问题目呢？"0.76米乘9.8牛顿每平方米是多少"？刚才陆荣珍说这儿写得好，是不是？刘静说。

生37：这个地方很突然。

师：很突然。

生37：在前面没提到，没有写到手中物理书。

（师重复）

生37：前面没提到，这里好像感觉到……，嗯……嗯……

师：感觉到什么？前面并没有说手里有物理书，就感觉到——

生37：似乎……

师：似乎感觉到什么——还是你开始讲的。

生37：很突然。

师：很突然。请坐。有没有不理解的？

生38：我是讲，既然有裁判，他可怎么知道就剩"一光棍团长"了？

应该是不知道的,我认为。(该生讲到另外议题)(学生讨论)

师:即使有裁判,剩下什么棋子自己也应该知道。好,再回到细节上讨论。

生39:我认为:这个细节反映了同学的真实,因为叶路绮把对方司令炸掉了,魏群要把这喜悦心情压一压。

师:好!压一压。心情喜悦要压一压,这是什么意思?你能把意思说得更明白一些吗?

生39:压抑……

师:不叫压抑,换一个词。

生39:……

师:对方输了,输了一着,自己心里很高兴,用"压抑"不行,就是不表露出来,对不对呀?

生39:(领悟)……掩饰。

师:掩饰,用这个情节来掩饰,是这个意思吗?(生点头)她是这样来理解的。

生40:不是掩饰,因为他向裁判问的这个题目并不对,不能算是掩饰,而是他忘乎所以的时候,随口说了出来,这只能是……

师:好。是忘乎所以的时候随口说出来的。

生41:这是表现他高兴的心情。

师:你怎么晓得他忘乎所以?

生42:文中说"他得意洋洋地问裁判"。

师:(重复)对不对呀?(学生点头)忘乎所以,得意洋洋。

生43:我认为这里不能与开头呼应,他下棋时怎么手里拿物理书,他既然是一个棋将,又是,也是,他手里,嗯……

师:你别着急,慢慢说,他既然是个棋将——

生43:就应该对棋很着迷,一看到下棋,就会放下书来,情不自禁地去下,而他在下棋时,拿着物理书,好像是漫不经心的。

师:你对他这个细节表示怀疑,对吗?有不同意见吗?王绮。

生 44:我认为这是许可的,这里得意洋洋的描写是真实的。史进在旁边做裁判,看到他们下赢了,话很多,就板着脸说"别啰唆"。这也写出了趣味。魏群向史进问了三次呢(生笑),为后面做了铺垫。

师:为后面的情节描写做了铺垫。采取比较法。请坐。好,陈秋子讲。

(学生争相发言)

生 45:如果魏群同学写时在前面有所交代,那么这个细节是很传神的。

师:(大声重复)对不对?把那个得意洋洋、忘乎所以的欢乐都写出来了。根据评论,是不是可以得出这样的要点:这个细节好不好?(学生点头),是好的,好在铺垫?我看,黎莉讲得正确。但是美中确实还有不足,如果说,前面略做铺垫的话,那么,就不会是空穴来风,显得突然了,刘静你说对不对?现在我们呀,请魏群(小作者)自己讲一讲。你觉得这篇文章怎么样?

生 46(作者):……

师:响一点,你觉得写得好不好,实事求是,好就好,不好就不好,不要难为情!

生 46:我觉得比较生动。

师:比较生动,好的。

生 46:有起伏。

师:(重复)讲响一点,后面听不见。

生 46:但是有些地方交代不清楚。

师:(重复)你这些认识怎么来的?是自己作文写完了就知道的呢?还是刚才听同学说的?

生46：听来的。

师：刚才听同学们评的,好啊!

生46：其次,文章表现手法单调。

师：什么地方单调?

生46：只是写了赛棋双方的情景,没有写旁边的人。

师：(重复)你觉得这样单调。(学生举手)史进。

生47(当时的裁判)：因为当时旁边没有人。

(学生哄堂大笑,情绪高涨)

师：(笑)因为旁边没有人吗?……那么,他当时是不是问你题目呀?

生47：问了三次呢!

师：啊!当时问了三次,当时情景是怎样的?

生47：他一面下棋一面做作业。

师：他一面下棋——一面还想着作业。魏群非常用功,是学习委员,因此,这个细节是生活的真实写照,是吧?裁判证明。(小结)综上所述,我们对魏群这一篇《四国大战》可以有一个基本的估价。生动逼真,引人入胜做到了没有?做到了。从同学们刚才讲的这些内容看,要把课余集体生活的欢乐写出来,一定要描写好场面。我把你们讲的概括一下,看看是否妥当。下棋从开始到结束整个过程是很长的,文章里讲是鏖战,这盘棋鏖战了多少时间呀?一小时。魏群的这篇文章是不是把所有的情节都写进去了?没有,即使是问了三次物理题目也只怎么样?写了一次。因此从这里我们得到一个启发:一定要学会截取最精彩的横断面(板书:1.截取最精彩的横断面)下棋有个过程,我们不能从头写到底,因此在整个进程当中,要截取下棋最精彩的横断面。魏群主要截取了棋战的几个回合啊?

生(集体)：两个回合。

师：两个回合。有些同学写棋战，从头写到底，这叫什么啊？

生（集体）：流水账。

师：因此切不能记流水账（接1后板书：2. 不记流水账）。一记流水账文章就不可能生动，因为你把精彩的和不精彩的都混在一起；那么精彩的就怎么样？被淹没了，失色了，失掉了光彩。因此，这一点是很重要的。刚才有同学说，是特写。第3段写了交战的双方，如果一开始就没头没脑地写叶路绮怎么样，张欣怎么样，张涛怎么样，行不行？不行。魏群的作文首先有一个什么呀？

生：（议论）面上的。

师：对，面上的，要有面上的勾勒。你们看一开始就是"课余有三大爱好：下棋，看小说，踢足球"。从面上的叙述进入到"三个"当中，什么居首位？

生（齐答）：下棋。

师：突出了"下棋"这一点，然后再来一个面上的勾勒，"那天，与我、叶路绮对弈的是张涛、张欣"，我方怎样，对方怎样，然后再写"点"。从这里悟出一个道理，就是进行场面描写，必须有面的勾勒（接1下行板书：有面的勾勒）有点的什么？刚才洪鼎良讲的，应该是什么呀？点上要怎么样啊？

生（议论）：细……

师：细致的描绘（接"……勾勒"后板书：有点的细描），也就是说，要有"特写镜头"。刚才这个——同学说有的"特写镜头"写得好，你们看文章，"叶路绮频频点头，翘着嘴角，嘿，俨然一副大将风度"，对不对？这就是有点的细描。作为场面描写必须是点面结合。在我们的习作里，有的一下笔就是你怎样，他怎样，她怎样，我怎样，丢掉了什么？

生（集体）：面。

师：面，全局。但更多的是丢掉什么？——细节，更多的是丢了点。

有的同学,从头叙述到底,缺乏生动逼真的描写,没有一个"特写镜头",这样,怎么能生动逼真呢?因此,不能够有面无点(接"……细描"后板书:不能有面无点)。谢书颖说两个回合的写法有区别,在写第一个回合的时候有波澜,她理解得很好。我说,这几个场面描写是以人物活动为中心的,而且不止一个人,有好多个人,要写好是不容易的。写一个人,我们好像还可以,同时写几个人就比较困难。我把谢书颖的评议,再深入一步。你要写好场面,要写好几个人物,要写得不乱,层次是个问题,写的时候要层次一一显豁,多方着墨(板书:3.层次显豁,多方着墨),不然的话,就杂乱了。我批改有篇作文时,同样是棋战,怎么有的人丢了,先在下棋,后来这人没了,丢了。有的就是这样:先吃"军长","吃车、马、炮",到底是哪个人,是张涛"走"的,还是叶路绮"走"的,弄不清楚,这说明没交代清楚。我们再来看一看魏群的文章。第一回合层次很清楚,对方重点对叶路绮进行轮番攻击,这一句话是什么呀?

生(齐答):总写。

师:对的,总写。接下来"'叭',张涛的司令与叶路绮的司令同归于尽",清楚吧?这是第一个层次。第二,"又一会儿军长也都报销了"。司令跟人家同归于尽,接下来是军长报销了,马上就写"这时,张欣瞅准个机会,用司令一下吃掉了叶的师长",层次清楚。先拼掉什么?

生(齐答):司令。

师:司令——,然后?

生(齐答):军长。

师:军长——,然后师长,三个层次,双方清不清楚?(生点头答应)笔墨要分开写,四国大战呀,四方都要写清楚。我方跟对方是两个方面,每个方面各有几个人?

生(齐答):两个人。

师：因此写的时候既要有合笔，又要有分笔。有的时候要分，有的时候要合，文思不能乱，一乱，就是糨糊一盆，搞不清楚。他这里先总写，然后张涛是怎么吃掉叶路绮的司令和军长，然后对方的张欣，"二张"嘛，"张欣瞅准个机会，用司令一下吃掉了叶的师长"。分笔分得清楚，这是第一个大层次，接下来写"我们"了，我方不是先写叶路绮，先写谁呀？

生（齐答）：我。

师：写我，刚才有同学讲，写我的心理。我怎么样？傻眼了，心急火燎，向他瞪眼。"他是谁呀？"

生（齐答）：叶路绮。

师：清楚不清楚？因为前面交代得清楚，这里就可以用代词。"可别慌，形势急转直下"，急转直下怎样呢？分笔写张欣。叶路绮跟张欣对弈，叶路绮的炸弹把张欣的司令炸掉了，他没有这样写："把张欣的司令炸掉了"，而是怎么写？张欣的司令怎么样？

生（齐答）：殉难。

师：殉难！我们在课文中学过的，是吧？"殉"，是从"以身殉职"中学来的，这个层次也很清楚："哈，这下可妙啦，我的司令、军长、两个师长都还'健在'呢！"这句话起什么作用？

生（议论）：照应。

师：对！照应前面，尽管叶路绮的司令、军长、师长没了，可是我的呢？还"健在"。一个层次一个层次写得非常清楚，正因为如此，还忙里偷闲，写叶路绮的神情。叶路绮（指叶）你当时是不是这样的？大将风度，是吧？（学生大笑，情趣盎然）

师：（笑）是这样，大将风度。你来我去，你推我挡，一个层次一个层次清清楚楚。一边写叶路绮，一边写我的心理活动，写别人是绘神态，写我呢，写心理，写"得意洋洋"，怎样来表现自己的得意呢？于是插入了一个细节，插入了一个问物理题的细节。写到这里，好像第一回合完了，可是如前所讲，文章别开生面，波澜起伏，这里还有一个小的细节，大家注意没有？史进怎么样？"史进板着脸对我道，别啰唆。我'哦'了一声，这才看看'二张'"。笔锋怎么样？又从我方转到对方。谢书颖评议说，有起伏，对不对呀？这里的分笔、合笔用得很好，先写对方，再写我方；写我方以后又写对方；写我方的时候，先写一人，再写一人。写对方的时候，也是先写一人，再写对方。因为是四国大战，除四个人外还有一个裁判也要点到。所以写时要层次显豁，多方着墨（一字一顿）。有的写"四国大战"，变成了两人对垒，把另两个人丢掉了，这只能叫"两国大战"。写这个以人物活动为中心的场面笔锋要调好，调得开。什么时候分，什么时候合，要调度好，写的时候确实是要波澜起伏。刚才谢书颖说：第二回合没有波澜起伏。你们看，有没有？我看这里的心理描写，有一点儿起伏。请同学们仔细看一看。"我"先是很得意，接下来呢？

生48：前面写的是他沉浸在胜利之中，稀里糊涂地和张欣拼了一阵。后面呢，他一看自己刚才还占全部优势，现在却损兵折将，心里是懊恼万分……

师：有起伏了。先是得意忘形，沉浸在胜利的喜悦中，这个时候情绪达到了什么？高潮，现在又怎么样啦？

生48：低。

师："低"了，懊恼万分。前头是心急火燎，这个地方是怎么样。

生49：心火直往上涨。

师：心火直往上涨。好，再看——

生48：接下去，他自己从险境中摆脱出来，一看他……

师：又起伏了，自己从险境中摆脱出来了——

生48：可是一看他自己的助手却是大兵压境，只剩下"光棍团长"，心里又非常急，想使个"围魏救赵"之法。

师：这里是否又有起伏？自己摆脱出来,本来应很轻松了,可一看糟糕,助手不行了,叶路绮正面临大兵压境了,好,再看——

生 48：于是他就想用个"围魏救赵"之法,来帮助叶路绮,可是他还没有走完这个"世界妙着",叶路绮就"归天"了。

师：还没走完这个"世界妙着"呀,叶路绮就"归天"了,叶路绮,(指叶)你生气吗?

生(叶笑答)：不生气。

师：不生气,是棋"归天"。因此作文中写的心情活动,松松紧紧,紧紧——松松,波澜起伏。因此第二个回合的波澜起伏,不在棋本身,而是在什么?

生(齐)：心理描写。

师：两个回合写法多不一样。开始黎莉讲,她认为这里用了一个"围魏救赵"的典故,是棋高一着,对吧?孙膑跟庞涓到底谁高明呢?孙膑用了围魏救赵之计,使赵国邯郸解了围,确实是棋高一着,用这个典故增添了战斗的紧张气氛。写场面应该层次显豁,多方——着墨,最忌什么?

生(齐)：杂乱。

师：不仅忌杂乱,而且忌笼统——忌笼统杂乱。一旦笼统杂乱,准写不好。文章起笔写司令,军长,到最后决定全局胜负的竟然是什么?是张欣的——

生(齐)："小毛排"。

师："小毛排"！这是很有味道的,最后定局的是小毛排,这就增添了曲折,增添了趣味。刚才同学们讲这篇文章,里面词用得很好,如象声词"叭",王伟谈得也很好。除这之外,有的词用得也很好,同学们刚才讲的什么呀——

师、生："世界妙着"。

师："短命鬼""归天"……

生:"殉难""健……"

师:"殉难""健在",因此,语言怎样?

生:风趣……

师:风趣,活泼,语言要风趣活泼(板书:4.语言风趣,活泼)。如果呆呆板板,干瘪得像个老太婆一样,那怎么行啊?那是不行的。(板书:不干瘪,不枯燥)。所以写此类基调欢乐的文章,语言一定要活泼风趣,色彩明朗。魏群写"这是一场别开生面,波澜起伏的激战"。这几个字落实了没有?

(生点头)

师:落实了。对方以骁勇冲杀、屡出奇兵闻名,这八个字落实了没有?

(生点头)

师:落实了。我方以打防守反击"称著","称著"跟"著称"是否都可用?

生:可以。

师:都可以,我们现在用得比较多的是"著称",古书上有用"称著"的。请同学们思考:我方善于打防守反击,是不是写虚掉了?有同学提过这个问题,虚掉了没有?

生50:我认为没有虚掉。因为第一回合中写道:这下可妙啦,我的司令、军长、两个师长都还健在……

师:都还健在。对方轮番进攻,他们是怎么样?

生50:防守。

师:那么刚才有同学说不稳重,后来虚掉了?魏群你讲讲看,是不稳重吗?

生51(作者):……我方棋法是守的,不是进攻的……

师:他们的棋法是守的,不是进攻的,主要讲这个道理。你写的时候自己意识到了吗？（生笑）既然是稳重的防守反击，怎么会输掉了呢？什么道理呀？瞿兵讲讲看——

生52：输在骄傲上，骄兵必败。

师：骄傲必败。打得还是稳重的，防守反击，但是骄兵必败。一骄必败，因此，这样写并没有虚掉，我方的特点，对方的特点，基本上都写出来了。上面我们说到的这些写作上的知识，实际上古人早就说过。比如说，截取最精彩的横断面，《黄生借书说》的作者是谁呀？

生（齐）：袁枚。

师：他就讲过，他说："着意原资妙选材。"（接"……流水账"后用红笔板书：着意原资妙选材），随园主人讲过，你要写好文章啊，一定要用心去选材，这个"资"，就是依靠，提供，你不很好地选材，不选这么两个回合，不选这些"妙着"的话，这场棋赛怎么会写生动呢？又比如讲，写场景必须要有点细描，有些同学不注意这点，有位书法家也是画家，叫董其昌，听到过没有？

（生摇头）

师：他就曾经讲过，要识得真，勘得破。你对你所描写的对象，要识得很真切，勘得破，要看得很透很透，你看不透的话，怎么写得出来呢？如果魏群（作者）当时不去注意，叶路绮这个神态写得出来吗？再说，层次显豁，多方着墨，也是写多个人物的很重要的方面。《红楼梦》的作者是谁呀？

生（齐）：曹雪芹。

师：曹雪芹。他就在《红楼梦》里讲过：安插人物有疏密、有高低（板书：安插人物也要有疏密有高低）。就好像画画一样，不得画得一般齐。我们想一想看，我们学过的周立波的哪篇文章人物写得很有疏密？

生（齐）：《分马》。

师：《分马》。老孙头被小儿马摔下来的时候，记不记得那个场面呀?

（生点头）

师：是怎么样的？说说看。

生53：老孙头拿起一根棍子要打小马，可棍子举起来后又放下了。

师：好，又放了下来，那是写细节。老孙头摔下来，马跑了，作者马上分笔写谁了？

生（齐）：郭全海。

师：郭全海怎么样？

生54：郭全海马上去追老孙头的马。

师：还有？

生54：乡亲们围上来嘲笑老孙头。

师：老孙头怎么样啦？

生54：爬不起来。

师：爬不起来。因此，老孙头摔下来以后，分笔写郭全海，有郭全海的活动，又写乡亲们围上来嘲笑老孙头，再写老孙头怎么样，安排人物多方着墨，有疏有密。我们学了以后要消化才行。语言要风趣。这篇作文里有些词来自课内，有相当的词不来自课内。如：

生55：骁勇……

师：骁勇，屡出奇兵……

生55：围魏救赵……

师：多啦，你们看其他几篇也是这样，许多语言来自什么——

生（齐）：生活。

师：生活。我看不少是听广播听来的。棋赛，球赛，谁解说？

生（齐）：宋世雄。

师：对了，宋世雄的解说。因此这里告诉我们，生活是最伟大的一部活词汇（接"……不枯燥"后用红笔板书：生活是最伟大的一部活词汇),要向生活学习语言,生活里有语言的丰富的宝藏,取之不尽,用之不竭。根据这几点,现在请简略地分析另外两篇。先分析倪军的《课余》。

生56:倪军的文章,人物写得好……

师:有不够的吗?

生57:写踢球就这样踢来踢去。

师:对!没有点,无层次,失之于笼统。

生58:有好几处不切实际,如在草地上踢球,养草期间不允许踢球。

师:对。

生59:整篇文章没有语言美。

师:这一棍子太重了。

生60:材料没有很好地为中心服务……

师:材料一定要为中心服务。大家的评议,基本符合。为什么要印任懿的文章呢?因为文中除了写对垒的双方,还写了观众情况。今天的课余生活是欢乐的,但是,还不够丰富,正如卢鸣同学在作文中说:"上中学后,课余生活单调、乏味。"为什么呢?课余生活不能只限于球与棋,限于观赏花草虫鱼,活动的内容还要开拓,我们面临"第三次浪潮"的即将到来,课余题材要进一步开拓。文体活动固然是课余生活的一个方面,但是面临科学技术迅猛发展的新的挑战,在掀起第四次产业革命世界潮流的今天,我们的课余生活就不能仅止于此,一定要开拓新领域。张欣,你每周三下午课后去少年宫为什么?

生61:学电子计算机。

师:为什么不写呢?

生61:才学习了几次。

师:××,你喜爱书法,这也是很有意义的。生活是写作的源泉,希望你们在课余进一步开拓,一年之后,再写一篇《课余》,汇报交流。(布置作业)根据讲评要点自评自己作文。

《聪明人和傻子和奴才》教学实录

师：昨天我布置同学们预习一下鲁迅先生的散文诗《聪明人和傻子和奴才》。你们看了以后印象怎么样？懂不懂呀？

（学生议论纷纷，有的说不懂；有的说懂得一点儿。）

师：哪些地方不懂，提得出来吗？试试看！

生1：在这篇文章里，聪明人总是不冷不热地插几句话，他算聪明还算傻？

生2：这个傻子他干嘛要去砸个洞？到底是帮助奴才，还是什么？

师：这个问题提得好，还有吗？

生3：这篇文章的题目是《聪明人和傻子和奴才》。一般说来，聪明人和傻子之间要用顿号，这里为什么用"和"字把它连起来？还有第4段里"头钱"从来没有分，"头钱"应怎样解释？

生4：这篇文章开头是奴才寻人诉苦，结尾又讲主人好。看上去前后好像有矛盾。

师：这些问题都提得很好，还有没有？如果有，我们在学习过程中再提出来。

师：这篇课文的体裁大家不太知道。它是散文诗，选自鲁迅的散文诗集《野草》。我们先看标题，刚才有个同学提出来用顿号的问题。一般说来，如果三个词并列的时候，前后两个词之间应用什么来表示？

生（集体）：用顿号。

师：用顿号是从国外学来的。英文中经常这样用。我们往往用"和"来表示。聪明人、傻子、奴才是并列的。这里用了两个"和"把它们连接起来。

师：这首散文诗究竟写的是什么呢？我先说这么一些话，你们看看怎么理解。我们京戏，很讲究脸谱。而脸谱中的颜色、线条同人物性格很有关系。比如说关公是红脸，这个红脸表示什么？

生（集体）：表示忠。

师：忠。表示赤胆忠心。包公呢？什么脸？

生（集体）：黑脸。

师：表示什么呀？表示铁面无私。我们小时候看戏，一看舞台上人物的脸谱，往往就猜得出这个人是好人，还是坏人，是忠，还是奸。如果是白脸的话，就能猜得出这个人奸刁或者阴险。由此可见，外形的描写是为什么服务的？

生（集体）：为人物性格服务的。

师：对！为人物思想性格服务的。我们学习《孔乙己》的时候，知道孔乙己第一次出场是怎么样一个形象？是站着喝酒而穿长衫的唯一的人。个子怎么样？

生（集体）：高大。

师：脸色？

生（集体）：青白。

师：胡子？

（生较多的回答"花白"，个别的回答"乱蓬蓬"。）

师：对！"花白的乱蓬蓬的"。孔乙己一出现就给人一个印象，是一个穷困潦倒的下层知识分子的形象。我们再回想一下，他最后一次出场是怎样一个形象？长衫变成了什么？

生（集体）：破夹袄。

师：坐在什么地方呀？

生（集体）：坐在蒲包上。

师：对！"坐在蒲包上"，而且"用草绳在肩上挂住"。是怎么来的？

生（集体）：用手走来的。

师：这样一个集中的肖像描写，最后完成了一个下层知识分子受欺侮、受摧残的苦人儿的形象。由此可见，肖像描写是为人物形象的思想性格服务的，它在人物形象的塑造中起十分重要的作用。但是艺术高手不用肖像描写，只用人物语言同样可以起到揭示人物思想性格的作用。在刻画人物时，不写他穿什么衣服，戴什么帽子，不写他人高人矮，人胖人瘦，只用对话就能够揭示人物的思想性格。它通过三场对话，写了三个有典型意义的人物。

师：我们现在来看看写了哪三场对话？第一场谁对谁？

生（集体）：奴才对聪明人。（边讲边板书：奴才，聪明人）

师：到哪段为止？

生（集体）：到第8段。

师：这是第一场奴才对聪明人，到第8段，对不对？

生（集体）：对！

师：第二场谁对谁？第9段开始。

生（集体）：奴才对傻子。（边讲边板书：傻子）

师：到第几段？

（生有的说到25段，有的说到21段）

师：这里有分歧了。应该到这场对话结束。

生（集体）：到25段。

师：那么最后三段呢？写谁呀？聪明人对谁？

生（集体）：聪明人对奴才。（边讲边板书：聪明人，奴才）

师：这是第三场。

师：共写了三场对话。通过对话我们来看一看他们心灵深处有些什么东西。现在先看第一场，请一个同学读一读，大家要很好地思考。××同学，你读第一场对话。大家认真看书，认真思考，关键词语画出来。

生：（朗读第一场对话）"奴才总不过是寻人诉苦，……可见天理没有灭绝。"

师：读得还可以。但有几个字要注意："煨银耳"的"煨"应读"wēi"。"头钱从来没有分"的"分"应读"fèn"，是一份两份的份。"头钱"，过去有抽头聚赌，就是在赌博的时候，抽出一些钱来叫"头钱"。比如在这所房子里赌博，就抽出一些钱来给这所房子的主人以及侍候这些赌客供赌客差遣的人。"没有分"，就是没有份。还有"聪明人也惨然说"，他读成"惨然地说"，读书应该不——（生集体接老师的话）添字。

师：同学们看一看，奴才最根本的最大的本领是什么？

生（集体）："诉苦"。

师：对！这个词要抓住，把它画出来。（板书：诉苦），他是从哪些方面来诉的呀？先讲什么？

生（集体）：吃的。

师：先讲食。吃的是什么东西——是"高粱皮"，"连猪狗都不要吃的"。又讲什么？

生（集体）：量——"只有一小碗"。

师：接着诉什么苦呀？

生（集体）：做工。

师：这里"做工"的句式很整齐，像诗一样的。有七个字，六个字的，都很整齐。我们来读一读。

生：（朗读）"清早担水晚烧饭，……有时还挨皮鞭……"。

师："做工"是从早到晚，从夜里到白天，每天手脚不停，都做不完，真可谓苦也。因此,这个奴才就要怎么样?

生(集体):诉说。

师:诉说他吃的怎么苦,比猪狗都不如。做工又怎么苦,白天黑夜干也干不完。听的对象是谁呢?

生(集体):聪明人。

师:聪明人是怎样一个态度呢?

(生有的说"惨然",有的说"叹息")

师:以表示什么?

生(集体):同情。

师:"惨然"是什么样子。

生(集体):悲惨的样子。

师:"然"是"……样子",大家理解得对。这地方"惨"就是悲的意思。因为奴才诉苦的时候是怎样的情态?

生(集体):悲哀。

师:眼泪怎么样?

生(集体):"联成一线"。

师:说者"眼泪联成一线",听者也就怎么样呀?

生(集体):显得悲哀的样子。

师:显得悲哀的样子,引起同情,甚而至于"眼圈有些发红,似乎要下泪"。下泪了没有?

生(集体):没有。

师:看起来同情。刚才有个同学讲聪明人是不冷不热的,这种讲法有道理吗?聪明人听奴才诉苦的时候说了几句话?

(生有的说二句,有的说三句)

师:第一句是什么?

生(集体):"这实在令人同情。"

师：第二句？

生（集体）："唉唉……"

师：第三句？

生（集体）："我想，你总会好起来……"。

师：这三句话中，其中有一句"唉唉……"。

（学生议论。有的说叹气，不算讲话；有的说，悲哀得太激动，虽没讲，意思已经表达了。）

师：算讲了没有？

生（集体）：讲了，是假惺惺的。

师：这些话你们看有没有实质性的东西？

生（集体）：没有。

师：特别是有一句话值得我们深思，哪一句？

生（集体）："我想，你总会好起来……"。

师："我想，你总会好起来。"这句话能起作用吗？能帮助奴才改变地位吗？

生（集体）：不能。空话。

师：对！空话。聪明人说了三句话，一声长叹，不冷不热，敷衍了事。（边讲边板书：敷衍了事）在第三句话里包含的意思很重要。"我想，你总会好起来。"请大家思考：聪明人对奴才的同情是要奴才改变现状呢？还是要奴才安于现状？

生（集体）：安于现状。

师：聪明人对奴才的同情是真，还是假？我们暂时不作结论，先把它挂起来，学到最后，回过头来再看。因为三句话，一声长叹还不能够完全说明问题。可是奴才听了这些话以后，他是怎么想的？有一段话写他内心表白，把他的思想变化的过程讲得很清楚。在第几段？

生（集体）：第8段。

师：首先他是怎么样？

生（集体）："诉苦。"

师：把它画出来！他先找人诉苦，接着呢？

生（集体）："得到同情和慰安。"

师：慰安是什么意思？

生（集体）：安慰的意思。

师："得到同情和安慰"以后，第三步怎么样呢？

生（集体）：心情"舒坦"了。

师：对！"舒坦"了，开心了。这些话把奴才思想变化的过程写了出来。从"诉苦"——得到同情和慰安——然后就舒坦了。这是什么道理？为什么会有这种变化？

生：这是因为奴才毕竟是奴才。

师：说得好！这是因为他是奴才，他就不想反抗，不思反抗。哪一句话写他不思反抗呢？

生："先生！我这样是敷衍不下去的。我总得另外想法子。可是什么法子呢？"

师：你讲得很好。第6段，大家找到没有？他想不想反抗？不想。他的本领总不过是"寻人诉苦"。这是第一场对话。（边讲边板书：奴才诉苦，不思反抗）而聪明人敷衍了事，空话连篇。（板书：敷衍）

师：接着我们看第二场对话。第二场对话是怎样呢？我们请××同学读一读。因为人物思想性格不一样，朗读时最好要有点区别。

生：（朗读第二场对话）"但是，不几日，……主人这样夸奖他。"

师：他读得很好。把叙述的语言和对话的语言都读得比较清楚。

师：现在我们来看看，奴才又施展他的什么本领啦？

生（集体）：诉苦。诉住方面的苦。

师：这次诉住方面的苦。他说："我住的简直比猪窠还不如。"主人又不把他当作人,甚至于叭儿狗还比他要好几万倍。我们看看傻子是如何对待的呢?

生(集体):愤怒。

师:对!愤怒,感情很真实。义愤填膺。首先骂"混帐"!接着怎么样?如何真情相待?

生(集体):给他砸泥墙,打一个窗洞。

师:因此傻子与聪明人有什么不同呀?

生(集体):他不说空话,实干!

师:实干!大家理解得很好。(板书:实干)傻子不说空话,而是实干。他先去看,看了以后,就真的干起来,动手砸墙。奴才大惊,管他呢,仍然实干,砸墙。这时奴才怎么样?

生(集体):慌了。

师:刚才不思反抗,而现在要反抗了,奴才表现怎么样?

生:害怕,"主人要骂的"。

师:害怕主人骂,说明什么?(全班专心思考)想得出来吗?

生:不敢反抗。

师:主人要骂,不敢反抗。不敢反抗还不能完全揭示奴才的内心世界。他不仅不敢反抗,而且是抵制反抗。(学生接着说"反对反抗")他怎样反对反抗呢?

(学生有的说"在地上打滚",有的说"哭嚷",有的说"耍无赖")

师:奴才反对反抗,恶劣在什么地方呀?不是说你不要砸墙,而且把帮他的人称作什么?

生(集体):"强盗"。

师:明明是帮他的人却称呼他为"强盗"。他犯了什么罪?

生(集体):诬陷罪。(气氛活跃,教室里有笑声)

师:哈哈,噢!诬陷罪。他采取了一个什么恶劣手段呀!

生（齐声）：倒打一耙。

师：（板书：倒打一耙）这个"耙"字能写吗？明明人家是帮他忙，可是他诬陷人家是"强盗"，叫人家快出来。他这么一喊，"一群奴才都出来了。"

生（集体）：首先出来的是奴才，接着是主人"慢慢地最后出来"。

师：这两段把主人和奴才刻画得惟妙惟肖。奴才是打头阵的，对嘛！然后是主人出来。傻子是真心诚意地去帮助奴才，要他反抗使他改变地位的。他确实有鲁迅先生所讲到的毁坏铁屋子的精神，要把旧的牢笼砸烂，开出一个洞。可是他得到的下场是怎样的呢？

生（集体）：被赶走。

师：傻子被赶走以后，奴才是怎样对待主人的？

生（集体）："恭敬"而且"得胜"。

师：这时候他居功自诩，自以为很有功劳，吹起来了。你们看看他是怎么吹法的？

生（集体）："我首先叫喊起来。"

师：有一个词用得很好？哪一个词？

生（集体）：首先。

师："首先"用得很好。有人要毁屋子，"首先叫喊起来"，向主子请功。这写出了奴才什么？

生（集体）：本性。

师：奴才讲话时候的神态又是如何呢？

生（集体）："恭敬"。

师：因此，奴才在主子面前他是怎么样？想一个词概括一下试试看。

生：卑躬屈膝。

师：×××同学讲得很好。卑躬屈膝。把奴才在主子面前的奴性刻画得淋漓尽致。奴才在主人面前他的脊椎骨从来是弯的,不会是直的。他卑躬屈膝,俯首帖耳,完全是驯服工具。所以,我们说第二场对话既刻画傻子的思想性格,又使奴才的性格得到了深化。

师:我们再看第三场对话。第三场是聪明人对奴才。对话非常简单。奴才这时候怎么样呀?他是不是像开始见到聪明人那时的心情呀?

生(集体):不是。

师:那时是"诉苦",而现在呢?

生(集体):"大有希望"。

师:"大有希望"。刚才有同学问题提得好,认为前后有矛盾。开始奴才觉得主人待他不好,"寻人诉苦",而现在却觉得"大有希望"。什么地方能表示他"大有希望"?哪一个动词很起作用?

生(集体):主人"夸奖他"。"夸奖"。

师:奴才最希望的就是主人夸奖。因为主人夸奖他,所以他觉得是很有希望的。为此,他就感谢聪明人,"你先前说我总会好起来,你实在是有——"

师、生:"先见之明"。

师:那么我们现在来推敲一下,奴才"诉苦"和奴才感到"大有希望"是否有矛盾?

生(集体):不矛盾。

师:不矛盾的判断是对的。但它统一在什么地方呢?

生(集体):奴才的本性。

师:讲得好。奴才的本性就是奴颜媚骨。所以刚刚×××同学讲过一句话:"奴才毕竟是奴才。"这句话深刻揭示了奴才的本性。他"诉苦"是从奴才地位出发,他不想改变地位,只得向人诉苦。这就是软骨头的表现。因此,文章第1段有一个精彩之笔,语言非常精辟,一语破的。奴才怎么样呀?

生(齐读):"奴才总不过是寻人诉苦。只有这样,也只能这样。"

师:这句话切中要害,一语破的。(板书:一语破的)这句话把它画出来,很深刻,好好地体会体会。现在回过头来再看看聪明人怎么样呢?

生(集体):"可不是么……"。

师:"可不是么"这句话是什么意思呀?

生(集体):仍然叫奴才当奴才。他是主人的走狗和帮凶。

师:对!主子要奴才永远当奴才。而聪明人前后讲的话,仍然要奴才安于当奴才。因此他扮演的角色是主人的帮凶。由此可见,前头聪明人讲的话是真的,还是假的?

生(集体):假的。

师:这篇散文诗塑造了三个典型人物,笔墨非常节省,他是通过人物对话来塑造的。为什么对话能揭示人物的心灵?用一句话来讲,我们通常说——

生(集体):言为心声。

师:对!为什么能够用对话来揭示人的内心世界呢?能把灵魂深处的东西赤裸裸地暴露出来呢?一般说言为心声。当然这个"言"不是一般的"的""了""吗"。而是要选取精辟的,最能反映这个人的特有的性格的语言。这就靠作者对问题有深刻的认识和理解,对生活有非常深刻的感受,这样才能捕捉到个性化的语言,几笔就把人物性格揭示出来。这种写作方法不是鲁迅先生这篇散文诗才有。早在我国古典小说里就有"听其声,如见其人"的写法——听到那个人的声音,就好像看到那个人。《红楼梦》里的凤辣子王熙凤出来怎么样呀?

生(集体):先听见她的笑声。

师:先听见她的笑声,然后她才出头。所以人物的语言很重要。我们自己说话也要注意。听人家说话、看书都要学着捕捉有典型意义的个性化的语言。鲁迅先生塑造人物形象主要运用对话。但又不是简单的对话。你们看看,这里头有没有对比?比了没有?

生(集体):有。比了。

师:比了。它有鲜明的对比,比出了傻子的实干,毁坏铁屋子的精神。除了在对话中运用鲜明的对比之外,运用了叙述的语言。而这些叙述的语言要言不烦,只轻轻几笔,但都敲在点子上,使人如见其态。

师:那么鲁迅先生塑造这样三个人物的形象,寓意何在呢?刚才上课时有同学说最好把时代背景讲一讲,我们看不懂。好的,我们看这篇文章写在什么时候?

生(集体):1925年12月26日。

师:当时是"五卅"运动以后,全国革命形势蓬蓬勃勃发展。但北方仍然处在军阀黑暗的统治下面。鲁迅先生要寻求救国救民的真理,要毁坏旧社会,毁掉像铁屋子一样的旧社会。寻求反抗的道路。他在《野草》散文诗集的题辞里讲,"我自爱我的野草,但我憎恶这以野草作装饰的地面。"这就说明作者憎恶产生野草这些散文诗的社会。因此,在作品里表露了他毁坏旧社会的思想倾向。在当时社会上有各种人物的嘴脸,你们看看这三种人当中,有哪些是要维护旧社会的?维护铁屋子的?

生(集体):聪明人、奴才。

师:谁要毁坏旧社会的?

生(集体):傻子。

师:因此,鲁迅先生在这里褒贬很清楚,对聪明人、奴才是什么样的感情呢?

生(集体):贬。

师:是贬,是憎恶,是蔑视。而对实干的傻子呢?

生(集体):褒。

师：是褒，是赞扬。是不是完全赞扬呢？

生（集体）：不是的。

师：赞扬中还有批评。批评他什么？做好事到最后被人家赶走了。

生（集体）：方法。

师：讲得很好。傻子很莽撞，不讲究方法。人家一讲，他就血气方刚，义愤填膺，要动手去毁坏铁屋子，不注意方法，他真心诚意地去帮助别人，到最后反而被人家赶走。因此，对我们提出一个问题：在毁坏铁屋子的过程中还要注意什么？

生（集体）：斗争策略。

师：对！这个教训是很深刻的。

师：这三种人在当时很有典型意义。作者没有讲张三、李四、王五，也没有讲胖的、瘦的、男的、女的，可是谁都可以用这面镜子照一照，在这个社会上你是何等样的人？时至今日，这个高度概括的典型有没有意义呀？

生（集体）：有。

师：现实生活中有没有所谓的聪明人？他不是"聪明"，不是我们平时讲的耳聪目明的人，是伪君子。现实生活中有没有像奴才一样的软骨头？〔生（集体）：有〕。现在有一些人崇洋媚外。现实生活中也有傻子。但是既要赞扬他实干，又要批评他，要他注意方式。所以我们说文艺的生命力是很旺盛的，它不受时间的限制。最后请×××同学朗读一下，读对话部分。

（学生有感情地朗读。读出了三种人物的性格和语气。课堂气氛异常活跃。）

师：读得还可以。但个别语句读错了，要注意。回去有两个作业：第一，把对话好好地读一读，不同人物的性格、语气是不同的。第二，写一段对话，要揭示人物内心世界，认真地捕捉生活当中的典型语言。

《晋祠》教学实录

第 一 课 时

师：我们伟大祖国历史悠久，山川锦绣，名胜古迹星罗棋布，在世界上可以说是——

生（部分）：首屈一指。

师：首屈一指（竖起拇指）。现在请每位同学就你所知道的名胜古迹说一处，要求：一说清楚，二速度。我不一个一个叫名字了，请挨着次序讲下去。你先说（示意第一排一位学生）。

生1：青岛八大关。

生2：故宫。

生3：从化温泉。

生4：山西云冈石窟。

生5：西安的大雁塔。

生6：杭州的西湖。

生7：长城。

生8：甘肃的酒泉。

生9：善卷洞。

师：在什么地方？

生9：宜兴。

生10：福建厦门的鼓浪屿。

生11：南翔古猗园。

生12：北京的颐和园。

生13：普陀山的寺庙。

生14：西藏的布达拉宫。

师：好，讲得很响。

生15：河北省的赵州桥。

师：河北省的赵州桥我们什么地方碰到过？

生（部分）：课文《中国石拱桥》。

师：对。

生16：太湖。

生17：西安的大雁塔。

师：重复了。

生18：陕西的兵马俑。

生19：安徽滁县的醉翁亭。

师：醉翁亭，我们这学期要学《醉翁亭记》。

生20：承德的避暑山庄。

生21：湖南省岳阳市的岳阳楼。

师：岳阳楼，我们这学期还要学《岳阳楼记》。

生22：山水甲天下的桂林山水。

生23：庐山的大天池。

生24：洛阳的白马寺。

生25：雁荡山。

师：在什么省？

生25：浙江省。

生26：广西容县古经略台真武阁。

生 27：河北省保定市的古莲池。

生 28：广东肇庆星湖。

生 29：广西阳朔。

生 30：长白山天池。

生 31：济南的大明湖。

生 32：扬州的瘦西湖。

生 33：北京的天坛。

生 34：甘肃的敦煌。

生 35：上海名胜豫园。

生 36：西藏的拉萨哲蚌寺。

生 37：绍兴的东湖。

生 38：北京的卢沟晓月。

师："卢沟晓月"我们也在课文中碰到过。

生 39：西双版纳。

生 40：四川的乐山大佛。

生 41：宜兴的张公洞。

生 42：庐山的花径。

生 43：中岳嵩山。

师：中岳嵩山，你还能够说出其他的几个"岳"吗？

生 43：能。西岳华山、东岳泰山、北岳恒山、南岳衡山。

师：对不对？

生（部分）：对！

师：记得很熟，好。

生 44：浙江的瑶琳仙境。

师：刚才我们花了不到两分钟的时间，把自己熟悉的名胜古迹初步检阅了一下，已经巍巍乎壮哉！我们祖国无处没有名胜古迹，真是美不胜收。我们祖国究竟有多少名胜古迹呢?我给你们介绍一本书,(出示书)大家看:《中国名胜词典》。这本书里介绍的都是我国名胜古迹,我们今天要学的《晋祠》,这里也有介绍。"晋祠",你们学过地理,"晋"是指什么地方?

生(部分):山西省。

师:因此我们查这本词典的时候,在山西省部分可以查到。"晋祠"在这本词典的127页,山西省太原市下的第一个条目就是"晋祠"。我们听写一下。为了节约时间,把"晋祠"修建的时间以及后来重建的时间略去。现在请同学们把笔记本拿出来听写。

(听写)

晋祠在山西太原市西南25公里悬瓮山下("悬瓮山",请你们翻到教科书的137页,"悬"是"悬挂"的"悬","瓮"是"酒瓮"的"瓮")晋水发源处。北宋天圣年间(重复一遍),(请翻到书的140页,"天圣","圣人"的"圣"),追封唐叔虞(唐尧虞舜的"唐",追封唐叔虞——)(板书:唐叔虞)("唐"是地名,"叔虞"是人名,追封唐叔虞)为汾东王("汾水"的"汾"),并为其母邑姜(板书:邑姜)修建了规模宏大的圣母殿(重复一遍),("圣人"的"圣")殿内有四十三尊宋代彩塑(重复一遍),("尊"在这里是量词,"尊敬"的"尊"),殿前鱼沼飞梁(请看140页最后一行,鱼沼飞梁)(重复一遍)为国内所仅见(重复一遍),("仅","不仅而且"的"仅")。殿两侧为难老("难老泉"的"难老")、善利("善恶"的"善","利益"的"利")二泉。晋水主要源头由此流出(重复一遍),常年不息。(哪个"常"?)

生(部分):"长短"的"长"。

师:"长短"的"长"吗?

生(多数):"常常"的"常"。

师:(对,"常常"的"常"。常年不息)水温17℃(水温17℃怎么写法?)(边做手势边讲),清澈见底(重复一遍)。祠内贞观宝翰亭中——("贞观之治"的"贞观",知道吗?)

生(集体):知道。

师:("宝翰亭","宝贝"的"宝","翰林"的"翰"。有些同学看着我,大概不会写这个字)(板书:翰)(注意,"人"下面没有一横)宝翰亭中有唐太宗撰写的御碑——(重复一遍),("撰写"的"撰",什么偏旁?)

生(集体):"扌"旁。

师:撰写的御碑,哪个"御"?

生(部分):"防御"的"御"。

师:"晋祠之铭并序"(加引号。"陋室铭"的"铭",知道吗?"晋祠之铭并序")。祠内还有著名的周柏、隋槐("柏树"的"柏","槐树"的"槐"。周柏、隋槐),周柏位于圣母殿左侧(重复一遍),隋槐在关帝庙内(重复一遍),(关帝庙是祭谁的?)

生:(议论)关公。

师:老枝纵横,至今生机勃勃、郁郁苍苍,与长流不息的难老泉——(这个"长"是哪个"长"?)

生:(议论)"长短"的"长"。

师:(对。与长流不息的难老泉)和精美的宋塑侍女像(重复一遍)被誉为——(哪个"誉"?)

生:(议论)"荣誉"的"誉"。

师:被誉为(被称誉为)"晋祠三绝"。

师:现在请同学们校对。我读一遍,不仅校对字,而且要校对标点符号,看看怎样点才正确。(师朗读,生校对)都对了吗?一字不错的有没有?举手。(边数边扳手指)错一到四个的有多少?(稍停,学生陆续举手)看来是绝大部分。校对好了以后,请同学们做一件工作:这里一共听写了五句,请你把每一句用阿拉伯数字标出来。(生标号)

师：标好以后请你们用很快的速度把课文浏览一遍，把条目里介绍的有关内容和文章上的有关段落对应起来。（手势：两掌相对合拢）比如说，第一句"晋祠在山西太原市西南25公里悬瓮山下晋水发源处"，这是"1"，请你看看，与文章的第几段对应？

生（集体）：第1段。

师：对，与第1段对应起来。在有关的语句旁边写个"1"。好，现在很快地把这五句对一对，看有没有对不起来的地方。看谁对得准，对得快，要有速度。（学生专心而迅速地标号，教师巡视）有的已经对出来了，我们稍微等一等，可能有的内容找不到，仔细找一找就能找到。

生45："祠内有唐太宗撰写的御碑"找不到。

师：祠内有唐太宗撰写的御碑"晋祠之铭并序"，这一句对不着。（指问其他同学）你们呢？

生（部分）：没有。

师：也没有找到。哪个对出来的，请讲一讲，对得最快的是××。××，请你说说看。

生46：第一句话是对第1段。

师：第1段，这没有问题。

生46：第二句话对第7段。

师：第二句话对第7段，对不对？

生（部分）：对。

师：对的。

生46：第三句话对第5段。

师：对吗？

生（部分）：对。

师：好。

生46：第四句话——

师：第四句话找不着，第五句话呢？

生46：第五句话对第四自然段。

师：第4段对第五句话。第四句话呢？这"御碑"对不着，有没有找到的？

生47：对第11段。

师：第11段。

生47：第11段中"历代文人墨客都喜爱晋祠这个好地方，山径旁的石壁和殿廊的石碑上，留着不少名人的题咏"。

师：他考虑得对不对？"留着不少名人的题咏"是总的，而词典条目里只提出题咏中的一个，"唐太宗撰写的御碑"。要对应就对这个地方。×××（指生47）的理解是对的。××同学（指生46），刚才说第五句话对第4段，你们认为怎样？有补充吗？

生48：还应该对第6、7、8段。

师：第6、7、8段？

生48：还有第9段。

师：第9段。请坐。我们把听写的最后一句话读一读，到底应对哪几段？前几句话是一句对一段，一目了然，而最后这句话涉及好几段的内容。我们一起把最后一句读一读，你们看应该从什么地方开始读啊？

生（部分）：祠内还有——

师：祠内还有，预备，读——

生（齐）：祠内还有著名的周柏、隋槐，周柏位于圣母殿左侧，隋槐在关帝庙内，老枝纵横，至今生机勃勃，郁郁苍苍，与长流不息的难老泉和精美的宋塑侍女像被誉为——"晋祠三绝"。

师：这里有哪几个说明对象？第一个是什么？

生49：主要说了晋祠三绝的三个方面内容。

师：哪三个内容？

生49：一是周柏、唐槐。

师：周柏、隋槐(校正)，对第几段？

生49：第4段。还有宋塑侍女像。

师：对哪一段？

生49：对第7段。其中还包括晋祠三绝，就是还包括鱼沼飞梁，对第9段，以及——(下面学生纷纷议论)

师：××有不同意见，××表情上不同意了，看看包括不包括？请坐，××说。

生50：我认为在宋塑侍女像内并不包括鱼沼飞梁、盘龙殿柱，这里说的三绝只是对第4段、第5段和第7段。

师：第4、5、7段，对不对？

生(部分)：对。

师：(学生举手)×××说。

生51：还有，我觉得这句话还应该对——噢！我看错了。(学生哄堂大笑)

师：看错了。××(指生50)讲得对，第4、5段，是树；第二是讲什么？难老泉、水；第三是讲什么？圣母殿里面的宋塑侍女像，因此是第4段、第5段、第7段。刚才×××(指生50)对得非常快，很好。把词典上介绍晋祠的语句和课文《晋祠》对照起来看，你们会发现哪些问题？这是一。二、两者有哪些不同之处？三、请你们判断一下是文章写得好呢，还是词典上说明得好。有的已经思考好了。

生52：词典上说晋祠是在山西太原市西南25公里，书上说是在山西省太原市西行40里，数据上有些不对。

师：数据上好像有些不大对？25公里是多少里啊？

生：(集体)：50里。

师：50里，怎么一个50里，一个40里呢？还有什么问题？

生53：词典里介绍的一段话中，"三绝"是指：难老泉、宋塑侍女像和隋槐、周柏，而书上写的"三绝"是：圣母殿、木雕盘龙和鱼沼飞梁。两个"三绝"内容不同。

师：三绝的内容不一样，这又是一个问题。

生54：我认为××同学（指生46）刚才说的问题遗漏了一点，在词典上的第二句中，××同学（指生46）只对了第7段，我认为还可以对第9段，就是讲鱼沼飞梁。

师：对不对？

生（集体）：对的。

师：补充得很好。还发现了什么问题？

生55：书上是唐槐，而词典上说的是隋槐。

师：到底哪一个对？是隋槐还是唐槐？

生55：（继续提问）书上写42尊侍女像，而这里写43尊。

师：是43尊还是42尊？

生56：书上写的是唐槐，这里写的是隋槐，隋唐相隔时间不长，隋朝的统治很短，所以这里用隋槐、唐槐都可以。

师：可不可以？

（学生点头）

师：隋什么时候建立的？

生（集体）：581年。

师：公元。

生（集体）：公元581年。

师：灭亡呢？

生（集体）：618年。

师：（笑）你们历史学得不错，因此我们讲"隋唐""隋唐"，就好像秦——

生（集体）：秦汉。

师：对。秦汉，秦朝很短，因此常和汉连起来讲。相隔时间很短，因此问题不大。还有什么问题？

生57：我回答××（指生52）的问题，从山西省太原市西行40里，而词典上是山西省太原市西南25公里，一个是西南，一个是西行，它们之间存在着方向的差别——

师：好，方向上有差别。

生57：所以，距离也不相等。

师：距离也不相等，因此两个数据怎么样？

生57：都可以。

师：都可以的。

生57：还有关于晋祠三绝，书上与词典上说法不一样，《中学语文课外阅读手册》上说——

师：《中学语文课外阅读手册》上怎么说？

生57："关于晋祠三绝的说法多种多样，正好证明了晋祠值得人们欣赏的杰作特别多。"

师：因此，可以说法不一样，对吗？

（生57点头）

师：同学们已经养成了习惯，在读某一篇课文时，总要到《课外阅读手册》中去找一找，看看有没有相应的文章读，这样对理解课文，扩大视野有好处。三绝可以有多种多样说法。

生58：我认为对三绝作这样的解释不是最好，应该说，在课文上它是讲古建筑的三绝，在词典上是讲晋祠三绝，当然它们之间有区别。

师：对。读书要读仔细啊！

生59：我来回答刚才×××同学（指生55）提出的问题。他说殿堂里面有宋代彩塑43尊,而书上是42尊,好像有差错。其实,书上讲"宋代泥塑圣母像及42个侍女",这样加起来也是43个。

师:42+1是多少?

生(集体):43。

师:43。

生59:(继续讲)所以,并没有出入。

师:对,请坐。

生60:刚才我们听写下来的一段话中有这样一句话,"殿两侧为难老、善利二泉,……晋水主要源头由此流出",而第139页第5段中讲"这里的水,多、清、静、柔","这些水主要是来自'难老泉'",说法有出入,这些水到底是来自难老泉,还是来自难老、善利二泉呢?

师:请坐。

生61:词典和课本上还有一个不同之处,就是在写晋祠三绝的时候,写作方法是不同的,课文上是先总述,然后再分述,字典是先分述,然后再总述。

师:你看出了不同之处,仔细阅读,不同之处还多。我们刚才发现了许多问题,有些问题解决了,比如25公里和40里是不是数据上有出入,刚才××(指生57)解答了。一个是西南,一个是什么啊?

师、生:西行。

师:这没有矛盾。42、43,42+1——

生(多数):43。

师:这也没有出入。至于三绝的讲法,词典上是晋祠三绝,书上呢?

生(部分):古建筑三绝。

师:因此也并不矛盾。而××(指生60)提出的问题是值得研究的,到底发源于难老泉、善利泉,还是只是难老泉呢?请阅读思考(出示《中国名胜词典》)这里是一段话,这儿是一篇文章(出示教科书)有哪些不同的地方？××想好了,其他同学呢？

生62：课文里是描写说明结合起来写的,而词典上只是简单的说明。

师：只是简单说明,你看到了这一点。

生63：课文中和词典里说的这两段话顺序不同。

师：顺序不同,怎么不同？

生63：词典上这段话先写圣母殿,然后再写难老、善利二泉,最后写周柏、隋槐,而书上先写唐槐、周柏,接下来写的是难老泉,最后写的是圣母殿。

师：次序前后不同,请坐。还有吗？

生64：词典上着重描述的是晋祠三绝,而书上写的方面比较多,除了写晋祠三绝以外,还写了另外的许多。

师：许多什么？

生64：许多美景和古迹。

师：美景和古迹,讲得好。一个比较简单,一个比较丰富。

生65：我认为书上说的这些水都是来自难(nàn)老泉。

师：不是"nàn 老"。"难(nán),nán 老",青春常在,难老,难于老啊。

生65：这些水都是来自难老泉,这些水是晋祠里面的水,而词典上说难老和善利二泉,主要是晋——

师：(提醒)晋水发源处,对不对？读书要十分仔细。

生66：书上既写了晋祠的优美自然风景,又写了晋祠的悠久的历史文物,而词典上只讲了晋祠悠久的历史。

生：(议论)一样的。

师：噢,一样的。

生67：我认为词典上也写了优美风景。

师：也写了优美风景？

生67：噢,(改口说)写了这个就是——

师：难老泉？

生67：不是。建筑。

师：建筑？

生67：不是光写自然风景,在第三方面"殿内有四十三尊宋代彩塑",这也不是写自然风景的。

师：没有说清楚。

生68：刚才××讲词典上是先分后总,书本上是先总后分,我不同意这个意见。因为词典上一开头也是写："晋祠在山西太原市西南25公里悬瓮山下。"这里也是先总说,只是具体说明时次序和书本上不一样。

师：在具体说明的时候不一样,请坐。刚才同学们看到的不同地方,综合起来是否可以从这几个方面来理解：词典上介绍的这段文字跟我们今天要学的这篇课文,就内容来讲,一个比较全,×××（指生64）不是刚才讲吗,介绍了风景和很多建筑；词典上呢,比较简洁。一个比较全面,一个重点介绍。就说明方法来讲,刚才有同学讲了,词典上主要是——

生：说明。

师：说明。文章呢？

生：说明、描写。

师：说明还有描写,这是从表达方法来讲。文字上也不一样,这篇文章能给我们以美的享受。词典上那段话比较平实,我们学的这篇文章则比较优美、生动。待会儿,我们进一步阅读就能体会了。从说明顺序来讲也不完全一样,词典上说明顺序是一件一件的,采取什么结构方式？

生（部分）：横式结构。

师：对！横式结构，是并列式的，而这篇课文刚才××（指生61）说，先是总的然后分的。因此，词典介绍晋祠跟我们今天要读的这篇课文，不管就内容，就表达方法，就说明顺序，就说明语言来讲，都有不同之处。大家看看，这段话写得好呢，还是这篇文章写得好？（学生议论纷纷）

生69：就作为词典要给读者以说明以简练的概括来说。

师：这句话你们听得懂吗？话没有说通啊，重来。

生69：作为词典来说，那段文字是和它的作用相符合的，而作为文章选进我们的课本要我们阅读，这篇是很适合我们阅读的。

师：大家笑了，可能因为他说得不清楚，你胆子大一点讲。

生69：这篇文章把说明和描写结合在一起，在说明中插入描写，以描写来作更加具体的说明，这样就能够使说明更具有形象和生动。

师：更形象，这个"具有"就不要了，更形象、生动。

生69：词典上这段话，就其说明性来说，它是很好的，很概括。

师：这句话说清楚了，对吧？

生69：所以说这两者都有可取之处。

师：两者都有可取之处，有没有好与不好的分别呢？你说说看。

生70：我觉得词典是向别人解释的，它应该简洁明白。

师：给人家翻检，应该简洁明白，只要介绍精要就行了。

生70：如果用过多的比喻，用各种各样修辞手法，是不合适的。我们所学的《晋祠》这篇文章，说明十分具体，它的写作方法是它用了大量的形容与描述。作为文章来说，应该像《晋祠》这样写，而作为词典，应该像刚才听写的那段文字，我觉得两者都有可观之处。

师：可观之处？这个"观"什么意思？

生（多数）：取。

师：可取之处。"可取"口气太大了一点,应该说都有值得我们学习的地方。因此,从这里我们就可以懂得,不能简单地说这段话好不好,这篇文章好不好,要根据什么来判断?作者的——

生(多数)：写作意图。

师：对,作者的写作意图。词典是给人家翻检的,介绍的时候要要言不烦;文章具体地说明描述,给人以美的享受,让我们有身临其境的感觉,所以,除了说明之外,还要加以描写。这个问题我们比较清楚了。说明文,说明文得在什么上面下功夫啊?

生(集体)：说明。

师："明",说得一定要"明"。要"明",就得抓住说明对象的特征。这篇文章里一句话就揭示了晋祠的特征,谁能把这句话准确地找出来?

生71：悠久的历史文物同优美的自然环境浑然融为一体。

生(部分)：风景。

生71：噢,自然风景。这就是晋祠。

师：这就是著名的晋祠。

生72：我想提一个问题。就是这句话和后面的"然而,最美的还是祖先留给我们的古代文化,这里保存着我国古建筑中的'三绝'"。从这两句话中,可以看出作者着重在描写古建筑的三绝。我的问题是,既然作者在开头就揭示我们悠久的历史文物是着重描述的,要是我写的话,就会先写建筑、文物,然后再写自然风景,这样不是就和第一句话"悠久的历史文物同优美的自然风景"相一致吗?作者这样写有什么好处?

师：×××同学坦率地讲了自己的意见,既然"悠久的历史文物同优美的自然风景浑然融为一体"是揭示晋祠的特征,要是我写的话,就先写历史文物,为什么作者先写优美的自然风景呢?大家动脑筋。

生73：我知道一点,我先说一说。

师：下课。

第 二 课 时

师：上节课我们懂得了文章的第1段揭示了晋祠的特征,晋祠的特征两个方面浑然融为一体,什么叫"浑然"?

生（部分）：完整的。

师："然"什么意思?

生（集体）：样子。

师：对,浑然融为一体,完整不可分割。（板书：浑然融为一体）浑然融为一体的是两个方面,第一个方面是优美的自然风景（板书：优美的自然风景）,第二个方面是悠久的历史文物（板书：悠久的历史文物）。××同学(指生72)的意思是,要是他来写的话,既然是悠久的历史文物是重点,那么,就应该先写悠久的历史文物,再写优美的自然风景,刚才××同学准备发表意见,现在请你发表。

生1：我觉得我能回答这个问题。这篇文章主要突出的是悠久历史文物的美,可是它没有先写悠久历史文物的美,而是先写优美的自然环境。这样可使我们先领略晋祠的环境美。晋祠的美在山,在树,在水,古老苍劲的树,多、清、静、柔的水,还有巍巍的山,在这里作者既有说明又有描述,使我们领会到晋祠的美。在第140页第6段中写道："然而,最美的还是祖先留给我们的古代文化,这里保存着我国古建筑的'三绝'。""最美",把悠久的历史文物和优美的自然环境作了一个对比,自然环境美,但是悠久的历史文物更美,所以,先写自然环境的美,再写历史文物的美,能更加突出地表达作者所要表达的主题。

师：这个问题××同学作了一些分析,但看来一下子答不清楚,先放一放好不好? 这篇文章先用一句话来揭示说明对象的特征。先是总的说明,然后从两个方面来说(指板书"优美的自然风景,悠久的历史文物")。刚才不是××(指生61)讲吗,这篇文章的结构是总分式。怎么分的?一个一个说明对象是怎样合起来的?我请一位同学上讲台来写,边看课文边写。比如说,优美的自然风景,从哪几个方面说明的?它的特征如何?悠久的历史文物,作者介绍了哪些?它们的特征如何?一位同学上来写,其他同学写在笔记本上,然后我们再细读课文核对。××,请你上来写。

(生2板书)

```
     ┌ 山   巍巍的、长长的
     │ 树   古老苍劲
     └ 水   多、清、静、柔

     ┌ 圣母殿    巧夺天工、人物形态逼真
三绝 │ 木雕盘龙  木质优良、工艺精巧
     └ 鱼沼飞梁  形制奇特

  名人题咏   词工句丽、书法精湛
```

师:按课文的顺序写,字写端正,写好了跟黑板上对一对,看看黑板上写的是不是完全正确。

生3:他漏掉了两点。

师:漏掉了两点?我们看"优美的自然风景"。(手指板书"优美的自然风景")

生3:"优美的自然风景"中的树,除了"古老苍劲",还有"造型奇特"。

师:好,这个内容在第几段?

生(集体):第4段。

师:除了古老苍劲之外,还有什么?

生(集体):造型奇特。

师:(在板书"古老苍劲"后面,用红粉笔写"造型奇特")请同学们想一想,××怎么会忽略这一点的呢?什么原因?

生4：因为"造型奇特见长"在一段的当中。

师：对。晋祠的美在山，在水，在树。山的特征抓得对不对？巍巍的，长长的。树，细读一下，就知既以古老苍劲见长，又以造型奇特见长，这里表达的方式跟前面写法不完全一样，所以粗看时容易漏掉。

生4：在名人题咏上面，应该还有小品。

师：什么小品？

生（部分）：园中小品。

师：好，还有园中小品，第几段？

生（集体）：第11段。

师：园中小品（板书：用红粉笔写"园中小品"）。还有吗？

生5：还有其他建筑。

师：在什么地方？

生5：第10段。"以圣母殿为主体的建筑群还包括献殿、牌坊、钟鼓楼、金人台、水镜台等。"

师：应该写在什么地方啊？（指"园中小品"处）对不对？

生（集体）：对。

师：因此又要改了（擦去"园中小品"）。应该是其他建筑（板书：其他建筑），再是园中小品（板书：园中小品）。阅读要仔细，不能遗漏。要把这个怎样？（指"名人题咏"处）全部挪到下面（板书：将"名人题咏，词工句丽、书法精湛"圈起来，用箭头标到"园中小品"下方）。大家校对一下，再看一看，这里列出的说明对象是不是周全了？

生（集体）：周全了。

师：文章首先说明优美的自然环境。晋祠的美在山，在树，在水，这是——

生（集体）：总说。

师：晋祠的美在山、树、水，可以不可以？

生（部分）：可以。

师：为什么要写"在山，在树，在水"？为什么？

（学生议论纷纷，举手）

师：×××。

生6：排比的方法写，加强了语气。

师：加强了语气，在山，在树，在水。

生7：这样写有气势，读起来朗朗上口。

师：有气势，读起来上口。

生8：给作者的印象比较深。

生：（笑）怎么是作者？

师：作者？

生（集体）：读者。

师：给读者的印象比较深。

生9：我还要补充一句，晋祠的美在山，在树，在水，有一定的顺序，是由高到低的。

师：对不对？说明的顺序很清楚，由高到低。还有补充吗？山怎样？

生（集体）：巍巍的。

师：再看课文，把晋祠——

师、生：抱在怀中。

师：因此它的顺序是什么？

生（集体）：由外到内。

师：在山，在树，在水，读起来有气势，而且上口，用排比的写法是好的。刚才几位同学讲得很好。这些是说明对象。这些说明对象的特征抓得对不对呢？说明文要"明"，就得把说明对象的特征抓准。

生10：我认为还有一点写得不对，就是圣母殿应该是气势十分雄伟,不应该是"巧夺天工、人物形态逼真",这几点是写侍女像的特点,而不是写圣母殿的特点。

师:对不对?

(部分学生点点头)

师:对,巧夺天工并不是圣母殿的特点,圣母殿的特点文中是怎么说的?

生(集体):气势雄伟。

师:气势雄伟。(板书:用红粉笔将"巧夺天工、人物形态逼真"划掉,写上"气势雄伟")"人物形态逼真"是指宋代彩塑而言,××同学说得很好。别的地方还有没有问题?

生11:我认为在写三绝的时候,应该写出它的绝妙之处,圣母殿应该是"我国古建筑中现存最早的带围廊的宫殿";木雕盘龙是"我国现存最早的盘龙殿柱";鱼沼飞梁是"我国古建筑中罕见的"。应该写这三点。

师:应该写这三点。绝在何处?三绝?

生12:我认为三绝不应该像××(指生11)讲的圣母殿是我国建筑中现存最早的,这里应是圣母殿的稀有。

(学生议论纷纷)

师:最早与稀有是两个概念。

生12:罕见,而不是"绝","绝"只能是后面一句"殿宽七间,深六间,极为宽敞,却无一根柱子"。

师:好,这是"绝"。关于悠久的历史文物作者着力写了四个方面,一是三绝,二是其他建筑,就是以圣母殿为主体的建筑群,还有其他建筑,文中列举了很多,然后写园中小品,最后写名人题咏。这些被说明的对象各具有什么特征呢?刚才××(指生10)讲得对不对?

生(部分):对的。

师：木雕盘龙对不对？

生（部分）：对的。

师：也是对的。鱼沼飞梁呢？

生（集体）：对的。

师：这个"梁"什么意思（指板书"梁"）？

生：（议论）桥梁。

师：对，"梁"就是桥梁，鱼沼上面架着飞梁，一般的桥是怎样的？从南到北，从东到西，鱼沼飞梁怎样呢？四面都通。这里都是抓住特征来写的。同学们刚才读课文，要点抓得很准确。现在请同学们再推敲一下这篇文章写法上的特点。一开始××同学不是说了吗（指第一课中生57）？他说这篇文章的写法和词典上的介绍不一样，它是说明结合——

师、生（集体）：描写。

师：这是说明的骨架（指板书）。先总后分（指板书：浑然融为一体 "总"，优美的自然风景和悠久的历史文物 "分"）。先总后分（指板书），一目了然，说得非常明白，非常清楚。说明时夹入描写，使我们有身临其境之感。在说明的骨架上面，作者进行了艺术的渲染。有些我们一看就清楚了，比如写山，一看就清楚，它在春天怎样？

生（集体）：黄花满山。

师：秋天怎样？

生（集体）：草木萧疏。

师：用对偶句进行形象的对照。现在读一读第4段，作者是怎样对树进行艺术渲染的？

生13：作者写树的时候，运用了大量的比喻。

师：哪些比喻？

生 13：在写水边殿外松柏的时候，写它们造型奇特见长，"有的偃如老妪负水，有的挺如壮士托天"。

师：这是不是比喻？"偃"什么意思？

生（部分）：躺卧。

师：躺卧。

生 13：还有写圣母殿前的左扭柏，把它比喻成像地下旋起了一股烟，又似天上垂下一根绳。

师：是不是进行艺术渲染？

生（集体）：是的。

师：好，请坐。因此除了说明外，还进行描写。比喻是其中之一。有的偃如老妪负水，"负"什么意思？

生（集体）：背。

师：有的如什么？

师、生：挺如壮士托天（师：手向上示意）。

师：我说写得最妙的是下面几句，我们一起读。请你们看看这里抓住了一个什么关键词来写的？

生（齐）：圣母殿前的左扭柏，拔地而起，直冲云霄，它的树皮上纹理一齐向左边拧去，一圈一圈，纹丝不乱，像地下旋起了一股烟，又似天上垂下了一根绳。

师：抓住什么特征来写的？

生（集体）：扭。

师："扭"，而且是从不同角度，你们看怎么写的？

生（议论）：从下到上，从上到下。

师：第一句是什么？四个字——

师、生：拔地而起。

师：拔地而起（手从下而上示意）。气势怎样？哪个动词用得好？

生（集体）：冲。

师：冲！直冲云霄。它的树皮上的纹理一齐向左边拧去，一圈一圈——

师、生（集体）：纹丝不乱。

师：像地下旋起了一股烟，又似天上垂下了一根绳。哪两个动词用得好？

生（集体）：旋、垂。

师：由地下到天上（手从下而上示意），又从天上写到地下（手从上而下示意），天上地下结合起来，从不同角度描写，因此能够使读者如见其态（板书：比喻 多角度）。不仅是说明，而且用比喻进行多角度描写，这样就寓艺术魅力于说明之中。清楚了没有？我们再来看写水，特征抓得对不对（指板书）？多、清、静、柔。请你们说说作者怎样来写"多"的。

生14："石间细流脉脉（mài mài），如线如缕；林中碧波闪闪，如锦如缎"，还有"桥下有河，亭中有井，路边有溪。"

师：除了这些还有吗？

生15：还有"但见这里一泓深潭，那里一条小渠（xī）"。

师、生（集体）："小渠（qú）"。（纠正字音）

师：对不对？（学生举手）还有补充，×××。

生16：还有就是："这么多的水长流不息，日日夜夜发出叮叮咚咚的响声。"

师：这是从什么角度来写的呢？

师、生（集体）：听觉。

师：叮叮咚咚悦耳的响声。好，请坐。

生17："石间细流脉脉"，应该读"细流脉脉（mò mò）"，不应该读"细流 mài mài"。

师：我们学生理卫生的时候,"脉"读"mài"。

生（部分）：静脉。

师：对,"静脉(mài)"。这里读"mò"。多音字。

生18：还有最后一句话："当你沿着流水去观赏那亭台楼阁时,也许会这样问:这几百间建筑怕都是在水上漂着的吧!"

师：这句话也看出来了,好。

生18：这是通过人的幻觉来写水的"多"。

师：通过人的幻觉来写水的多。这晋祠几百间房子好像都是在水上漂着的,所以水怎样?

生（集体）：多。

师：几位同学讲得对。这里水很多:有的是深潭,有的是小渠,有的是河,有的是井,有的是溪,这是按什么来说明的?

生（部分）：视觉。

师：按类别,对吗?写"石间细流脉脉,如线如缕;林中碧波闪闪,如锦如缎"。连打几个比喻,说水的美姿。总之,从水的声音、美姿,水的类别来具体描写水的"多"。这个"多"字落实了没有?

师、生（集体）：落实了。

师：写"清",写"静",写法类似,就不一一说了。现在请你们思考回答,"柔"怎么写的?怎么一句话就把柔写出来了。

生19：写"柔"在这里,139页。

生：（议论）"柔"在这里?

师：你说。

生19：139页的倒数第一行,"织成一条条大飘带,穿亭绕——"

师：这字怎么读啊?

生（部分）："榭(xiè)"。

师：穿亭绕榭。"榭"这个字怎么读?（正音:x－iè→xiè;板书:

榭 xiè）

生（部分）：第三声。

师：第三声？"xiè"，第四声（指板书：榭 xiè）。

生 19："穿亭绕榭，冉冉不绝"，从这里就可以看出水的柔。

师：对不对？

生（集体）：对。

师：讲对了。这里运用什么手法来写的？

生（部分）：比喻。

师：写水像一条条大飘带，飘带风一吹就会怎么样？

师（部分）：飘。

师：飘拂不停。写水的"柔"只用了一个比喻，因为用得非常精当，就把"柔"写出来了。穿亭绕榭，有几个动词？

生（集体）：两个。

师：两个动词，一个"穿"，一个——

师、生（集体）："绕"。

师：冉冉不绝，讲什么东西"冉冉"？

生（部分）：飘带。

生（部分）：太阳。

师：（笑）太阳冉冉？水如飘带，冉冉不绝。清楚了没有？现在讨论"三绝"。刚才有同学讲"绝"应该是指最早，"绝"究竟是什么意思？我问的不是特征。"绝"就是绝无——

师、生（集体）：仅有。

师：对了，绝无仅有，哪些句子最能够准确地说明晋祠中有些历史文物是绝无仅有的？找到没有？

生 20：140 页第 7 段里写道："圣母殿是我国古建筑中现存最早的带围廊的宫殿。"这里面的"最早"，还有——

（下面学生纷纷议论）

师：请你说下去，有不同意见待会儿再讨论。

生20：还有"殿宽七间，深六间，极为宽敞，却无一根柱子。"

师：好，这是一绝。

生20：廊柱略向内倾，四角高挑，形成飞檐。还有写宋代泥塑圣母像及42个侍女像时写这些塑像巧夺天工，还有——

师：第二个"绝"。

生20：第二个"绝"就是"殿前柱上的木雕盘龙，这是我国现存最早的盘龙殿柱"。第三个"绝"，就是鱼沼飞梁，这里的鱼沼飞梁写出了"桥边的栏杆和望柱形，望柱形（读破句）——"

师：形制奇特。

生20：形制奇特，人行桥上，可以随意左右。

师：他刚才讲的几点有不同意见吗？

生21：他说的第二个"绝"我不同意。第二个"绝"我认为应该是"距今虽近千年，鳞甲须髯，仍然像要飞动"。（髯 rǎn，读错了）应该是这个"绝"。

师：应该是这个绝。

生22：我认为××（指生20）刚才说的，宋代泥塑圣母像及42个侍女，他认为巧夺天工是"绝"，我认为不是的。

师：为什么？

生22：因为在许多——

师：（提示）名胜古迹中——

生22：名胜古迹中都有这种形态的。

师：都有这种形态？应该说都有这种特点。

生23：还有一点，就是"这是我国古建筑中现存最早的带围廊的宫殿"，这一句也不是的，这仅写出了它的历史悠久。

（教师示意学生讲）

生 24：我认为历史悠久也是"绝"的一个方面。

师："绝"的一个方面。

生 25：××（指生 20）把圣母殿的"绝"讲得太多了。我觉得只要突出一点，就是"殿宽七间，深六间，极为宽敞，却无一根柱子"。只突出这一句就可以了。

师：只要突出这一句就可以了。那么，历史悠久，"最早"，要不要？

（学生争论，有的讲要，有的讲不要）

师：××讲要的，"最早的，却无一根柱子"。第二也一样，是我国现存最早的盘龙殿柱，从历史的情况看，距今近千年，仍然是鳞甲须什么？刚才字音读错了（指生 21），"髯 rán"，读——

生（部分）："髯（rán）"。

师："髯（rán）"，第二声。须髯，周身风从云生。第三找准了。介绍三绝，其他建筑物一笔带过。三绝写得很具体，在说明的同时，描写得很细致，进行了艺术渲染。我曾有机会去晋祠，亲眼观赏过，跟这篇文章里讲的一样，看了不得不令人叹服。如木雕盘龙虽然距今近千年，但是怎样啊？

师、生（集体）：鳞甲须髯，仍然像要飞动。

师：这是不是描写啊？

（学生点头）

师：仍然像要飞动，这不得不惊叹我们祖先巧夺天工的技艺。鱼沼飞梁也介绍得很清楚，其他建筑一笔带过。请同学们看，第 11 段介绍得非常有趣的是什么？

生：园中小品。

师：园中小品写了两个，第一个是什么？

生（集体）：小和尚。

师：小和尚，我看这样好吗？请一位同学把作品中描述的样子做一做，好不好？就请你（指第一排调皮的学生），作者是怎样描绘的？

（生26高兴地站起来，对着老师）

师：对着大家。看他描绘得怎么样。

（生26双手托着，肘关节在下方，而且与肋骨靠得很拢）

生：（哄笑）不完全对。

师：应该怎么样？我们一起读，让他纠正。

生（集体）："山上一挂细泉垂下，就在下面立着一个汉白玉的石雕小和尚，光光的脑门，笑眯眯的眼神，双手齐肩，托着一个石碗接水。"

师：双手齐肩，对吗？手还要高一些（将生26手向上抬一些），稍微开一点（将生26肘关节部拉开一些）。很好。你们看，这里写得出神入化。水注在碗中，又溅到脚下的潭里，总不能盛满碗，什么道理啊？

（学生纷纷议论）

师：一挂细泉（手势），哪个词用得很好？

生（集体）：挂。

师：对，一挂细泉，向下面滴水，滴到小和尚托的碗里去，水就溅到深潭，碗始终盛不满，什么道理？

生（部分）：物理性能，力学原理。

师：噢，物理的力学原理，今天就不讨论了，下节课再问你们，一定要解答得正确。这里写得十分有趣，描述得栩栩如生。（板书：形容、描述）下面还写了什么？

生（部分）：石雕大虎。

师：呀！我看这里又矛盾了，"小品"怎么又是"石雕大老虎"呢？谁能解答这个问题？既然是小品，怎么又是大老虎呢？

生27：这个"大"是相对而言的。

师：相对而言的，对不对？

生（部分）：对的。

师：小和大怎样？

师、生（集体）：相对而言。

师：在这里是大的，可是在整个建筑群里面是——

师、生：小的。

师：跟整个圣母殿好比吗？

生（部分）：不好比。

师：不好比。这里描写得很有趣，增添了这篇文章的情趣。现在我们再回过头来解答课开始时××同学提的问题。为什么不先写悠久的历史文物（指板书），再写优美的自然风景呢？刚才××（指生1）作了一些分析，没有完全说清楚，它们本来就是并列的，两者浑然融为一体，那么为什么要先写自然风景？

生28：因为这篇文章第6段写了"然而，最美的还是祖先留给我们的古代文化"，从这"最美"就可以看出，悠久的历史文物和优美的自然风景相比较，悠久的历史文物比优美的自然风景还美，先写优美的自然风景就更能衬托出悠久的历史文物美。

师：对不对？

生（集体）：对。

师：对，我们把前后内容联系起来看就清楚了，最美的还是祖先留给我们的古代文化，风景美，文物美。

（学生举手）

师：你还有意见吗？

生29：我认为还有一点。因为作者是按照参观顺序写的，所以就先写自然风景，然后走到里面，看到悠久的历史文物。

师：同不同意？

生（部分）：同意。

师：这是记叙文？游记？

生（部分）：不同意。

师：噢，这是什么啊？

师、生：说明文。

师：是说明文，两者都美，风景美，文物美，但是作者在这里更要突出什么啊？

生（集体）：文物美。

师：先写自然风景美比较容易，如果一开始就写"最美的"是什么，那么跟谁比啊？那就显得很突然了。风景美，文物美，确实使我们真切地感受到晋祠美不——

生（集体）：胜收。

师：有人说，"看景不如听景"，因为你看景是看自然的原形，同学们游览过一些地方，看的是自然的风景。而听景，就是听人家介绍，读人家描写的，这个时候你还可以享受到艺术加工的佳妙。我们现在读《晋祠》这篇文章，除了认识所介绍的优美的自然风景和悠久的历史文物这些对象之外，还可领略到作者进行的艺术加工，进行的艺术的渲染，领略到艺术美，这就美上加美了。所以，文章的最后一句话："晋祠，真不愧为我国锦绣河山中一颗——"

生（集体）：璀璨的明珠。

师：什么叫"璀璨"？

生（部分）：形容——

师：形容什么？都是什么偏旁？

生（集体）："王"字旁。

师：什么意思？（手势画"王"）查字典。

生30："璀璨"是形容玉石的光泽。

师：形容玉石的光泽。在这里是什么意思？

生（部分）：形容晋祠的美。

师：（学生举手）×××你说。

生31：形容晋祠像明珠一样发出亮光。

师：像明珠一样发出亮光，闪闪发光，对。所以最后一句话是由衷地赞叹。介绍了自然风景，晋祠的美，在山，在树，在水；介绍了悠久的历史文物，三绝，其他建筑、园中小品，以及名人题咏等，最后赞叹"晋祠，真不愧为我国锦绣河山中一颗璀璨的明珠"。开头我们说了，晋祠只是《中国名胜词典》中山西省太原市的一个条目，而这本词典有一千几百页，晋祠只是一个小小条目。由此可推知，我们祖国的名胜古迹星罗棋布，在世界上罕见，是首屈——（师、生集体）一指的。我们祖国历史悠久，中华民族数千年深厚的文化平铺在我们九百六十多万平方千米的土地上，你无论走到哪儿，都可以看到名胜，都可以看到古迹。刚才你们讲到的故宫、颐和园、秀美的西子湖等，讲到的遥远的西藏、新疆无不有我们祖先的文化遗迹，这些历史文化哺育着世世代代的中华儿女，使我们从祖国深厚的文化中吸取了大量的精神养料。今天，我们同样要从中吸取精神养料，不能愧对我们的祖先。今天学《晋祠》，领略它的风景美、历史文物美，长大以后，不仅要读万卷书，还要力求——

生（集体）：行万里路。

师：对，行万里路，有机会到祖国各地考察，放眼观看我们的壮丽山川，从中吸取丰富的养料，滋养自己，成为精神丰富的人。今天这堂课就学到这里。下课。

《春》教学实录[①]

时　　间：1979年4月2日（星期一，上午第一、二节课）
任课老师：杨浦中学　于漪
班　　级：初一（1）班

第 一 课 时

师：今天我们学习朱自清的《春》。同学们把讲义拿出来。

我们一提到春啊，你们想一想看，会不会眼前就仿佛展现出阳光明媚，东风浩荡，绿满天下的美丽景色？一提到春，我们就会感到有无限的生机，有无穷的力量！所以古往今来，很多诗人就曾经用彩笔来描绘春天美丽的景色。我们曾经学过一些绝句，现在我问一问大家，杜甫的绝句当中是怎样描绘春天的？（稍停）有同学知道吗？——杜甫的绝句，大家想想看。

[①] 作者多次执教《春》，第一次执教时，《春》还没有收入教材。她在《春》的第三次教后记中说："整个教学构思又作了较大的更改。一是加强了单元教学，把《春》《海滨仲夏夜》《香山红叶》和《济南的冬天》结合起来考虑。……二是加强思维与语言训练。"从单篇教学到单元教学、从一般知识教学到思维训练，这是反思中悟得的教学真谛。作者回忆自己早年的从教经历时指出，为了使自己的教学语言口语化又不失美感，她常常会在上课前将教学语言背下。在这堂课上，作者总是耐心地指出学生口语表达中的细小错误并加以指正，作者的教学语言处处渗透着情感，语言衔接与推进过程中又不失严密的逻辑。

生1：(背诵杜甫：《绝句四首》之三)"两个(gè 读成 guò)黄鹂鸣翠柳，一行白鹭上青天。窗含西岭千秋雪，门泊东吴万里船。"

师：对吧？[生(部分)：对的。]——对的？"两"——什么"黄鹂鸣翠柳"？这里怎么读啊？

生1：两"gè"，不是两"guò"。

师：对啊！两个(gè)。他是从两个黄鹂在青绿色的柳条上鸣啭来描绘春天的美好啊！再想想看，王安石也有一首诗是描绘春天的，这首诗背得出来吧？谁来背背看。有一个名句，想想看。他是怎样描绘春天的？想起来没有？背背看。"京口瓜洲……"预备——起。

生(集体)：(齐背王安石《泊船瓜洲》)"京口瓜洲一水间，钟山只隔数重山。春风又绿江南岸，明月何时照我还？"

师：哪一个句子是写春的？

生(集体)："春风又绿江南岸。"

师：哪一个字用得特别好。

生(集体)："绿"。

师："又绿江南岸"，这是从什么角度来写的啊？——从春风的角度。春风一吹，江南岸边就怎么样？

生(集体)：绿。

师：绿——绿满天下！上星期六，××写我们学校的树的时候，用了一个好的句子啊！——"绿满天下"！他就从这儿学来的。很好。但是，绝句，它只有四句，往往只是从一个角度，或者是从两个角度来写的，也就是选取了春天的一个或者两三个景来写春。今天我们学习朱自清的这篇散文，其中写春的内容可多啦！我们星期六发了讲义，请同学们看。这里头写了：草、花、风、雨、山、水、树、蜜蜂、蝴蝶等。我们读的时候要想一想，朱自清在这篇文章当中，他是怎样写这些春天的景物的？他写的春天景物的——姿态啊，气息啊，声音啊……我们想到没有？看到没有？春天就在我们身边！我们现在正欢乐地生活在阳春三月里。你说对吧？这正好是阳春三月！对文章中的这些景物，你是怎么观察的？看一看朱自清先生是怎么写的？现在，请同学们读一读，——读一读以后有什么问题，可以提出来。读了以后，请同学们考虑：这篇文章是怎么样写春的呢？首先，朱自清先生，他是以怎么样的心情去迎接春天的？（边讲边板书：迎春）接着呢？朱自清先生用他的彩笔给我们描绘了春天的美丽景色。（边讲边板书：绘春）最后，他又满怀喜悦，歌颂了春天。（边讲边板书：颂春）同学们读了以后，分分看，哪几段写迎春？哪几段写绘春？写颂春？（边讲边指板书"迎春""绘春""颂春"）我们请一个同学读一读，看看谁来读？

生2：（朗读《春》全文）"《春》朱自清。盼望着，盼望着，……鸟儿将——鸟儿将——"

师："巢（cháo）"。

生2：（继续朗读）"鸟儿将巢安在繁花绿叶当中，……披着——披着——"

师："披着蓑（suō）"。

生2：（继续朗读）"披着蓑戴着笠，……领着我们上前去。"

师：从读的情况看来是读过的。有什么地方读得不妥当的吧？

生3：第5段"跟轻风流水应和（hè）着"；他读"跟轻风流水应和（hé）着"。

师："应和（hè）着"。这个"和（hè）"读得不对了。应该读第几声啊？

生（集体）：第四声。

师：（板书：hè）还有吗？

生4：第3段是"园（yuán）子里"，他读"院（yuàn）子里"；还有一个是"迷藏（cáng）"，他读"迷藏（zàng）"。还有一个是"酝酿（niàng）"，他读"酝酿（ràng）"。

师：好。那么，先把这个解决了："嫩嫩的,绿绿的……"下面应该是怎么读啊？

生（集体）："园(yuán)子里"。[有的学生仍读"院(yuàn)子"]

师：（板书：园）这个字怎么读？

生（集体）："园(yuán)"。

师："园(yuán)"，"公园(yuán)"，"园(yuán)子里"。耳朵旁的那个呢？

生（集体）："院(yuàn)"。

师："院(yuàn)"。好，下面她读得对的。"酝酿(niàng)"不是"酝酿(ràng)"。这个字的拼音怎么样？

生（集体）："n - iàng→niàng"。

师："niàng"。很好。××（指生 2）自己马上注上拼音。不认识的,不清楚的,自己赶紧把注音记下来。"酝酿(niàng)"。接下去。（学生举手）×××。

生 5：第 4 段："桃树、杏树、梨树,你不让我,我不让你,都开满了花赶趟儿。"他读成了："都开满了花——赶趟儿。"

师：语气没有读出来,对。还有吗？抓紧时间,还有吧？

生 6：第 5 段第三行："鸟儿将巢安在繁花嫩叶当中",他读成了："鸟儿将巢安在繁花绿叶当中。"

师：对,是嫩叶,不是绿叶。还有吗？

生 7：第 6 段："一点点黄晕(yùn)的光"。这个"黄晕(yùn)",不读"黄晕(yūn)"。

师：这个字究竟怎么读？快点查字典,快点查。

生 8：应该读："黄晕(yùn)"。

师：你查过字典了？（生 8：查过了。）好。她很有把握的,应该读"黄晕(yùn)"。为什么那么有把握呢？因为她查过字典了。（板书：

yùn)y－yun,第四声。读错了的就应该把它打个"×";掌握不准的,就应该注音。还有吧?

生9:"山朗润起来了",读成"山润朗起来了"。

师:喔,对吧? 后来呢,他自己怎么样——感觉读得不对了,自己改正了。应该是"山朗润起来了"。同学们听得很仔细,而××同学(指生2),读得很响亮。因为还没有学,所以读得还有些疙疙瘩瘩,有些字还读得不准。有一个字,同学们注意一下,就是刚刚给××(指生2)纠正的"和(hè)"——"和(hè)"的前面的这个字怎么读呀?

生(集体):"应和(yīng hè)"。(有的读"yìng hè")

师:重读。

生(集体):"应和(yìng hè)"。

师:"应(yìng)",应该是第四声。但是这个讲义上注的第几声啊?

生(集体):第一声。

生10:错了。

师:错了。——你(指生10)怎么知道错了?

生10:我查过字典。

师:这个注音注错了,应该第四声。——"应(yìng)和"。预习的时候,你们需要认真,去查查看。现在,请同学们把讲义上错的改过来。好,我们刚才读了一遍。请同学们看,还有些什么问题? 自己查字典的时候,没有能够解决的,有吧? ——有没有? 都懂吧?

生11:什么叫"赶趟儿"? ——是不是就是"赶集"?

师:什么叫"赶趟儿"?

生12:"鸟儿将巢(cháo)安在繁花嫩叶当中",他(指生2)读成"鸟儿将cháo安在繁花嫩叶当中"。

师:(板书:巢)这个字怎么读啊?

生(集体):"ch－áo→cháo"。

师:"巢(cháo)",第二声。刚刚那个字读错了,没有纠正过,现在纠正一下。还有吧?除此之外,还有吧?——没有了。好,现在,我们请同学们考虑一下,刚刚我们读了一下,请你们分一分看,一共是几段?请你们分一分看。

生(集体):十段。

师:十段。那么,用了几段文字写了迎春的?

生13:迎春用了一段。

师:好,怎么分法?(个别学生举手。稍停)就××一个人知道吗?分分看,分错了,也没有关系。怎么分?(学生举手)好,××,你讲一讲看。

生14:用了一段文字写迎接春天的。

师:你整个地讲一讲看。

生14:用了一段文字写迎接春天的。

师:喔,用了一段文字是写迎接春天的。

生14:第2~7段是描绘春天的。

师:喔,第2~7段是描绘春天的。

生14:颂春是第8~10段。

师:第8~10段是歌颂春天的。有不同的意见吗?有吧?——没有。都是一样的。好,我说,她这样看是看得准确的,是这样。现在请同学们在第1段、第7段后面画上符号。我们看起来,可眉目清楚。好,现在请同学们先把第1段——一起来读一读。第1段只有一句话。那么我们看一看:作者是用了怎样的心情迎接春天的来到?而在这里明确地告诉我们:春天还没有来到。这里有一个字,用得非常准确!

生(部分):(轻声地)"近"。

师:好,我们现在一起读一读:"盼望着,盼望着……"预备——起。

生（集体）：（朗读）"盼望着，盼望着，东风来了，春天的脚步近了。"

师：你们看，作者是以什么心情来迎接春天的？

生（集体）："盼望着"。

师：大家都看得出来——"盼望着，盼望着"，大家睁大眼睛盼望。我说用一个"盼望着"，可以吧？"盼望着，东风来了……"可以吧？〔生（集体）：可以。〕那么为什么这里要叠用呢？

生15：用两个，可以加强语气，表达作者向往春天的急切心情。

师：嗯，这样叠用，就更能表达作者十分急切的心情，十分向往的心情。向往春天赶紧到来！——所以用"盼望着，盼望着"。那么，哪一个字，告诉我们了——很准确地告诉我们：春天还没有来到？

生（集体）："近"。

师：对，是"春天的脚步近了"！你看这个"近"，用得多准确啊！这里一个句子，四个字——用了四个词尾，给我们一个非常柔和的感觉。哪四个词尾？

生（集体）：两个"着"。

师：两个"着"。还有？

生（集体）：两个"了"。

师：对，好。我们自己读一下，体会、体会。（学生轻声朗读）你们听我读（表情朗读）"盼望着，盼望着，东风来了，春天的脚步近了。"——一开始就给我们非常亲切的、柔和的感觉。接下来，作者就用了比较多的笔墨，来描绘春天美丽的景色。一开始哪，作者就写了非常形象的一笔，绘出春天的总的景色——总写了一个"大地回春"，或者是"大地春回"，或者是"春回大地"的景色，这都可以。（在板书"绘春"之右，板书：总写大地回春）好，现在，请同学们来考虑一下，用了哪一句啊？你们从哪儿知道这是总写的呢？（学生低声议论，举手）好，×××讲。

生16：（朗读）"一切都像刚睡醒的样子。"

师：说完整了吗？

生16：（朗读）"欣欣然张开了眼。"

师：好，你把它完整地读一读。

生16：（朗读）"一切都像刚睡醒的样子，欣欣然张开了眼。"（读得不大流畅）

师：（微笑）重读——要读准了。

（生16重读）

师：那么，你从哪个词知道——这是一笔绘出来的啦？

生16："一切"。

师："一切都像刚睡醒的样子，欣欣然张开了眼。""一切"，说明了什么？——没有一个例外。这就把大自然的景物都囊括起来了。"一切都像刚睡醒的样子，欣欣然张开了眼。"——"欣欣然"，是什么意思？

生17：高兴的样子。

师：哪个词是表示样子？

生17："然"。

师：哪个是高兴？哪个是样子？

生17："欣欣"是高兴；"然"是样子。

师：好！我们要理解："然"是词尾，是表示状态的。"欣欣然"，高兴的样子——张开了眼睛。这是总起来写。（指板书"总写"）接着就分写，分别地描述了。（在板书"绘春"之右，"总写"之下，板书：分别描述）这节里头，分别描述了什么？

生18：（朗读）"山朗润起来了，水涨起来了，太阳的脸红起来了。"

师：对。这个——我们是容易理解的。请同学们回答：在这一段里分别写了什么？先写了什么？然后再写了什么？哪些词用得非常生动？

生19：分别写了山、水、太阳。

师：分别写了山、水、太阳。对吧？〔生（集体）：对。〕写了太阳什么？

生（集体）：太阳的脸。

师：太阳的脸。那么，怎么来写它们的？用了哪些词？

生20：山用"朗润起来了"，水用"涨（读成 zhàng）起来了"，太阳用"脸红起来了"。

师：好，请坐。他刚刚有个字念错了！——哪一个？"水涨（zhàng）起来了？"

生（集体）："涨（zhǎng）"。

师：对。刚刚音读错了。不是"肚子胀（zhàng）"的"胀（zhàng）"啊，是"涨（zhǎng）起来了"，第几声啊？

生（集体）：第三声。

师：把它纠正过来。——"水涨（zhǎng）起来了"。"山朗润起来了"。这个"朗润"，我们没有碰到过，什么含义？看一下注解："朗润"。×××（指定学生）讲一下。

生21：润泽。"朗润"，解释为明朗、润泽。

师："朗润"解释为明朗、润泽。为什么？因为春天来了！这个"明朗"跟"润泽"，到底是怎样一幅情景呢？请同学们看这一张画：（展示月历片山景彩色照片）"山朗润起来了"——"朗"，就是阳光照在上面，明亮起来，"润"，因为春风吹遍，我们刚刚不是背过"春风又绿江南岸"？春风一吹，山上怎么样啊？山清水秀，景色朗润。我们没有学过这个词。我们看一看，（再展示月历片山景彩色照片）它既有润泽的意思，还有阳光照在上面的明亮的意思。噢，前天我们外语课发了一套《Look and say》，这里头第 140 幅那个图画。课后看一看。它是要同学们认清"hill"这个字——山。那个山，就是润泽的样子。我们课后对照起来看,就知道了,第140幅。"水涨起来了"。冬天的水是怎样呢?

生(部分):结冰。

师:结冰。噢,想到结冰。冬天的水是什么样啊?

生(部分):枯了。(教师板书:枯)

师:春天,水就满了。你想想看。

生22:(应声说)涨潮了。

师:喔,对——对,涨潮了。我们不是读过:"满川风雨——"

生23:(紧接着说)"看潮生。"

师:啊!对了。有个同学已经想出来了:"满川风雨看潮生。"冬天的水是枯的,春天的"水涨起来了,太阳的脸红起来了"。这个"红",用得非常好!为什么?我们可以从比较当中理解这个词。用得非常准确!冬天的太阳怎么样?(学生低声议论)想想看,为什么说这个"红"字用得很好呢?这个"红"——就绘出春天啊!冬天的太阳怎么样?想想看。

生(部分):白的。(有的):黄的。(师、生笑)

师:冬天的太阳是白的,所以春天的太阳是红的?这个"红",是不是就是写颜色呀?

生24:冬天的太阳没有温暖。不仅写太阳的颜色,也写了太阳的温暖。

师:×××(指生24)讲:冬天的太阳没有温暖——没有温暖?(师、生笑)就是热量怎么样?

生(集体):比较弱。

师:那么春天的太阳呢?我一开始不是讲了阳光——

生(集体):明媚。

师:明媚,就红起来了,给人们非常温暖的感觉。所以这"朗润"——"涨"——"红"起来了,非常确切地描绘了春天的山、水、太阳。

我们读一遍,把它背出来。"一切都像刚睡醒的样子,……"自己读,读了我们马上背。

(学生各自轻声朗读第2段。)

好,我们一起背背看。预备——起。

(生齐背第2段)

师: 好,这一段背是背出来了,但是有一个字总是读不准——哪一个字呀?"涨(zhǎng)"。

生(集体):"涨(zhǎng)"。

师: "涨(zhǎng)"。好,跟我读一读"涨(zhǎng)"。

生(集体):"涨(zhǎng)"。

师: 水涨(zhǎng)起来了。

生(集体):"水涨(zhǎng)起来了。"

师: 注意啊,别再读错了!重来一次,再背一遍。"一切……"预备——起。

(生再齐背第2段)

师: 好,这一段总写了以后,(指板书"总写")立刻写山、水、太阳。然后呢,一步一步地写得很细、很细。我们看:接下来第3段是写小草。这节写得很细。你们要了解怎么细写,请一个同学把小草这一节读一读。谁来读?

生25:(朗读第3段)"小草偷偷地从土里钻出来,嫩嫩的,绿绿的……风轻悄悄的,草软绵绵的。"

(有些学生对某些读音低声议论)

师: 喔,她读的时候很注意,读的语气很柔和,就是一些字读不准。嗯,"草"不要翘舌的。"小草偷偷地从土里钻(zuān)出来",不是"钻(zuàn)"。"嫩嫩的"——"嫩(nèn)"。请同学们看,写小草怎么写的?一开始啊,就写出它的很旺盛的生命力!大家看,用哪一个词表现的?

生（集体）："钻"。

师：好，把它圈出来。一开始就写它的旺盛的生命力——钻出来！很强的生命力，从泥土里头钻出来。这个词用得非常好！春回大地啊，人盼望着春天，草呢？

生（集体）：也盼望着春天。

师：也盼望着春天。我说先是写生命力；接着呢，你们看，就写这个草是"嫩嫩的"。"嫩嫩的"——是写它的什么呢？

生（部分）：形象。

师：形象。对吗？"嫩嫩的"，写它的质地。"绿绿的"是写什么呢？

生（集体）：颜色。

师：颜色。刚刚是写生命力——它的旺盛的生命力；然后呢，再描绘它的质，再描绘它的色。（在板书"分别描述"之后，板书：生命力、质、色。）接着看：（朗读）"园子里，田野里，瞧去，一大片一大片满是绿的。"喔，这个"满"字用得很好！满是绿的！这句写什么呢？

生（部分）：很多，很多。

师：呵，是写很多很多，就好像××作文里写的什么？

生（集体）："绿满天下"。

师：这是它的"满"的范围，怎么样？（在板书"生命力、质、色"之后，板书：范围）

生（集体）：很广。

师：这个范围呵，你们看，具体是怎么写的？——怎么叫细呢？是从它的生命力，从它的质，从它的色，从它"满"的范围来写。还不够，人没有辜负春色，没有辜负小草长得这么好，所以怎么呢？你们看——我们一起读："坐着，躺着，……捉几回迷藏。"预备——起。

师、生（集体）：（齐读）"坐着，躺着，……捉几回迷藏。"

师：草长得这么好，人怎么样？很欢乐。我们下星期要去春游，去体会体会：在这个柔软的草地上，打两个滚，踢几脚球呵，赛几趟跑呵，捉几回迷藏呵，味道是很美的。接着我们看，还具体描绘了什么？我们一起读，预备——起。

师、生（集体）：（齐读）"风轻悄悄的，草软绵绵的。"

师：又写草了，"软绵绵的"。——写它的什么？

生26：（接着说）姿态。

师：喔，写姿态。××（指生26）说得很好，是写它的姿态。（在板书"生命力、质、色、范围"之后，板书：态）它的姿态怎么样？——"软绵绵的"。平时，同学们写作文，有时候感到写不出来，这个草嘛，就是草了，哪有那么多东西好写？你们看作者写春天的小草，写得那么多，而且写得那么细！——写得很传神。你们有没有这种感觉，每天走进这个校园里，知不知道这杨柳什么时候绿的？知道吧！〔生（部分）：不知道。〕都好像没有感觉到，没有看到它怎么又绿了，又大起来了。因此这儿用了一个什么词呢？

生（集体）："偷偷地"。

师："偷偷地"。这"偷偷地"，是不是那个"偷"的意思？〔生（集体）：不是。〕那么，是什么意思啊！

生（部分）：悄悄地。

师：悄悄地，不知不觉地。——在人们不知不觉当中，小草钻出来了。确实就是这个样子！所以，这里写得非常细。——我说，描绘得很细。这就因为是从各个角度，从多方面来描绘，写它钻出来的旺盛的生命力；写它嫩嫩的质；写它绿绿的色；写它的园子里，田野里，瞧去，一大片一大片满是的。然后再写人与草的关系。这样，小草长出来后，人们非常高兴，当然孩子们更高兴，有趣的是"打两个滚，踢几脚球，赛几趟跑"，还做什么啦？

生（部分）：捉迷藏。

师：喔,对,"捉几回迷藏"。只有孩子会捉迷藏,大人不会捉迷藏,对吧?然后还写:"风轻悄悄的,草软绵绵的。"所以,我说这里写得非常细!好,现在我们再请一个同学朗读一下。(指定学生)×××——她在朗读的时候,其他同学默读,把它背出来。

生27:(朗读)"小草偷偷地从土里钻出来,嫩嫩的,绿绿的,……风轻悄悄的,草软绵绵的。"

师：好。

生28:应该是"打两个滚",他说打几个滚。

师：还有吗?

生29:"风轻悄悄的,草软绵绵的",她读成"风悄悄的,草软绵绵的"。

师：喔,应该是"风轻悄悄的,草软绵绵的。"对,还有什么吗?(学生举手)还有什么读错的?

生30:"嫩嫩的",她说"嫩嫩地"。

师：好。

生31:应该是"嫩嫩的(de)",她读成"嫩嫩地(di)";应该是"绿绿的(de)",她读成"绿绿地(di)"。

师：那么,你把它归纳一下,好不好?——它们是什么词?

生31:结构助词。

师：结构助词。这里她(指生27)读错了,应该读什么?

生(集体):"的(de)"。

师：我们现在再请一个同学来读读看。

生32:(朗读)"小草偷偷地从土里钻出来,嫩嫩的,绿绿的,……风轻悄悄的,草软绵绵的。"

师：基本上读对了。现在我们自己读,读了背出来。(学生各自轻声朗读。教师巡视、指导)好,我们一起背背看——一起背背看。"小草……"预备——起。

(生齐背第3段。教师依学生背诵的内容,分别指板书"生命力""质""色""范围"和"态")。

师：(有的学生把"打两个滚",背成"打几个滚")为什么这个"打两个滚"容易错呢？因为后面,都是"几"。你看看——仔细看看："踢几脚球……"

生（部分）：(紧接着说)"赛几趟跑。"

师："赛几趟跑。"

生（部分）："捉几回迷藏。"

师："捉几回迷藏。"所以就以为都是"几"了！实际上,——是"打两个滚",它是"两"。记好了！好,再背一遍。"小草……"预备——起。

(生再齐背第3段)

师：好。下面我们就学第4段。小草在春天是如此的美啊！那么下面呢,就是花呀,树呀……,也是写得很细。请你们自己分析分析,为什么说写得很细呢？先写什么？后写什么？再写什么？自己读,读了分析。(学生各自低声朗读第4段)好,刚刚××同学问了："赶趟儿"是不是就是"赶集"？——刚刚不是有同学问了这个问题吗？什么是"赶趟儿"？〔学生低声议论。生(有的)："赶趟儿"是争着凑热闹。〕噢,××,(指生33)(生33：我照别的同学讲的。)你跟同学讲的？我还没有听到呐,你说说看。

生33：凑热闹。(学生笑声)

师：(笑)凑热闹——哦,凑热闹。"赶趟儿"究竟是什么意思？凑热闹。有道理,不是完全不搭界的。"赶趟儿",这是北方话,我们南方没有这种话。"赶趟儿"——争先恐后地,赶上什么？赶上趟儿。"趟",就是这一趟。××同学(指生11)问,是不是就是"赶集"的意思？如果是赶集,为什么不用"集"呀！(学生议论)是不是"赶集"呀？"集"是什么意思呀?

生(集体):集市。

师:哦,集市。赶集——人赶集,去买东西或卖东西,叫赶集。这儿不是赶集。"赶趟儿"呢,就是我们刚刚讲的:争先恐后地,要赶上这一趟儿。——这一趟儿。这里就是赶上什么啊?

生(集体):春天。

师:哦,对。大家理解得很好。赶春天,赶春光,因此就出现一个百花争春的景色。(板书:百花争春)百花争春,把这个"春"换一换,还可以用个百花——什么?

生(集体):百花争妍。

师:讲得好,百花争妍。(板书:妍)这"赶趟儿"就是都要来凑热闹——百花争春,百花争妍。这个可以理解了吧?下课以后,休息一下。

第 二 课 时

师:现在我们分析第4段。×××同学,(指定学生)请你讲讲看,这一段先写什么?后写什么?再写什么?大家听仔细。

生1:这一段先描写树,然后描写花,再描写蜜蜂、蝴蝶和野花。

师:怎么具体描绘的呢?

生1:描写树是:"你不让我,我不让你";描写花"红的像火,粉的像霞,白的像雪。花里带着甜味儿";描写蜜蜂、蝴蝶"成千成百的蜜蜂嗡嗡地闹着,大小蝴蝶飞来飞去";描写野花"野花遍地是:杂样儿,有名字的,没名字的,散在草丛里像眼睛,像星星,还眨呀眨"。[把"眨(zhǎ)"读成"zǎn"]

师:还什么?"zǎn"呀"zǎn"的?(学生低声笑。教师微笑)"眨

(zhǎ)"，"眨(zhǎ)呀眨(zhǎ)的"。注意！她刚刚说的，你们看：这个程序对吗？〔生（部分）：对。〕先写什么？后写什么？再写什么？很清楚。写树、写花，漏掉了一个——花以后是写什么呢？

生（部分）：果。

师：对了，写果。看到了没有呀？她把果漏掉了。对吧？"闭了眼，树上仿佛已经满是桃儿、杏儿、梨儿。"——这就是写果。然后呢，就是写花下的蜜蜂、蝴蝶，遍地的野花。她讲得好，就是漏了一个。另外具体描绘的时候，她把有关的语句读了。你们分析一下看，写树，满开着花，写了它的什么？——"你不让我，我不让你"，这是写了什么？

生（部分）：争春。

师：对了，争春的情况。（板书：争春）"你不让我，我不让你"，大家都要怎么样？"赶趟儿"，而且是开满了花，"赶趟儿"。这就写出了热闹的情景，——

生（部分）：繁花似锦。

师：好，很好。繁花似锦。（板书：繁花似锦；并展示繁花似锦的彩色图片）大家都挤着，大家都要开，都要开得满树——繁花似锦！开得——你看：满树都是桃花、梨花，繁花似锦！你数得清吧？多少朵花呀！先写它争春。接着就写它什么？

生（部分）：色。

师：色。怎么写的？

生（部分）："红的像火，粉的像霞，白的像雪。"

师：是写颜色，大家都很清楚了。像火、像霞、像雪。接着，还写什么？我请一个同学讲得完整一点？从哪些角度写的？别人补充，好吧？——从哪些角度来写的？

生2：先写树，开满了花，接着写颜色——花的色，味，再写果。

师：先写花的色、味，再写果。（板书：色、味、果）

生2：接着写花下的蜜蜂、蝴蝶。

师：好，你说。

生3：遍地的野花的姿态。

师：花下的蜜蜂、蝴蝶。（板书：花下……）然后，再写遍地野花的姿态。（板书：野花姿态）好，坐下。还有补充的吧？对不对？[生（集体）：对。]好，基本上我们分析出来了。写树的争春。写开花嘛，繁花似锦嘛，写它的颜色，这个颜色——色彩怎么？

生4：鲜艳。

师：鲜艳。再换。

生5：艳丽。

师：艳丽。（板书：艳丽）再换。

生6：绚丽。

师：绚丽。（板书：绚丽）艳丽、绚丽，色彩呀非常鲜，非常美。然后呢，写这个花呢，还有什么？

生（集体）：味。

师：味。这个味道是什么呢？

生（集体）：甜味。

师：甜味——"甜味儿"。你看：笔笔扣住春天！这个时候，结果了没有？[生（集体）：没有。]所以，用了个什么词语来表达呢？

生（集体）："仿佛"。

师："仿佛"——满树已经是结了果。"仿佛"，很重要，注意！如果说这时候已经结了果，那就不符合实际。所以一定要用"仿佛"。接着就写"花下"。花下写蝴蝶、蜜蜂。我说这里，有个词用得非常好！一个词呀，就把热闹的情景写出来了！是什么呀？

生（集体）："闹"。

师："闹"！这个"闹"字呀，本来在我们诗词里头就有："红杏枝头春意闹"!"闹",写了个杏树呀,"红杏枝头——"。(板书:红杏枝头春意闹)好,把这个句子记下来。噢,这是写杏树,"枝头春意闹"。杏树它会有声音吗?没有的。这个"闹"字,就把春天的什么——"繁花似锦"的热闹气氛都刻画出来了!这里是写蜜蜂的"闹"。蜜蜂是怎么样呢,"嗡嗡地"——"嗡嗡地闹着",就是写这个热闹的情景。蝴蝶怎么样呀?花下大大小小的蝴蝶在穿梭,"飞来飞去"。我们再看下面讲的野花。野花遍地都是,满野都是。对这个野花是怎样写的?"杂样的,有名字的,没有名字的"——叫不出来的。对吧?我们校园里头花虽不多,但有不少是叫不出名字来的"杂样儿"。这里头是怎么来写花的姿态的呢?请同学们注意:刚才有个字读错了,要纠正,不是"散(sàn)",应该读什么?

生(集体):"散(sǎn)"。

师:"散(sǎn)",第三声。注意呀!给它注上音。"散","散在草丛里像眼睛,像星星,还眨呀眨呀的。"这个意境有吧,你们想一想看?〔生(部分):有。〕为什么会眨眼睛,像星星?(学生举手)好,×××,你讲。

生7:风吹了,野花就像摇头一样。

师:喔,他说,风吹了,野花就像摇头一样,因此就"眨呀眨的"。对不对呀?〔生(集体):对。〕好,请坐。理解得对的。所以这里有一种写法,我们又可以学习的,没有明写风,但是写风了没有呀?〔生(部分)没有。〕——没有写?有风无风呀?〔生(集体):有。〕有风了,风的描写就寓在其中了。——没有明显写风,但是,这个风的味道呀,已经寓在其中了。为什么呢?你们想想看,怎么会眨呀眨呀的?风吹过来吹过去。你们再想一想,这个时候,天上有什么?

生(部分):太阳。

师:噢,有太阳。阳光照着的时候,这花怎么样?

生(集体):很亮。

师：噢，很亮，"散在草丛里像眼睛，像星星"，风吹的时候呢，一会儿看见了，一会儿又看不见了，因此，"眨呀眨的"。写风，寓在其中，没有明写，我们就知道了。没有明写阳光，但是，阳光写了没有？也写了，也寓在其中了！所以这个写法很高明。不仅"像星星"，而且这个比喻跟上头的什么是呼应的呀？你们看野花怎么样？

生（部分）："遍地是"。

师："遍地是"。天上的星星怎么呀？

生（部分）：数不清。

师：数不清，对吧。这野花遍地是。所以这个比喻是很确切的。一个写其多，"像星星"，对吧？还有一个写其亮，"像眼睛"。我们基本上能够分析出来了。我说这样写还有一个特点，它的层次很清楚。你们看这幅景色呀，层次很清楚。你看看是怎样的层次？

生8：先写高的地方。写树：桃树、杏树、梨树。再写中间的。

师：噢，再写中间的。中间的是什么呢？

生8：中间的花、果。

师：再写呢？

生8：花下的蜜蜂、蝴蝶。

师：花下的蜜蜂、蝴蝶。

生8：地上的野草。

师：地上的野草呀？

生8：野花。

师：地上的野花。你分析得很好。这里写的景很有层次。它先写整个树的情况，再写树上的花；然后写花下的蜜蜂、蝴蝶；最后写遍地的野草——不，讲错了，遍地的野花。所以，在我们面前描绘出一幅美丽的图景，有声有色！声音是什么？

生（部分）："蜜蜂嗡嗡地闹着。"

师:"嗡嗡地闹着。"有声有色! 我们理解了。写得多细! 而且多有层次! 就好像画画一样,前头画什么,后头画什么,高的画什么,低的画什么,当中又怎么画? 都应该笔笔交代清楚。现在,自己读,读得能把它背出来。(学生各自轻声朗读;教师巡视、指导)我们试试看。梨树、杏树……预备——起。

生(集体):"桃树、杏树、梨树……"

师:我讲错了。噢,重来。"桃树、杏树、梨树……"

生(集体):(齐背)

师:这里有一句,读的时候、背的时候注意:"花里带着甜味儿。"好,我们再来背一遍。

(生再齐背第4段)

师:好,接下去,我们看第5段。第5段是写什么的呢?

生(部分):风。

师:写风。一开始呐,写风的时候就引用了——

生(部分):宋朝志南和尚的诗句。

师:噢,志南和尚的《绝句》。我们背背看,志南和尚的《绝句》。预备——起。

生(集体):"古木荫中系短篷,杖藜扶我过桥东。沾衣欲湿杏花雨,吹面不寒杨柳风。"

师:好,我们过去在早读课上读了他的《绝句》,其中有一句名句:"吹面不寒杨柳风"。你看,今天碰到了! 这里运用进去了!"吹面不寒杨柳风"。这里写风了。我们看,这里是怎样写风的呢? 这里写风呀,是写风的姿态,(板书:态)然后再写风里夹着很多味道。(板书:味)请同学看看,写风的姿态是怎么写的? 请同学们找出:写风的姿态的关键的词。

生9:"抚摸"。

师："抚摸"是什么意思？

生9：抚摸就是吹到脸上。

师："抚摸"就是吹到脸上？他这样说是有道理的，但是，"抚摸"不能直接解释吹到脸上吧？想想看，谁来帮助他一下。

生10：（腼腆地）轻轻地摸着。

师：没有什么难为情的；讲错了也没有关系，你看，脸还红了。轻轻地摸着。风吹的时候，你用另外的词讲讲看。（学生轻声议论）

生10："清风拂面"。

师："清风拂面。"可以吧？可以的。"拂"，轻轻地擦过。好，写姿态是"抚摸"，是"清风拂面"。风里带着哪些味道？

生11："风里带来些新翻的泥土的气息，混着青草味儿，还有各种花的香，都在微微湿润的空气里酝酿。"

师：你能不能讲一讲，这个风里有怎样的泥土气息呢？

生（集体）：新翻的。

师：新翻的。混着青草味儿，还带着各种花的香味，你们能用一个词来说明风里是什么味道吗？这大概比较难了！想想看，各种花的味是很香的，青草味是很香的，新翻的泥土味也是很香的。

生（部分）：芬芳。

师：好，芬芳。说明这香味是很浓的，各种花的香，有人能想得出来吧？（学生低声议论）芬芳——有一个人讲出来了："芬芳馥郁"。（板书：芬芳馥郁）很香，各种各样的香：那么多花的香，春天青草味儿的香，新翻的泥土的香。——芬芳馥郁！好像风也是香的，充满了芬芳。这个味儿，就是充满着芬芳馥郁的味，"它们都在微微湿润的空气里酝酿"。"酝酿"本来用在什么地方的？

生（部分）：造酒。

师：嗯，造酒、酿酒的过程。这里是什么意思？（学生低声议论）就是各种香混合在一起,飘过来——随着风飘过来;飘过去——随着风飘过去,而空气又是润湿的,不像冬天那么干燥。作者抓住春风的特点来写。而且,写春风特点的时候,把别的景物都带进去了。花呀,草呀,泥土呀,都带进去了!这个写法很高明。接着,我们看写鸟,在我们眼前又是另外一幅情景。你们看看,"巢"是什么意思?"巢"?

生(部分):鸟窝。

师:鸟窝。鸟儿把窝"安在繁花嫩叶当中"。我们看:写鸟,着重写什么?

生(部分):嗓子。

师:对,写它们的嗓子。你看,前面是写颜色。刚刚上节课一开始,××背的"两个黄鹂鸣翠柳",写黄鹂的什么?黄颜色。还写了什么?鸣叫——这里主要是写它们的什么?

生(部分):声音。

师:鸣是声音,是叫。写鸟呢?主要是写声音。请同学们看,作者是怎样细致生动地描绘鸟的声音的?

生12:"呼朋引伴地卖弄清脆的喉咙,唱出宛转的曲子,跟轻风流水应和着。"[把"应和(hè)"读成"应 hé"]

师:"应和(hè)着"。一起读:"应和(hè)着"。

生(集体):"应和(hè)着"。

师:"卖弄清脆的喉咙,唱出宛转的曲子"——写清脆的喉咙,宛转的曲子,你们看,这里写一只鸟的声音,还是写好些只鸟的声音?[生(集体):好些只鸟的声音。]你怎么知道?

生(部分):"呼朋引伴"。

师:什么叫"呼朋引伴"?

生13:叫朋友,引伙伴。

师:叫朋友,引伙伴。就是叫着,叫了很多鸟一道来,这个叫"呼朋引伴"。这里面写声音,就是写鸟鸣吗?写了多少种声音?

生 14:写了三种声音:鸟的歌声,轻风流水声,还有牛背上牧童的短笛声。

师:他说写了三种声音。有补充吗?

生 15:写了四种声音:鸟的歌声、风的声音、水的声音和牛背上牧童短笛的声音。

师:噢,他把轻风、流水的声音分开来,好的。

师:你看牧童笛子的声音怎样呀?

生(集体):嘹亮。

师:鸟的歌声和轻风、流水的声音怎样呀?

生(集体):应和。

师:应和。"应和"是什么意思?

生 16:声音和声音相应。

师:声音和声音相应,就是此唱彼和。这里唱,那边和。

生 17:此起彼落。

师:此起彼落,是可以呀。但是,"应和"的意思呢——唱与和。××(指生 17)讲了,"此起彼落"。×××(指生 16)唱了,××(指生 17)和了,(学生笑声)此唱彼和,此起彼落。这里有鸟的声音,有轻风的声音,有流水的声音——叮叮咚咚,对吧?那么还有牧童的短笛所吹的声音——响亮的声音,我说这些声音应和着,就构成了一首非常动听的——

生(部分):交响乐。

师:什么交响乐?

生(部分):自然交响乐。

师:什么交响乐呢,自然交响乐?

生(部分):春天的交响乐。

师：对，春天的交响乐，构成一首春天的交响乐！理解得很好。鸟呀，风呀，水呀，牧童的短笛呀，这些声音是非常和谐的，此起彼落的，此唱彼和的，就交织成一曲非常动听的春天交响乐！这里写得很细致，很生动，很生动！（板书：生动）从风写到味；从味写到鸟；从鸟写到轻风、流水、短笛。现在请××把这段朗读一遍。

生18：（朗读）"'吹面不寒杨柳风'，……像母亲的手抚摸着你。"（把"抚摸着你"，读成"抚摸着我"。学生笑声。）

师：（微笑）重来，重来。"'吹面不寒杨柳风'……"

生18："'吹面不寒杨柳风'，……这时候也成天嘹亮地响着。"

师：好，请坐。有字读错吧？

生19："呼朋引伴地卖弄清脆的喉咙"，她把"卖弄"读成"买弄"。

师："卖弄"，不是"买弄"。"卖""买"不分了。"卖弄"什么意思？

生20：显示自己。

师：显示自己。对了，××（指生20）讲得很好。显示自己——"卖弄清脆的喉咙"。我们自己读两遍。（学生各自轻声朗读第5段；教师巡视、指导）好，我们再看下面第6段："雨是最寻常的……"这儿是写雨了。写雨着重是写形态。你们看看，这雨的形态是什么？能不能找一个词或两个词，把这个雨的形态讲出来。看谁找得准！

生21："像细丝"。

师："像细丝"。看，"像细丝"，这是写"细"。

生22："密密地斜织。"

师："密密地斜织"是写"密"。你们看看，这个雨的形态，把两个人（指生21、生22）讲的综合起来，×××，你讲。

生23：细和密。

师：写它的细和它的密。对吧？密得像什么？

生（集体）："像牛毛。"

师：细得像什么？

生（集体）："像花针。"

师："像细丝"，"密密地斜织着"，为什么"斜"？

生（部分）：有风。

师："密密地斜织着"，这是写雨的形态。接着就写雨中的房屋，雨中的树，雨中的草，雨中的人，这些我们都容易理解。现在我们请一个同学，把这一段朗读一下，你们看，雨中屋子是怎么样的？雨中的人是怎么样的？雨中的树和草是怎么样的？好，谁来读？

生24：（朗读）"雨是最寻常的，……可别恼"。[把"恼（nǎo）"读成"nào"]

师："恼（nǎo）"。重来。

生24：（重读）"雨是最寻常的，……在雨里静默着。"

师：好。刚刚讲雨的形态的特点，接下来写雨中的屋。屋，首先是屋顶上。刚刚有个同学提出了个问题："全笼着一层薄烟"是什么意思？"一层薄烟"，什么意思？

生（部分）：像云雾一样。

师：为什么像云雾一样呢？

（学生低声议论）

师：对，雨下得紧，是写雨中屋顶的情况。细雨蒙蒙，所以，屋顶上好像有一层薄烟。我们再看，雨中的树叶有什么特点？

生（集体）："绿得发亮"。

师：对。写得好！"绿得发亮"！树在雨中洗了以后，叶上什么没有了？

生（集体）：灰尘。

师：对。我们再来看，雨中的草呢？

生（集体）："青得逼你的眼。"

师：哪个词用得好？

生（集体）："逼"。

师：对。这个"逼"字说明什么呢？

生（集体）：刺眼。

师：很刺眼，"逼你的眼"。大家理解得很好。你们想想看，王安石的《书湖阴先生壁》，诗中有一句话，还记得吗？

生（部分）："两山排闼送青来。"

师：已经想起来了，"两山排闼送青来"。这两座山好像把门逼着推开以后，把"青"送来了。接着我们看，写雨中还用什么来衬托呀？灯光，"黄晕的光"，给人以温暖的感觉，"烘托出一片安静而和平的夜"。雨中还有人。这些人是怎么样的？

生（部分）："慢慢走着。"

师：慢慢走着。有的呢？

生（集体）：工作。

师：工作。那么，雨中他们的房屋怎么样？

生（集体）："稀稀疏疏的"。

师："稀稀疏疏的，在雨里静默着。"前面是写的"闹"呀，这里是写的——

生（部分）：静。

师：对吧，绘声绘色，还加上绘动绘静。（板书：声、色、动、静；并在前面板书：绘）我们刚刚讲了很多的，是描绘的声音，描绘的颜色，写了动态；这里又写了静态，"安静而和平的夜"。但是路上、桥边，还有慢慢走着的行人；地里，还有在劳动的农民。安静和平的夜。雨中的房屋呢，是"稀稀疏疏的，在雨里静默着"。有静有动，笔笔都是紧扣春天来写的。好，现在我们一齐来朗读一遍。

（生齐读第6段）

师：这第 2～6 段呢，都是着重写景，当然在写景里也写了人，对吧？可是到了第 7 段，着重写什么？

生（部分）：人。

师：人。在春天是百花争春——百花争春，万象更新。（板书：万象更新）我们从 2～6 段里看到的都是万象更新。这前面是写大地回春。回春以后是什么情景，不管是山呀，水呀，草呀，树呀，花呀……大自然的一切情景，都是万象更新——万象都披上了新装。在如此细致地描写景物以后，就着重用一段写人，写人在春天的情景。那么我们看看，这里写了只几笔，就天上、地上都写到了。

好，请一个同学把这一段读一读。

生 25：（朗读）"天上风筝渐渐多了，……有的是希望。"

师：好。你们看看，天上，放风筝了，是春天了；地上，人也都是争春的，也是"赶趟儿"的。从哪些角度来写人争春？

生（部分）："一个个都出来了。"

师：一个接着一个出来了。

生（部分）："城里乡下。"

师：对，"城里乡下"。

生（集体）："家家户户，老老小小。"

师：（朗读）"城里乡下，家家户户，老老小小，也赶趟儿似的，一个个都出来了。舒活舒活筋骨，抖擞抖擞精神，各做各的一份儿事去。"在这里就点出了一句话——

师、生："一年之计在于春！"

师：什么叫作"一年之计在于春"？

生（部分）：一年中最好的是春天。

师：一年中最好的是春天。这个"计"怎么解释？

生（部分）：计划。

师：计划。一年中要做的事情,一年的计划,在春天怎么样?要好好地打算打算。这就告诉我们:干事情要抓紧什么呢?

生（部分）：时间。

师：抓紧时间,抓紧开始。"有的是工夫",这"工夫"是什么意思?

生（部分）：时间。

师：时间。注意呀,它是没有一个"力"的,看到吧?这个"工夫"是时间。有的是时间,"有的是希望"。这儿只是寥寥几笔,也就描绘出了人们在春天生机勃勃的情景。前面细致地写出了春光无限好,万象更新。这儿几笔呢?写出了人们在春天的神情,有景有人,勾出了一幅春光无限好的美景!这一个部分：绘春,（指板书"绘春"）是全文的重点。你们看,对吧,描绘春天是绘声绘色,绘动绘静,而且呢,细致描绘的时候,还绘了什么啦?

生（部分）：情态。

师：还绘神绘态。所以这个描绘非常细致,而且语言非常生动。譬如说,写草的生命力,用什么?

生（部分）："钻"。

师："钻"。写热闹的气氛?用——

生（部分）："闹"。

师："闹"。写小草的青用什么?

生（部分）："逼"。

师："逼"。这都是用得非常好的,很准确。细致的描绘来源于什么?

生（部分）：观察。

师：对,细致的观察。如果我们视而不见,能写得这么细吗?〔生（集体）：写不出。〕还有一个原因,观察细致以后,还要怎么样?

生（部分）：表达出来。

师：还要表达。那么，就要积累什么呢？

生（部分）：词语。

师：积累词语。所以平时要很仔细地读书，积累词语，描绘起来就会生动了。写草的生命力，一个"钻"字就会蹦出来。对吧？在写静景的时候，写房屋，"在雨里静默着"就会出来。用词非常确切、生动，值得我们学习。在绘春之后，就颂春了。（指板书"颂春"）作者满怀喜悦的心情来颂春，但颂春的话只有三句。请一个同学读一读。

生25：（朗读）"春天像刚落地的娃娃，……领着我们上前去。"

师：请坐。作者用的什么手法来写的？

生（有的）：比喻；（有的）：拟人。

师：比喻还是拟人？

生（集体）：拟人。

师：请同学们考虑一下。这里的第一句："春天像刚落地的娃娃，从头到脚都是新的，它生长着。"写出春天的什么？——春意盎然（板书：春意盎然）[生（有的）：生意盎然。]生意盎然，好的。（板书：生意盎然）都可以，春意盎然，生意盎然。我们同学的作文里就可以用嘛。

好，还有几句话，我们把它看完。接着写它的花枝招展，写它的什么？

生26：写春天的美。

师：是写它的美，千姿百态。我们同学的作文里，不是写"姿态万千"吗？就是这个词语，对吧，千姿百态。（板书：千姿百态）

最后，写春天像青年一样。××，（指定学生）健壮的青年是怎么样？写它的——

生27：青春活力。

师：对，讲得很好！青春活力。（板书：青春活力）因此我说，这三个比喻呀，它是各有自己的内容。但是，又是互相联系的。你们看看，它有区别又有联系。你们看区别和联系在什么地方？一个是写生意盎然，另一个写千姿百态，再一个写青春活力——有区别吧？〔生（集体）：有区别。〕有区别。但是，它们又是有联系的。你看看，它先写春天像什么？

生（部分）：娃娃。

师：娃娃。然后呢？

生（集体）：小姑娘。

师：小姑娘。然后呢？

生（集体）：青年。

师：青年。这个联系很清楚的。对吧？是从不同的角度来写的。另外呢，它是从春天本身的怎么样来写的？

生（部分）：成长。

师：春天本身也在成长。因此，春天从"刚落地的娃娃"，成长为"小姑娘"，再成长为——

师、生："健壮的青年"。

师：这个比喻是非常确切的。这篇文章就是从带着十分向往的心情迎春，到最后，以十分喜悦的心情——

师、生：（齐声）颂春。

师：在我们眼前展现的是春光无限好的景色！同学们回去背诵。开头背出来了，后面几段还没有背出来。要把全文背出来，仔细体会朱自清先生文章的用词造句的妙处。他写的这篇文章，很清新，就好像小河里的水流淌下来一样！这些词句都从他的笔端流淌出来，我们要好好地学习，怎么样抓住景物的特点来写。他是笔笔扣住春天的景物特点来写的。我们学完以后，要写一篇抓住景物特点来描写的文章。今天课后没有书面作业，全文要朗读背诵。

中学语文备课手册

第四单元教学设计

初中语文教材第一册

本单元四篇课文,是著名作家描绘秋、冬、春、夏四季景色的写景状物记叙文,依靠仔细的观察和精心的构思,抓住各自所写的景物的特征并运用恰当的修辞手法表现景物具体情状。

《香山红叶》取的是一个点——蕴蓄着最浓的秋色的红叶,描写采用的是记游顺序:在游览香山的过程中层层铺展红叶与像红叶一般的人的形象。

《济南的冬天》从总体取材,描写采用的是排写顺序:选取几件最能反映济南冬天特征的景物一一描述。

《春》也是从总体取材,描写采用的是总分顺序:先总写春景的轮廓,然后分写春草、春花、春风、春雨等各种景物。

《海滨仲夏夜》取的是一个侧面——最能表现海滨夏曰幽美夜晚的景物。描写采用的是变景顺序:从夕阳落山不久的霞光、夕阳西沉后夜色初起时的灯,一直写到幽美夜色里的海边漫步。

(一) 单元教学要求

1. 以范文所写的自然美景和艺术上的精巧构思、精美语言和真挚情致,激发学生热爱祖国美好河山的感情,培养他们积极有为、奋发向上的精神,提高他们的语言艺术素养和审美能力。

2. 借范文的实例启发、引导学生对自然景物进行细致的观察,并教给他们观察的方法,提高他们的观察能力。

3. 学习特征分明、顺序井然的景物描写方法。

4. 掌握绘景状物中的比喻、比拟等修辞手法。

(二) 单元教学方法建议

第一种方法,吟诵。

1. 体味。在正音释词以后,反复诵读、吟味,体会这四篇优美散文描绘的画意和渗透在字里行间的浓郁的诗情。

2. 朗诵。培养几位学生在班级同学面前进行表情朗诵(有条件的可录制配乐朗诵)。

3. 背诵。在这基础上,进行背诵。有些可整篇背诵(如《春》《济南的冬天》),有些可挑一些精彩的段落背诵。

4. 在背诵、朗诵的基础上,拟出若干"议论题"让学生从取景角度、描写顺序、语言特点等方面对范文进行议论。然后就其中较有体会的一两点作书面准备,逐题进行全班议论。在学生口议的基础上,教师逐点小结,并进行单元总结。

第二种方法,仿写。

1. 背诵。与"吟诵法"3同。

2. 仿写。背诵一篇后拟题仿写。

3. 评析。根据作文中反映出来的问题,进行范文的阅读指导。

4. 总结。在逐篇完成了"背诵—仿写—评析"后,进行单元总结。

第三种方法,比较。

1. 精读。在四篇范文中选择一篇。如《春》,进行精读,在精读的指导中注意适当扩大他们的知识面,为下面的教学创造条件。

2. 比较。将单元中的一篇,如将《济南的冬天》与精读的《春》进行对照,从取材、写法、语言等方面比较其异同。

3. 作文。范文比较后,学习范文的写法,写一篇绘景状物作文。

4. 总结。如此逐篇进行。写作练习后进行本单元的读写总结。

三种方法不是割裂的,可以穿插进行,也可以以一种为主体,吸收其他方法的特点。

《香山红叶》

【课引子】

取红叶咏秋色,借红叶抒情怀,似乎没有什么新奇之处。唐代诗人杜牧有"停车坐爱枫林晚,霜叶红于二月花"的名句;同代诗人戴叙伦也以"萧萧枫树林"为衬托,写屈原如沅水、湘江水流不尽的深怨;明人陈瓒在他的《香山寺》诗中,则以"清音递槛来从涧,秋色迎檐郁万枫"的诗句,绘出香山秋意浓重,枫叶流丹的画面。为什么同是取香山红叶的杨朔的散文,我们读了却感到新意扑鼻呢?主要是他绘香山红叶的意境是全新的。初见文题,总以为要着重描绘自然景色,对红叶大书特书了,哪知曲曲折折,在记游写景中竟伏着一条写人的线,全篇洋溢着炽热的革命感情,景物与人物都充满了生气,带着新时代的浓郁气息。

【教学目的】

1. 通过课文学习,使学生感受到祖国河山之美,人民心灵之美,社会主义新时代之美,在"越老越鲜红"的精神境界的熏陶下,培养蓬勃向上的生活朝气。
2. 学习散文托物言志、以景物托喻人物的写法。
3. 掌握以记游顺序组织人、景描写的结构方法。

一、教材研究

（一）背景简介

作者杨朔,我国当代著名作家,1913年出生于山东蓬莱市,原名杨毓瑢,字莹叔,1937年后改用现名。1968年8月,他惨遭林彪、"四人帮"的迫害,不幸逝世,年仅55岁。就在去世前的两个月,他还念念不忘写作,他激动地说:"我多么渴望写作啊!我要歌颂祖国和人民,写更多的新东西……"这发自肺腑的心声,是他毕生的创作态度,也是贯串他小说、散文等作品的思想红线。《茶花赋》《雪浪花》《荔枝蜜》《樱花雨》《海市》《香山红叶》等都是脍炙人口的名篇。他的散文具有浓郁的时代色彩和强烈的战斗精神,文章诗意甚浓。用他自己的话来说:"动笔写时,我也不以为自己是写散文,就可以放肆笔墨,总要像诗那样,再三剪裁材料,安排布局,推敲字句,然后写成文章。"这样的构思特点,在本篇中也表现得很鲜明。

(二)疑难词句举要与辨析

凑(còu)巧——"凑"的偏旁是"冫",不是"氵"。

明净高爽——色彩明朗、纯净,给人以高远、爽快的感觉。"净"的偏旁是"冫",不是"氵"。

三伏天——夏季最热的时期。夏至后第三个庚日起,三十天内为伏天;前十天初伏,中十天为中伏,末十天为末伏,总名三伏。

重(chóng)九——阴历九月九日。中国的旧习,这一天亲人、友人们要一起登高望远。

"慨(kǎi)叹"的"慨"不要读成、写成"大概(gài)"的"概"。

"叶脉(mài)"的"脉"不要读成"脉脉(mò)含情"的"脉"。

"香山红叶是北京最浓最浓的秋色"——意思是,香山红叶凝集了北京最浓最浓的秋色。

"有山就有水,有水就有脉,有脉就有苗,难怪人家说下面埋着聚宝盆"——从全文看,"苗"可能是指植物的苗;如果学生理解为矿苗,也不予以否定。

(三)重点难点讨论

1. 这篇文章是按什么顺序记叙的?

提示：按记游顺序记叙。第一部分，想看红叶。交代游山的目的、天气、人物。第二部分，寻找红叶，记游层次非常清晰：（1）上山前；（2）登山；（3）上半山亭；（4）游览其他风景后下山。第三部分，看红叶遐想，点明红叶托喻的含义。

2. 登山看红叶并没有什么复杂的情节和曲折的过程，文章却写得波澜起伏，饶有情趣。作者是用怎样的笔法造成这样的艺术效果呢？

提示：用了步步设置悬念的笔法。下笔点题道出要看红叶的心情，却宕开一笔，把老向导引到读者面前；与向导见面，却又宕开一笔，写乡村小饭馆的叙谈；谈到红叶的正题了，老向导却说"还不是正时候"，在曲折中形成悬念，使读者急于想知道山上红叶究竟红了没有。登山了，又宕开笔去写山路、古松古柏、双清泉水，只字不绘红叶；大家焦急之时，老人"一上半山亭，什么都看见了"的话又形成一个悬念；上了半山亭，大家陶醉在美景之中，竟然"都忘了看红叶"；忘了看，红叶却又呈现在大家眼前。

3. 见到红叶后，作者不写细看已红的叶，而写细闻未红的叶；老向导做导游四十年，对香山的一草一木都很熟悉，早先却偏偏没有闻见过叶香。游山观红叶的细节很多，作者为什么要在这里突出这两个细节？

提示：这一篇散文是人、景并写，尤以写人为主。写第一个细节，是为了用新的角度写红叶，显现未红的香山红叶蕴含的内在美；写第二个细节是为了引出一段抒情色彩浓郁的议论，从而进一步刻画老向导的形象。两个细节衔接自然，正是体现了景物描写和人物描写融为一体。

4. 久经风霜的老向导是个十分动人的形象，写他，主要是写了对话。请你具体说说：老向导的语言描写起了什么作用？

提示：一笔两用，既展现人物内心世界，又层次井然地介绍了香山自然风光。如"香山这地方也没有别的什么好处，就是高"，既直截了当地点破香山的特点,又挑明劳动人民质朴的本色。"这真是座活山啊。有山就有水,有水就有脉……"的慨叹,既是历经沧桑喜做主人的感情表白,又为满山红叶的出现做了铺垫。

5. 作者曾一再说,他写散文,总是努力要写出"更多的新东西",请你具体说,本篇在哪些方面表现了新鲜的笔意?

提示:(1)从内容看,这样题目的散文,从来都是记游写景的;本篇却将景物与人物合写,而以写人为主体,在自然景物的描绘后托物喻人,在导游过程的记述中层层展现人物的思想风貌。(2)从感情看,一反前人写秋的格调,通篇无些微肃杀冷峭之色,所用的均是明朗、清丽的笔调,流露的是勃勃的生机。(3)从结构看,文章所写的内容如风中杨花,忽而乡村饭馆,忽而山路攀缘,忽而离奇的传说,忽而现实的描绘,信笔所至,"飞"得是很散的。但所有这种种都顺着记游的顺序递现,借着红叶的悬念铺展,依着以物喻人、托物言志的构思思路组织起来,最后归拢到了表现时代气息、讴歌新时代主人的主题上,就像风中的杨花最后都飞落到春的大地上来了。

二、训练内容

(一)"思考和练习"的参考答案

1. 共同之处参见"深究问题"之一。这种以景喻人的表现方法使这个朴素的人物形象充满了诗意,引读者联想,令读者回味,深深印入人们的心灵深处。

2. 老人慢言慢语的第一句话直截了当地拎出香山的特点,而后这位白胡子老人絮絮叨叨谈的关于香山的传说,不仅富有形象,使香山蒙上神话的色彩,而且增添新意,发人深思。在点出香山山山水水来历的同时,展示风景区不同时代的变化,为下文的对比、议论埋下了伏笔。"这真是座活山啊。有山就有水,有水就有脉,有脉就有苗,难怪人家说下面埋着聚宝盆。"老人的慨叹是历经沧桑喜做主人复杂感情的表白,山—水—脉—苗，又为满山红叶的出现做了细致的铺垫。至于"真是香呢。我怎么做了四十年向导，早先就没闻见过"的话语更是饱含了生活的酸甜苦辣。这些话，一笔两用，既展现人物内心世界，使我们感受到老人心脉的跳动，又层次井然地介绍了香山的自然风光，使香山的景物历历在目。

3. 眺望　目睹　瞄准　俯瞰　瞻望　观赏

4. 据说，两千年前，古希腊的叙拉城遭到罗马人的侵袭。罗马人驾着帆船从海上前来进攻，可是城里只剩下老人、妇女和孩子。

满头白发的阿基米德急中生智，号召妇女们起来保卫自己的国家，叫她们拿出自己的镜子一同来到岸边。这时候，强烈的阳光照耀着大地，阿基米德叫大家用镜子把太阳光先反射到敌船上，集中在一面帆的中央。千百面镜子把阳光反射到一点上，奇迹出现了：上过油的帆着火了，帆船烧起来了，敌人惊慌失措，纷纷落水。

这个故事给了我们一个启发，太阳光是可以反射的。把大面积的太阳光反射到一点上，温度可以达到很高。根据这个原理，人们设计了许多"太阳灶"，它们有一个共同的名称，叫"聚光灶"。

(二) 综合能力训练

1. 下面两段学生习作片段，都是写的北京的红叶，请仔细比较一下，两段描写有什么不同？从观察事物的角度看，我们从中可以得到什么启发？

(1) 轻柔的春风拂不去我长途行走的劳累。然而，当我一跨进西山公园时，一株耀眼的红树便映入眼帘，它使疲劳的我顿觉精神振奋，它燃起我心里的希望。它使我不忍离去，站在树前出神地看了起来。它有梅树的奇崛，松树的刚劲。它的叶子是那么红，在绿树和蓝天的衬托下，看上去像一把正在燃烧的火炬，在阳光的照射下，似乎使近旁的一切都涂上了红光。我站在它身边,好像还感到一阵温暖呢!

(2)虽然已是深秋季节,可我刚爬了三分之一的山路,已是满头大汗,……登上了山顶,还没来得及喘气,在我的眼前忽然呈现出一片火红的景象。我忽然问:"这就是红叶吗?""对!"姐姐回答。只见在昏暗的天空中,在茫茫的山坡上,那一片片、一丛丛、一簇簇的红叶像一堆大火在熊熊燃烧。它仿佛照亮了我前进的道路,我顿时觉得眼前无限光明。

提示:季节不同、天气不同、地点不同、描写对象不同,因而所用的比喻和感受也不同。

观察事物时一定要细致,即使是类似的景物也要努力把握它们各自的特点。这样,写的时候才能写出真色、真态和真情来。

2. 写景不会是纯客观的冷漠的描写,其中必定寄托着作者的某种感情或某种思想。请你说一说下面各段景物描写中作者都寄托了什么?

(1)我站在扶栏旁,舒目四望:迎面是摩天高峰直刺云端,峰上古寺掩映,碧翠斑斓;脚下万丈深谷不见其底,谷中神妙幽美、流泉淙淙;白云缭绕在山腰间,轻柔的薄雾飞来荡去,松涛低吟着雄浑和谐的音乐……

(2)漫游山中,你会随处发现,这里草木的根全是扎在石缝间的,山间地势平缓地带生长着的高大乔木,根部土层不过三五寸厚。那些从峭壁上生出的松树,底下根本看不到一点泥,简直就是从石罅里钻出来的。有些松树近根部挤出岩缝时,只有碗口粗,径上反有盆口粗,再向上长就枝繁叶茂、苍劲挺拔了。这是很不平凡的生命现象,它使人骤然觉察到生命力的坚韧和顽强。

(3)马路边上长着一棵榆树,在榆树旁边有一棵紫藤,紫藤绕在榆树上生长着。

一天,台风到了,榆树倒了。于是,那棵紫藤也跟着倒下。

提示:(1)寓情——对祖国河山的赞美;(2)寓意——在艰苦奋斗中,山松表现了坚韧、顽强的生命力;(3)寓意——靠别人,自己不独立是危险的。

3. 教师朗读课文的最后一段,要学生静听、默记,说出这一段共有几句话,每一句说的是什么意思。(1)别人的感觉;(2)我的感受;(3)赞美红叶;(4)点明红叶所指。在这个基础上背出这一段。

三、教学建议

(一) 预习指导

1. 《香山红叶》这个题目的含义是什么?
2. 这一篇散文是记游的、写物的,还是写人的?
3. 这篇文章是按什么顺序记叙的?
4. 为什么要写老向导所说的那些话?这些话在文章中起了什么作用?

(二) 教材取舍

在本单元的四篇课文中,其余三篇都寓情于景,以景物描写为主,这一篇却是托物言志,既写景物又写人物,而以人物描写为主。因此,本篇难度最大,教学时应从初一学生的基础出发,以散文托物言志的方法及记叙顺序结构的基本特点等为教学的重点,尽量讲得实一点,而不必过多过深地去讲散文的意境、风格等初一学生难于理解的内容。有些描写,如红叶不红等,作者是有他的艺术表现意图的。对初一学生则可以避而不说,不必过细。

(三) 启迪思维,深究问题

1. 托物寄寓的艺术手法贵在贴切深刻,以本文的"红叶—老向导"

为例说说这个道理。

提示:"红",对于霜降以后的枫树、红树,从来是美的标志。"霜叶红于二月花",越是红透,越是动人。这是从色泽角度理解。从精神境界角度看,"红"在今日生活中又往往是崇高思想品质的概括。作者从红叶的"红",发掘到老向导的"红";又从老向导的"红",发掘到给老向导以"红"的"红"的社会,从而托物言志,赞美红叶,赞美老向导这样时代的主人,赞美缔造幸福生活的伟大的社会主义祖国。

2. 如前所述,本文在取材、抒情和组织材料上都具有自己的特色,为什么杨朔能创造出这样新鲜的笔意?

提示:这和他构思的特点是分不开的。他在《〈东风第一枝〉小跋》中说:"你在斗争中,劳动中,生活中,时常会有些东西触动你的心,使你激昂,使你欢乐,使你忧愁,使你深思,这不是诗又是什么?凡是遇到这样动情的事,我就要反复思索,到后来往往形成我文章里的思想意境。"从"动情的事"中觅诗意,是杨朔散文构思的特点。杨朔游过了香山,感到香山游览中有一些东西触动了他的心,通过思索,终于发现了其中包含的诗意——香山红叶美,如香山红叶的人更美,香山的老向导是一片蕴蓄着最浓最浓秋色的越老越鲜红的香山红叶。这个诗意的主题使作者的思路豁然敞亮,给文章带来了新意。

(四)课外阅读和观察

1. 阅读《杨朔散文集》中的《秋风萧瑟》《雪浪花》等散文,比较它们与《香山红叶》的主题思想、表现手法等方面的异同。

2. 选择当地凝集了最浓最浓秋色的一景物仔细观察,把握它的特色,写一则"观察记录"。

四、附录

(一)关于红叶

我国三北地区(华、东、西)在金色的秋天,观赏红叶最佳,它是力量、欢乐、胜利、喜悦的象征。10月中旬至11月上旬,有些树木的叶子由绿变红,也有变成黄绿色、品红色、黄红色的,多数变为红色,红又有深浅之分。寿命不长,约二十天至一个月。都是在霜降以后,风力、气候、光线等施加影响的结果。变成红叶的树木约有十种。枫树有二三种,如元宝枫、五角枫、鸡爪枫等。灌木更多,如黄栌、乌臼、柿树等。北京香山红叶多是黄栌,约占80%,枫树很少。除香山外,北京西山八达岭、十三陵也有红叶,不如香山集中,也不如香山规模大。南京栖霞山、西北等地各山也有变色的叶子——红叶。

(二) 关于香山

香山,在北京海淀区,东南距市中心二十余公里。为北京西郊西山山岭之一。此地重峦叠嶂,清泉潺潺,花木满山,景色清幽,故金、元、明、清历代帝王都在此营建离宫别院,为各朝皇家游幸驻跸之所。清乾隆十年(1745年)在此大兴土木,兴建亭台楼阁,共成28景,如勤政殿、翠微亭、栖云楼、香山寺、森玉笏等,并加筑围墙,名"静宜园"。"西山晴雪"为燕京八景之一。园中名胜遍布,风光旖旎,秋末黄栌换装,漫山遍野,如火如荼,为中外旅游者所向往。

昭庙全称宗镜大昭之庙,在香山公园见心斋以南。清乾隆四十五年(1780年)为接待西藏班禅来北京"祝厘"而建。庙宇仿照西藏建筑风格,华丽壮观。

"一座挺幽雅的院子"指双清别墅,在香山公园内香山寺下。这里的两眼清泉,相传金章宗时称"梦感泉"(与老向导所说稍不同)。清乾隆在泉旁石崖上题刻"双清"二字,后人在此修建别墅,因以为名。别墅淡雅幽静,山水树石顺其自然。在此春日赏花,酷夏避暑,秋观红叶,寒冬踏雪,四季景色绮丽,称为香山"园中园"。

《济南的冬天》

【课引子】

我们的祖国,河山壮丽多姿,春夏秋冬,有看不完的胜景;早晴晚雨,有描不尽的图画。我们祖国的疆域无比辽阔,同一个季节,景色迥然各异,请看这几句诗:

北国风光,千里冰封,万里雪飘。望长城内外,惟余莽莽;大河上下,顿失滔滔。山舞银蛇,原驰蜡象,欲与天公试比高。须晴日,看红装素裹,分外妖娆。

这是毛主席著名的《沁园春·雪》中描写陕北高原雪景的名句,雪中长城,雪里黄河,雪下的高山、大原,一派雄浑壮阔的气势,更有那雪后初晴,万里江山红装素裹,构成了一幅壮丽的北国雪景图。

而同一个时期,在南国,却是鲜花灼灼,艳丽如春。当北方的人们在欣赏大雪的时候,广州的人们却正穿行在花的海洋里。每当阴历年底,广州便要举行几天年宵花市。从清晨到深夜,整个城市淹没在一片花的海洋中。下面是秦牧的《南国花市》中的一段:

在花市里,"幽香淡淡影疏疏"的梅花、"卧丛无力含醉妆"的牡丹、"丰肌弱骨要人医"的芍药、"毫端蕴秀临霜写"的菊花、有"凌波仙子"美号的水仙、"淡染胭脂"的桃花、古雅一如宋画的茶花、摇着许多小钟儿的吊钟花、香得离奇的"含笑"、从下端开花开到顶端的剑兰、彩雀、端庄的玉簪、妖冶的玫瑰……花样儿真是多极了。南国花市的另一个特色是有许多结实累累的果树同时陈列着。这就是金橘、橙子、朱砂桔、人参果之类。种得好的金橘,有一株结果在百枚以上。

冰天雪地、红装素裹的北国的冬天是壮美的,鲜花似海、流香四溢的南国的冬天是秀美的。而就在辽阔的北国,各处还有各处富有特色的冬天,例如济南也处于北国,它的冬天却另有一番秀美的景象,我们今天就来读一读老舍先生的《济南的冬天》。

【教学目的】
1. 培养学生热爱祖国河山、积极向上的思想感情。
2. 学习本文从不同角度取材、安排顺序、组织材料的结构方法。
3. 学习散文景物描写中的比喻、拟人等修辞方法。

一、教材研究

(一) 背景简介

老舍,现代著名作家,杰出的语言大师,人民艺术家。原名舒庆春,字舍予,满族人。1899年生于北京一个城市贫民家庭。"五四"新文学运动中开始用白话创作。1924年赴英国,任伦敦大学东方学院中文讲师,并进行文学创作。在英国六年间,先后在国内发表了三部长篇小说。1930年回国,先后任济南齐鲁大学、青岛大学教授。在济南、青岛生活期间创作了三个短篇集、三部长篇小说和其他作品。1937年,他的代表作、长篇小说《骆驼祥子》问世。这部小说在现代文学史上影响很大,并被译为十几种外国文字,产生了较大的国际影响。中华人民共和国成立后,他写了《龙须沟》《茶馆》等23个剧本,获得了"人民艺术家"的光荣称号。1966年被迫害致死。1978年6月3日在北京八宝山革命烈士公墓,国家为老舍举行了隆重的骨灰安放仪式。

本篇是作者从英国回国后至济南任教不久写的,六年身处异国,更增添了对祖国河山的眷恋和对春天即将降临祖国大地的喜悦心情。

(二)疑难词句举要与辨析

1."对于一个在北平住惯的人,像我,冬天要是不刮风,便是奇迹"——这是一个主语省略句,意思是:对于像我这样一个在北平住惯了的人来说,冬天要是……。作者为了突出"我"字,表明后面所述的是"我"的鲜明感受,所以将"像我"这修辞成分移后独立成句。下一句相似。

2."自然,在热带的地方,日光是永远那么毒,响亮的天气,反有点叫人害怕。可是,在北中国的冬天,而能有温晴的天气,济南真得算个宝地。"——在"可是"前省略了以下的意思——在中国的北方,冬天理应是日光惨淡,朔气呼啸,冷得叫人害怕的。

3."树尖上顶着一髻儿白花,好像日本看护妇。"——日本的护士头上戴一顶别致的白色工作帽。

4."山尖全白了,给蓝天镶上一道银边。"——山尖白了,为什么会像给蓝天镶上一道银边?这应与前文"小山整把济南围了个圈儿"的描写联系起来理解。紧紧连接的、绵亘的山脉积了雪,远远看去自然就成了镶在蓝天上的一道银边。

5."就是下小雪吧,济南是受不住大雪的,那些小山太秀气!"——既是与老天商量的语气,怕秀气的小山被大雪压垮了,又是一种赞许的口吻,流露了作者对济南河山的爱怜之情。

(三)重点难点讨论

1. 本文采用的是怎样的描写顺序?

提示:采用的是景物的排写顺序。第1段,写天,描写温暖的日光和没有风声,以表现济南冬天的暖意;第2段,写地,描写冬天阳光照耀下,安适的古城和围着古城的小山,以表现济南冬天的舒适;第3、4段,写山色,描写雪景(先分写后总写)的绚丽、秀美,以表现济南冬天所包含的特殊的秀气;第 5 段,写水光,描写水流的潾清而充满活力,以表现济南冬天里蕴含着的春色,并顺势以一句勾勒济南冬天的总体形象,自然而紧凑地结尾。

2. 冬天的济南有许多景物可写,作者为什么着重选了阳光、小山、雪、水这几样景物来写?

提示:绘景散文选材要考虑以下几点——(1)绘景是为了"抒情"或"寄意";只有最能真切烘托、抒发自己的情,最能表达、体现自己心意的那些具体景物,才是写作时所需要的。(2)绘景要绘出个性;只有那些最有个性光彩、最能体现那个地方独特风致的景物,才是创作时所需要的。(3)绘景要注意艺术的整体感;即使描写最有特色的景物,也应该放在整体的背景中去刻画、去烘托。

选择这几种景物来描绘,既充分抒写了济南冬天里所孕育着的那种春意,又表现了济南冬天景色特有的美。同时,从阳光照耀下的济南天地,写到雪艳水绿的济南山川,出色地描绘了一幅大自然的完整图画。

3. 本文第 1 段写济南的天、济南的天空的暖日,为什么作者要提到北京、伦敦的冬天和热带地区的太阳?这是一种什么手法?这样写有什么作用?

提示:济南冬天的阳光是温煦可爱的,为了让读者感受到它的内在美,作者用烘托方法,以北平的冬天、伦敦的冬天从一个侧面衬托济南冬天的响晴,又以热带日光的"叫人害怕"从另一个侧面衬托济南冬天的温晴。事物总是在对照中显现其个性的,经这么一对照,读者也仿佛和作者一起经受了刺骨的朔风和令人窒息的冷雾的侵袭,一起到热带的天穹下尝到了烈日的灼烤的滋味,从而从内心深处涌起与作者同样的感受:"济南真得算个宝地。"

4. 把济南的山比喻为"一个小摇篮",一下子就把自然景物写活了,这个比喻贴切在哪里?

提示:作者抓住了"形似"与"神似"两个特点。周围的小山团团圈住济南城,形状像个摇篮;小山挡住了寒风,使济南城整天晒着阳光,其作用更像个摇篮;在晴暖的阳光下,周围的小山给人以温暖、舒适,而济南城就像婴儿"暖和安适地睡着",使人心理上更感到像摇篮。

5. 景物本身是没有生命、没有感情的。可是写它时,作者往往把它当人来写。请你说说第3段写雪是如何用这种拟人的手法的?作者为什么要这样写?别的段落里有哪些地方用了拟人法?

提示:先把矮松树树尖上顶着的一髻儿白雪花比拟成日本护士头戴的白帽;又把山坡上的色彩斑驳的雪比拟成带水纹的花衣;再把夕阳斜照下的粉色的薄雪,比拟为害羞的少女。这样写,达到了"以形透情"的艺术效果。作者笔下的雪,不再是冰冷的了,而是充满温暖;不再是无生命力的了,而是柔和而美丽,饱含着感情。写山雪充满了生命力和感情,正是为了表达自己对山河的热爱和眷恋。

6. 最后一段是写水,却先写绿萍、水藻、柳影,写这些与写水有什么关系?后又写空中、天上的清亮的天光和蔚蓝的天色,这与写水又有什么关系?

提示:绿萍、水藻、垂柳,都是潆清的水所滋养出来的绿的生命,写它们,正是为了用这些形象来衬托水的绿的精神,表现出来自大地深处的济南冬水的无穷生机,它所蕴蓄着的那股蓬蓬勃勃的生命力。同样,天光和天色所映照出的,正是大地上畅流的水波的光和色,整个大地都像潆清的河水那样晶莹透亮。作者用这种巧妙的烘托方法,将济南冬天流水所特有的精神活灵活现地描画出来。

二、训练内容

(一)"思考和练习"的参考答案

1. 参见"重点难点讨论"2。

2. 第一句是写济南的雪。作者想象:不但温晴的阳光给大地带来暖意,而且连小雪也给小山带来温暖,"给山们穿上一件带水纹的花衣",不但写出了"形"——山坡薄雪的视觉形象,写出了"感"——山坡薄雪的感觉形象,而且写出了"情","叫你希望看见一点更美的山的肌肤"。肌肤也是拟人化的手法,这里指的是春天来临时,满山的绿草鲜花,表现了作者对春天的憧憬。

第二句是写济南的水的。这里水藻像人,也有了精神,"绿的精神"是指顽强的生命的精神。正是这种精神感动了水,使水也不忍心冻上,而是要用自己的身体助长这种精神,帮它焕发。水也具有了人的感情。"况且那些长枝的垂柳还要在水里照个影儿呢!"垂柳像人一样具有了爱美的愿望,生长它的水当然也和人一样具有了钟爱它的感情了。

3. 可要求学生在理解供选择的词语意义的基础上,比较各组的词义和用法的区别,再完成作业。

第一组,主要是侧重点不同。

稠密——多而密。　　疏落——稀而少(指分布)。

凌乱——杂乱而无次序(指静态)。

飘落——随风而动,轻轻落下(指动状)。

第二组,主要是侧重点不同。

终身——侧重指时间,常用来形容工作、事业。

崇高——侧重指性质,常用来修饰目的、理想。

蓬勃——侧重指气势,常用来形容精神状态。

第三组,主要是词义的轻重程度不同。

涟漪——水面被风吹起的波纹。

水波——波,水纹。

波浪——浪,大波,跳动的波。

波涛——涛,大浪,汹涌的浪。

第四组,主要是用法不同。

娇艳——形容姿色柔美艳丽。

吐艳——显露出艳丽的色彩。

吐芳——散发出芬芳的气息。

弥漫——气体遍布空间。

作了这样的比较后,学生便能很容易地分别选出① 疏落;② 崇高;③ 涟漪;④ 吐艳。

(二) 综合能力训练

1. 说一说,下面三段景物描写在描绘手法上各有什么特点?

(1) 来了,来了,春天驾着呼啸的快马——春风来了。

杨柳树慢慢地睁开了眼睛,舒活舒活筋骨,抖擞抖擞精神,开始吐出嫩叶。长啊长啊,树叶子长得密密的,像一串鞭炮,一串串、一串串倒挂在树上。

起风了,倒挂在树上的"鞭炮",在微风中摇着,摇着,响着,响着,仿佛在向你招手,向你歌唱,哗啦哗啦……

(2) 一个冬天的早晨,我像往常一样给水仙换水,又习惯地数了数几朵含苞欲放的花蕾,惊喜地发现,其中几朵开放了。我连忙大声叫道:"你们快来看,水仙开花啦!"爸爸从金鱼缸边直起身,两手还是湿淋淋的,就走过来看花;妈妈也来了,手里正在编织的毛线也没来得及放下;连忙着准备考大学、早晚都捧着书的姐姐也放下书本,走了过来,凑近水仙花轻轻地吸着气,仿佛要把那醉人的芳香全吸进去似的。我们围着这盆含芳吐艳的花,说着、笑着,笑声充满了小小的房间。

(3) 萍,浮在碧绿的水面上,从池塘这边漂到池塘的那边,没有见它结果……

莲,同样的阳光,同样的池塘,因为它的根深深地扎在泥土中,所以开出美丽的花,结出饱满的果。

亲爱的朋友,你愿意学萍?还是学莲?

2. 请你用《水仙》的写法改写《杨柳》,用《杨柳》的写法改写《水仙》或《莲》,各写一个景物的描绘片段。

三、教学建议

(一) 预习指导

1. 这篇散文是按什么顺序写景的?

2. 济南冬天景物的总的特点是什么?作者为什么选了阳光、小山、雪和水这几样景物来写?

3. 描写中用了哪几种修辞手法?这些手法在表现景色特点上有什么作用?

(二) 教材取舍

注意教学的节奏,五个段落不要平均使用力量,应把重点放在第3、5段上,而让学生在课堂上扎实地做一点练习。

(三) 新旧知识联系

可在与《香山红叶》的比较中掌握本文的结构特点和抒情手法的特色。《香山红叶》是记游顺序,本篇是排列顺序;《香山红叶》是托物言志,本篇是绘景抒情。

(四) 启迪思维,深究问题

1. 描写景物,由于观察景物的立足点不同,而采取不同的描写角度,常见的有下列几种:

(1) 作者处在观察对象的下面,从下面仰看上方。

(2) 作者处在观察对象的上方,从上面俯看下来。

(3) 作者深入描写的对象中,一部分一部分详细观察,然后层层铺写,或突出某一部分加以描写。

(4) 随作者立足点的变化,描写所见的景象。

本文用了哪一些描写角度？试举例说明。你还能不能从别篇中举些例子说明。

提示：本篇第 1 段,取第一种角度;本篇第 2 段,取第二种角度;第 3、5 段,取第三种角度。《香山红叶》取的是第四种角度。

2. 描写景物,有时可着眼于景物的总体形象,有时可着眼于景物的细部形象,试从本文中举例说明。这两种描写方法在表现景色特点上各有什么长处？

提示：本文描写山,是勾勒轮廓;描写水,是突出特色,都是用着眼于总体形象的方法。第 3 段的写雪,用的是分层描绘的方法。

第一种描写法长于传神,突出事物形象的主要特点;第二种描写法长于赋形,将景色描绘得细腻、真切。

(五) 另一种教法的推荐

有一种比较的教法,可供大家参考。

课前,印发夏丏尊先生写的《白马湖之冬》(见附录),要求学生将两篇描写冬天的散文对照着读,读后思考一下两篇文章的同异点,然后在课堂上进行讨论,教师引导归纳。如：

相似点：(1) 文体相似,都是绘景抒情的散文。(2) 题材相似,都写冬天。(3) "我"的来历相似,都是从"彼地"来到"此地"。(4) 描写的具体景物相似,都写环绕的山,都有水,都有暖阳,都有雪。

不同点：(1) 气候不同,一暖一冷。(2) 景物的特点不同,风的声,山的态,水的色,人的情,都不一样。(3) "我"的感受不同,一个久住严寒的北平,又刚从阴冷的伦敦回来,无风温晴的济南"真得算个宝地";一个从热闹的杭州移居到荒凉的湖边山野,"宛如投身于极带中"。(4) 选择的景物不同,一则选阳光、小山、雪、水,一则以凛冽的寒风贯通全篇。(5)抒发的感情不同,一个抒发的是归国游子对祖国美好山水的赞美,表达的是一种对春天即将来临的喜悦、兴奋的心情;一个则表现出身处严寒他乡、离群索居的知识分子孤独、寂寞的心境。

因知识和思维能力所限,初一学生还不善于从写作艺术上对两篇文章进行全面的比较,可以以问题讨论的方法引导他们将艺术表达方法作比较。

1. 从描写内容看,两篇散文都写了"我"——作者自己,鉴别一下具体写法上有什么不同。

《济南的冬天》中写到"我",主要写"我"的感受,全篇以绘景为主,景色描绘的每一笔都渗入"我"的感情;《白马湖之冬》写"我",除"我"的感受、"我"的心情外,还写"我"在白马湖冬天的生活,将冬天景色的描绘与冬日生活的叙述糅合在一起,绘景与叙事并重。

散文的内容富有极大的生动性和多样性,怎样取材,怎样结构、铺排,应该根据客观事物的特点,根据自己的独特的生活感受,根据主观表达的需要进行择取和裁剪,绝不能死板划一。

2. 试比较两篇散文的表现方法。

《济南的冬天》写太阳用对比烘托,写山用比喻,写雪用拟人法,写水用映衬烘托。用这些手法达到"以形写神"的目的。

《白马湖之冬》除比喻词以外,通篇所用的是一种质朴、平直的直接描述语言。

两相比较,前一篇调动了各种修辞手段,在平凡的景色中创造出精美的艺术意境;后一篇则用一种质朴的白描手法,使人有身临其境的感觉。

最后一个教学环节是观察与写观察笔记。如:

一个班到公园看菊花展览,观察主题是"几种珍贵的菊花",要求学生将整株花"拆开来看",从花色、花形、花叶、花态等方面对几种菊花珍品进行比较性观察,在细致的观察中注意"锱铢之别,淄渑之辨",鉴别这些花各自特有的美姿、美质。

另一个班到当地一处名胜,要求学生在观察中,把握这些景物的总体特点,并选择特定的角度努力探寻它内在的美。

观察回来,要求每个学生写一篇观察笔记,可以写所观察的各种景象,也可集中写给自己留下印象最鲜明的一种。写时,鼓励学生既练习《白马湖之冬》的白描手法,也学习《济南的冬天》中的散文形象描绘的各种艺术手腕。

四、附录

(一) 关于济南的水

1. 七十二泉

分布于山东济南的旧城区,济南地下多岩溶溶洞,洞内储水丰富,因地势由南向北流动,遇火成岩而洄流,沿地下裂隙出露成泉,城区内外,清泉涌流,水质洁净甘洌,恒温在18℃上下。有关济南泉水的记载,最早见于《春秋》。郦道元《水经注》也有生动的描述。金代有人立"名泉碑",列举泉名七十有二,济南七十二泉便流传于世。泉水众多,不可胜数,历代诸家所记七十二泉各不尽相同,大致为趵突泉、黑虎泉、珍珠泉、五龙潭四大泉群。济南泉水,千姿百态,或白浪翻腾,如银花玉蕊;或晶莹温润,如明珠璎珞;或如洪涛倾注,虎啸狮吼;或如细雨潇潇,冰弦低语。趵突泉,名列"七十二泉"之首,泉自地下裂缝中涌出,三窟并发,浪花四溅,势如鼎沸。郦道元《水经注》有云:"泉源上奋,水涌若轮。"池内清泉三股昼夜喷涌,状如白雪三堆。珍珠泉,泉水从地下上涌,状如珠串。清王昶《游珍珠泉记》云:"泉从沙际出,忽聚忽散,忽断忽续,忽急忽缓,日映之,大者为珠,小者为玑,皆自底以达于面。"

黑虎泉源出悬崖下洞穴中,泉水经三石虎头喷出,波澜汹涌,水声喧腾。明代晏璧《济南七十二泉》诗:"石蟠水府色苍苍,深处浑如黑虎藏。半夜朔风吹石裂,一声清啸月无光。"

历代诗人对济南的泉水是赞赏备至的。元代于钦《汇波楼记略》云:"济南山水甲齐鲁,泉甲天下。"《老残游记》作者刘鹗谓济南"家家泉水,户户垂柳"。故济南有"泉城"之名。

2. 大明湖

在济南市旧城北部,由珍珠泉、芙蓉泉、王府池等多处泉水汇成,湖面约占全城的三分之一,一湖烟水,绿树蔽空,碧波间菡萏映日,景色秀丽。清人刘凤诰咏湖有"四面荷花三面柳,一城山色半城湖"之名。

(二)关于济南的山

千佛山,古名历山,传说帝舜耕稼于此,又名舜耕山。在济南市南郊。隋开皇间因岩石镌佛,遍布山崖,遂称千佛山。山层峦叠嶂,苍秀涵幽。登山有东西两路,盘路各三百级左右,蹊径曲折,松柏夹道,自半山北望,可见济南北部卧牛山、华不注山、鹊山、凤凰山、标山、药山、北马鞍山、粟山、匡山,九峰峭拔,云烟缭绕。因李贺"遥望齐州九点烟"诗句,有"齐烟九点"坊建于盘路中。

(三)夏丏尊《白马湖之冬》

我过去四十余年的生涯中,冬的情味尝得最深刻的,要算十年前初移居白马湖的时候了。十年以来,白马湖已成了一个小村落,当我移居的时候,还是一片荒野。春晖中学的新建筑巍然矗立于湖的那一面,湖的这一面山脚下是小小的几间新平屋,住着我和刘君心如两家,此外两三里内没有人烟。一家人于阴历十一月下旬从热闹的杭州移居这荒凉的山野,宛如投身于极带中。

那里的风,差不多日日有的,呼呼作响,好像虎吼,屋宇虽系新建,构造却极粗率,风从门窗隙缝中来,分外尖削,把门缝窗隙厚厚地用纸糊了,橼缝中却仍有透入。风刮得厉害的时候,天未夜就把大门关上,全家吃毕夜饭即睡入被窝里,静听寒风的怒号,湖水的澎湃。靠山的小后轩,算是我的书斋,在全屋子中是风最小的一间,我常把头上的罗宋帽拉得低低地,在洋灯下工作至深夜。松涛如吼,霜月当窗,饥鼠吱吱在承尘上奔窜。我于这种时候,深感到萧瑟的诗趣,常独自拨划着炉灰,不肯就睡,把自己拟诸山水画中的人物,作种种幽妙的遐想。

现在白马湖到处都是树木了,当时尚一株树木都未种。月亮与太阳都是整个儿的,从上山起直要照到下山为止。太阳好的时候,只要不刮风,那真和暖得不像冬天。一家人都坐在庭间曝日,甚至于吃午饭也在屋外,像夏天的晚饭一样。日光晒到哪里,就把椅凳移到哪里,忽然寒风来了,只好逃难似的各自带了椅凳逃入室中,急急把门关上。在平常的日子,风来大概在下午快要傍晚的时候,半夜即息。至于大风雪,那是整日夜狂吼,要二三日才止的。最严寒的几天,泥地看去惨白如水门汀,山色冻得发紫而暗,湖波泛深蓝色。

下雪原是我所不憎厌的,下雪的日子,室内分外明亮,晚上差不多不用燃灯。远山积雪,足供半个月的观看,举头即可从窗中望见。可是究竟是南方,每冬下雪不过一二次,我在那里所日常领略的冬的情味,几乎都从风来。白马湖所以多风,可以说是有着地理上的原因的,那里环湖都是山,而北首却有一个半里阔的空隙,好似故意张了袋口欢迎风来的样子,白马湖的山水和普通的风景地相差不远,唯有风却与别的地方不同。风的多和大,凡是到那里的人都知道的。风在冬季的感觉中,自古占着重要的因素,而白马湖的风尤其特别。

现在,一家就居上海多日了,偶然于夜深人静时听到风声的时候,大家就要提起白马湖来说,"白马湖不知今夜又刮得怎样厉害哩!"

(四)《〈济南的冬天〉的绘画美》

生动的语言都可以唤起读者的联想和想象,使读者的头脑中产生具有光、色、态的具体形象，这就是语言的启示性。《济南的冬天》的作者，正是最大限度地发挥了这种语言的启示性，在读者头脑中唤起对光、色、态的丰富联想和想象，形成了一幅幅生动的图画。

老舍先生是如何调动读者的联想和想象，使《济南的冬天》具有绘画艺术的特色呢？

第一，运用色调的对比烘托形象。老舍先生以"对于一个在北平住惯的人，像我，冬天要是不刮风，便是奇迹"引发读者的想象，让读者脑海中泛现出一幅朔风怒号、天寒地冻的萧条画面，用这幅画面中的"寒"色衬托济南冬天的"暖"色；又以"对于一个刚由伦敦回来的人，像我，冬天要能看得见日光，便觉得是怪事"调动读者的想象，使读者仿佛看到了一幅伦敦灰雾惨淡的阴郁图画，用这幅画面中的"暗"色衬托济南冬天的"明"色。这还不够，作者还让我们看了一幅热带地区毒辣辣的烈日高照的可怕画面，再用这幅画的"热"色衬托济南冬天的"温"色。正是用了色调和对照，用了绘画艺术的"以形赋形"的烘托方法，作者将济南冬天阳光温煦、天朗地秀的总体画面勾勒了出来。

第二，从纷繁景物中，略去次要的部分，抓住主要物景的主要特征加以突出的表现。这是山水画法。描绘济南的大地，老舍先生所用的正是"以大观小"的中国山水画的构图取景方法。作者展开想象的翅膀飞上济南的云天俯瞰大地，然后对济南大地作了简笔的写意描绘。画城，不画它的东西南北，"一个老城，有山有水，全在山底下晒着阳光，暖和安适地睡着，只等春风把它们唤醒。"（注：此句中的山是济南城中的山）一些琐碎的细部都被略去了，画的只是冬天济南城秀美的睡态，留下充分的余地让读者去联想、想象，进行艺术的再创造。画山，不画它的上下左右，"山整把济南围了一个圈儿，只有北边缺着点口儿。"一起笔就抓住了物景的主要特征画，紧接着就引导读者展开艺术的联想和想象："这一圈小山在冬天特别可爱，好像是把济南放在一个小摇篮里，它们安静不动地低声说:'你们放心吧,这儿准保暖和。'"借这种联想、想象,使画面灵活飞动起来。画人,不画人的男女老少,不但如国画一样略去耳鼻眉目,连形体也完全略去,而只画了济南冬天人物情态的最主要的特征:"济南的人在冬天是面上含笑的。"和城与山,浑然构成一幅完美的图画。

第三,精心设计景物和构图,层层展现景物形象。绘画是"空间艺术",须将空间并列的景物按照美的原则加以巧妙布置。这种绘画的技巧,老舍也用到他的散文中去了。如果说第2段画的浑然一体的济南大地是一幅写意画,那么第3段画的美态纷呈的济南雪景则更接近于工笔画。

作者依山写景,通过对美的小山各个细部的雪光、雪色、雪态,画出了小山的秀美。在艺术结构上取了两层布置。先进行工笔的分笔描绘,从山上、山尖、山坡一直到山腰,一步步地细看,一笔笔地轻描:它是白的,"树尖上顶着一髻儿白花",松的翠与雪的白相映生色;它是银的,"给蓝天镶上一道银边",如洗的蓝天与似银的雪相映生辉;它是彩色的,"给山们穿上一件水纹的花衣"是它的色,"这件花衣好像被风吹动,叫你希望看见一点更美的山的肌肤"是它的态,在色和态的描绘里写出了静中的动;它更有世上最动人的容色,艳艳夕阳的斜照下,它像少女一样"忽然害了羞,微微露出点粉色。"在傍晚雪光的渲染中画出了形中的情。真是一笔一景,一景一态。这一段分笔描绘,从方法看是用的细腻的工笔,从意境看依然着力于写意。中国绘画讲究"气韵生动",分笔描画的雪景,不是呆板的,而是生动的。一连串的动词,将读者带入联想、想象的意境,读者所感受到的不仅是雪的光、色、态的外在美,而且是雪的情韵,雪的内在美。作者所创造的,正是"气韵生动"这一绘画艺术的最高境界。

正是为了让这种画境更完美,第4段作了雪景的第二层描绘。在分笔勾写后总绘雪景,将古老的城、城内、城外、山坡、村庄,整个大地放入雪景之中。结句直接点明:"它是张小水墨画,也许是唐代的名手画的吧。"

第四,突出自己最鲜明的印象和感受,以唤起读者类似的体验,产生身临其境之感。济南称泉城,水是有名的;济南的水来自大地的深处,浩浩荡荡,一年四季奔涌不息,这样美的形象如何画出?作者舍弃了济南冬水的种种表象,借自己的印象和感受去概括水的鲜明形象,在鲜明的形象中融入自己独特的感受。先是着力渲染了济南冬水的"绿",一连串五个"绿"字,作者描的是绿萍的绿、水藻的绿、水面柳影的绿,托出的却是水的绿。读着这些绿萍、绿藻、绿柳,我们会自然联想到滋养出它们的水,感受到蕴蓄在济南冬水里的绿的精神、绿的生命。接着着力渲染了济南冬水的"活"。水流的一切细节乃至具体形态都淡化了、消失了,留在笔端的,只有水的那股蓬勃的生机:"空中,半空中,天上、自上而下全是那么清亮,那么蓝汪汪的。"自然中的水是不可能流到天上去的,这已是感情化的水,艺术化的水,是老舍先生以画家的眼睛观察景物所得到的独特的印象。在平面的绘画艺术中,为了表现出水的特有的态、特有的势,流水就完全可以流向空中,流到天上去,这不是出色的绘画艺术又是什么?结尾处,作者又在水色、水光、水影之中,用了全篇最鲜亮明丽的色彩给泉城留下了一个美丽的倩影:"这块水晶里,包着红屋顶,黄草山,像地毯上的小团花的小灰色树影;这就是冬天的济南。"

最后要说的是,无论从立意看还是从构图、笔势看,本篇都是一幅完整的图画。阳光、山川、人物、白雪、绿水,各物各景所表现的都是"暖"这一个字。绘天绘地,绘出了这幅山水图的大布局;写雪写水,写的是这幅图的特定细部,而且由天上的暖阳画到暖阳照耀下的暖城暖山,就山而描出山上的雪,由雪而引出雪中的水,笔势顺畅,一气呵成;老舍真是一位丹青手。

《春》

【课引子】

一提到春,我们眼前就仿佛展现出一幅阳光明媚,东风浩荡,绿满天下,花开遍地的美景;一提到春,我们就会感到有无限的生机,有无穷的力量,内心中洋溢着无比的喜悦。古往今来,多少诗人曾用彩笔来描绘春天美丽的景色,杜甫的绝句是大家所熟悉的——

> 两个黄鹂鸣翠柳,一行白鹭上青天。
> 窗含西岭千秋雪,门泊东吴万里船。

王安石描春的《泊船瓜洲》也是名篇——

> 京口瓜洲一水间,钟山只隔数重山。
> 春风又绿江南岸,明月何时照我还?

春最为人所喜爱,但从写作角度说,春却是最难写的。

第一是难在春最为人所熟悉。不但无法以题材取胜,而且几乎人人都是评论绘春文章的行家里手。熟悉的事物,一般的特点已为人们所掌握,要写出人所欲言而未言的太不容易;熟悉的事物,写得稍有偏差,人们一眼便看出了。

第二是难在春最为人所常写。数千年来,绘春的各种角度、各种手法、各种词语,大家差不多都用过了。要创造出新意,较之别的题材更难。

第三是难在春的景物最丰富。万物生长,千姿百态,写少了,显不出春的气氛;写多了,又容易杂乱。在取材、结构上也是难题。

朱自清先生选了这个不大容易写的题目,写出了一篇艺术容量很大的绘景散文:《春》。

【教学目的】

1. 学习本文先总写景物轮廓,后按一定顺序分写各种景物的总分顺序。

2. 学习本文运用准确生动的语言描写自然景色,表现季节特征的方法。

一、**教材研究**

（一）背景简介

作者朱自清,字佩弦,原名自华,号秋实。原籍浙江绍兴,1898年生于江苏东海。现代进步作家。1920年从北京大学哲学系毕业后,在江苏、浙江等地中学任教。1920年参加文学研究会。1925年暑假后任清华大学国文教授。1931年前往伦敦学习语言学和英国文学。次年回国,任清华大学教授兼中文系主任。全面抗战爆发后随校南迁,任西南联大中文系主任。抗战胜利后,随校返回北京,继续在清华任教,1948年病逝。

朱自清是个正直、爱国的知识分子,晚年更成了著名的民主战士。临终前还谆谆嘱告家人不要买"美援"面粉,表现了高尚的民族气节和不妥协的反帝精神。

朱自清最早是以诗人出现于文坛的。他在大学学习和中学任教期间一直从事新诗创作,影响最大的是长诗《毁灭》。1925年到清华任教后,创作转向散文,并研究古典文学。他一生著述甚多,有诗文集《踪迹》,诗集《雪朝》,散文集《背影》《欧游杂记》《你我》《伦敦杂记》,文艺论著《诗言志辨》《论雅俗共赏》《标准与尺度》等27种。但他在文坛上向以散文著称。散文的内容大多是讲述自己的经历,描绘祖国美丽的湖光山色,抒发个人的情思;也有一些作品暴露了旧社会反动统治的黑暗与残暴。写景抒情,委婉细致,篇章结构严谨缜密,语言优美清新,艺术成就很高。

(二)疑难词句举要与辨析

朗读是本篇的重点训练项目,朗读中注意下列字词的正音——

"涨(zhǎng)"不要误读成"胀(zhàng)"。

"捉迷藏"的"藏(cáng)"不要误读成"藏(zàng)"。

"散(sǎn)"不要误读成"散(sàn)"。

"酝酿(niàng)"不要误读成"酝酿(ràng)"。

"巢(cháo)"不要误读成"巢(chǎo)"。

"应和"的"和(hè)"不要误读成你和我的"和(hé)"。

"黄晕"的"晕(yùn)"不要误读成(yūn),也不要误读成"昏(hūn)"。

"蓑(suō)"不要误读成"蓑(shuāi)"。

(三)重点难点讨论

1. 文章围绕一个"春"字写,分几个部分?

提示:三个部分:第1段:盼春(迎接春天);第2~7段:绘春(描绘春天);第8~10段:颂春(歌颂春天)。

2. 第二部分绘春,采取的是什么记叙顺序?

提示:采取的是总分顺序。先用一段文字概括地总写春来景变,勾画出春的轮廓,再用五段文字细致地分写五幅春景图。

3. 总画春的轮廓,作者写的景物都是站在什么观察点上看到的?分别捕捉了这些景物的哪一方面的特点?

提示:是站在远处的观察点上看到的,因而观察点不变,随着视线的转移写出了各种春色。写山,抓住了光泽;写水,抓住了状态;写太阳，抓住了颜色。从大的轮廓上写春山、春水、春晖。

4. 第一幅"春草图"，四句各写了什么？

提示：第一句，草的特征——"钻"，写活力；"嫩嫩的"，写性状；"绿绿的"，写颜色。第二句，草生长的处所——无处不是，真是充满了生命力。第三句，草的可爱——以人在春草上的欢乐来衬托。第四句，草的舒适——以轻悄悄的风来衬托，草的软和，给人以舒适的感觉，又和首句"嫩嫩的"相照应。

5. "春花图"的五句描写各用了什么手法？这些描写手法产生了怎样的艺术效果？

提示：因为桃、杏、梨花是代表着春天的花朵，所以前四句集中写这三种花。第一句写花态的茂。不用静态的描写，而用"你不让我，我不让你"的拟人手法，将花态写动、写活。

第二句写花色的美。不直接说出红的桃花、粉的杏花、白的梨花，而用"火""霞""雪"来比喻，充分调动读者的想象力。

第三句写花味的甜。不停留在眼前的花儿的馨郁，而运用联想，由闻到甜味联想将来的甜果累累，用虚写开拓了更美的意境。

第四句写花的可爱。不正面写似锦繁花的静的画面，而写蜂飞蝶舞的动的画面，用花下成千成百蜜蜂的嗡唱和大大小小蝴蝶的飞舞来衬托春花的万紫千红、香郁四流。这句是前三句的总结。

第五句写花类的广。用"野花遍地"一句宕开，总写其他各色花，又用新颖奇特的比喻，"像眼睛，像星星"，不但逼真地写出铺满原野的野花之多，而且活灵活现地描出在阳光、朝霞柔风中，闪闪发光轻轻摆动的野花的明艳色彩。绘出了一幅五彩缤纷的春花图。

6. 风无形无色，写风须借助其他的事物，《春》的作者在描绘"春风图"时，是借助哪些事物把春风的特点具体而形象地表现出来的？

提示:第一句,借助感觉写春风的温暖;第二句,借助嗅觉写春风的芳香;第三句,借助听觉写春风的和悦。

7. 在"春雨图"中,哪几句正面写风的形态,写出了怎样的特征?哪几句通过雨中的景侧面写雨,是怎样几幅图景?

提示:雨的形态——细而密(像牛毛)

　　　　　　　细而闪烁(像花针)

　　　　　　　细而连绵(像细丝)

　　　雨中景色——近景(树叶绿得发亮,小草青得逼眼)

　　　　　　　远景(黄晕的光,烘托出安静、和平的夜)

　　　　　　　动景(小路上、石桥边、地里的人)

　　　　　　　静景(房屋)

8. 写春天的人,抓住了哪几个特点?

提示:写了范围,从地域(城里乡下),到门户(家家户户),到个人(老老小小)。写了情态(赶趟儿,舒活筋骨,抖擞精神)。写了思想,着重在于点出"一年之计在于春",老老小小都充满着希望,抖擞起精神,努力去工作。春天在人们身上注满了活力。

9. 第三部分颂春,作者用排比的句式一连设了三个比喻,从这三个比喻看,作者歌颂了春天的哪三个特点?三个比喻为什么按这样的顺序排列?

提示:说春天像小娃娃,突出强调一个"新"字;说春天像小姑娘,突出强调一个"美"字;说春天像健壮的青年,突出强调一个"力"字。

歌颂春天给人以无限希望,歌颂春天的无比美好,歌颂春天蕴蓄着无穷的生命力和创造力。

这样的排列顺序又写出了春天正在大地上茁壮成长,发挥它越来越大的威力,领着我们向果实累累的丰收季节前去。

二、训练内容

(一)"思考和练习"的参考答案

1. 前后的感情是一致的、呼应的,充分显现出作者对春天由衷的赞美和热切的期望。在春草、春花、春雨图中,正是"从头到脚都是新""长着的"春天。你看,小草从土里钻出来,嫩绿软绵;繁花赶着趟儿开放,带着香甜;轻风带来新翻泥土的气息,生命在湿润的空气中酝酿。通过这一幅幅图景,作者意在告诉人们,春天代表着生命的复苏,代表着旺盛的活力,同时也代表着无穷的希望:当你"闭上了眼,树上仿佛已经满是桃儿、杏儿、梨儿",丰收的景象多么诱人。然而这一切,只有抓住大好春光,辛勤劳作的人才能享受,作者描写了春雨傍晚中,还在地里工作的农民,又写了他们在雨里静默着的房子,以静衬动,进一步说明农民抓紧春光,努力耕作,描写了城乡的老老少少,都抖擞精神,各做各的一份儿事去,意在突出"一年之计在于春"的思想。春天是美好的,要抓紧这大好的春光,尽力劳作,向着丰收的季节迈去,春华秋实,春天"领着我们上前去"。

2. 参见"重点难点讨论"5 和 7。

(二) 综合能力训练

1. 给带点的字注音:

(1) 山间,鸟鸣和(hé)轻风流水相应和(hè),和(hé)谐而美妙。我当场写了一首题为《山音》的诗给爸爸看,爸爸看过后和(hé)蔼地对我说:"我和(hè)你一首,不过,以后你还是多写新诗。"

(2) 黄昏(hūn)过后,天黑了下来,我站在路灯下看书,黄晕(yùn)的光使我感到有点头晕(yūn),我身子摇了一摇,弟弟叫道:"哥哥要昏(hūn)过去了!"我说:"不要大惊小怪,我不过有点头晕(yūn)。"

(3) 我们在山下公园(yuán)里做找矿藏(cáng)的游戏。后来走进山上寺庙的院(yuàn)子里,看见一个穿着藏(zàng)族服装的小姑娘躲藏(cáng)在一只大香炉后面,一不小心脚碰在香炉脚上。她先是脚涨(zhàng)得通红,后来"哇"的一声张(zhāng)开嘴哭了。我们围上去一看,她的脚背已经微微地肿胀(zhàng)起来了。

2. "春草嫩绿夏草青,秋草枯黄冬草尽",请你为这四季的草各找一个比喻。

3. "春雨绵绵夏雨急,秋雨凉爽冬夹雪",请用拟人的手法为这四种雨各写几句话。

4. "赤日炎炎似火烧,野田禾苗半枯焦",请你写一段话,用侧面描写的方法,写出这种夏天的烈日。

三、教学建议

(一) 预习指导

1. 本篇分几个部分?能不能围绕一个"春"字,用最简括的语言概括出每部分的中心?

2. 重点在哪一部分?这部分可分几个层次?

3. 描绘中有哪些词用得特别好?有哪些艺术手法用得特别好?

(二) 教材取舍

本篇的讲析或讨论不要平均使用力量,可根据教学目的,从第二部分中选定两个重点段进行较细致的讲析,其他段落则让学生讨论,有些段落只须用"点睛"式的点析,让学生掌握要点即可。

如:取春花、春风图为重点段,结合"思考和练习"第二题让学生议论春草、春雨图,春天人的活动图则由教师用二三句话点明。

"思考和练习"第三可作为第二部分的小结。

(三) 新旧知识联系

讲析与讨论中充分调动学生的积极性,要他们在与《济南的冬天》的描写方法的对照中,掌握本篇所用的修辞手法和正面、侧面的表现手法。同时,让学生掌握绘景的两种手法:一种是一景一物;另一种是以一物引出多物。

(四) 启迪思维,深究问题

1. 诗歌和散文十分讲究词语的锤炼,一首诗、一篇散文往往有几个特别凝练、特别形象的"字",请你找一找《春》中有几个"字"炼得特别好,好在哪里?

提示:水涨起来了(不用"高"或"满")。小草从土里钻出来(不用"长")。桃树、杏树、梨树,都开满了花赶趟儿(不用"争着开放")。蜜蜂嗡嗡地闹着(不用"叫")。野花散在草丛里(不用"开")。小青儿青得逼你的眼(不用"使你睁不开眼")。

在换词的比较中,紧紧结合课文描写的内容,让学生品味炼字的真切、描写的形象和新奇。

2. 为了更好地表情达意,散文中常常用一些叠字,找一找本文中有哪一些叠字?叠词在结构上有什么特点?在表达上有什么作用?

提示:欣欣、徐徐、嫩嫩、绿绿、轻悄悄、软绵绵、家家户户、老老小小、稀稀疏疏、干干净净、舒舒服服、抖擞抖擞、舒活舒活、打扫打扫。

名词、形容词重叠一般用 AABB 式,动词重叠一般用 ABAB 式。

形容词的重叠表示程度的加强,"干干净净"是"很干净"的意思。动词的重叠,有的表示时间的短暂(本篇内无例),有的表示动作的反复(本篇三例均是),有的带有尝试的意味(本篇无例)。在诗歌和散文中,叠词更有它的艺术功能,它能形成顿挫的节奏,加深画面的形象和造成或欢乐、或悲伤、或浓烈、或清淡的情调和气氛,使景物描绘更生动,思想感情的反映更真切。

四、附录

(一)"吹面不寒杨柳风"引自南宋志南和尚《绝句》:"古木阴中系短篷,杖藜扶我过桥东。沾衣欲湿杏花雨,吹面不寒杨柳风。"大意是:在古树的树荫中系住小船,拄着拐杖我过桥东去。细微的春雨沾在衣服上仿佛有点湿润,轻柔的春风吹在脸上没有丝毫的寒意。

(二)可参考《略谈朱自清散文的意境美》,现将有关的部分摘录于下:

朱自清的散文,有缜密精巧的构思,玲珑剔透的结构,质朴凝练的语言,绵密真挚的情致。这些,无疑是构成他"文章之美"的因素。但是,主要因素诚如郁达夫所说,是"贮满"着的"诗意"。

诗意,用杨朔的话来说,就是使人"动情"的事。作家怎样把自己感到"动情"的事传递给人们,使之受到感染产生共鸣?要求和方法是多方面的,创造诗意的艺术也是极为丰富的,其中之一就要看作家驾驭艺术的技巧如何。比喻,看来是一种修辞手法,其实也是一种艺术表现技巧。它对作品"诗意"的创造是不无作用的。大凡有艺术才能的作家、艺术家都是深谙比喻技巧的。难状之声,难描之形,难绘之景,难传之情,一旦到了他们作品里,就声如耳闻,形如目睹,景如亲临,情同身受,出现一个幽深迷人的意境。究其底,多是比喻技艺使之如此。

朱自清运用比喻艺术创造出的散文诗意,给人的美感是多方面的。

1. 形象美。文学艺术作品必须有具体可感的生动形象。唯其如此,才能获得持久的艺术生命。作为散文,特别是描写风物、寄托情怀的抒情散文,既要有情,又要有形,这就尤见作家的艺术功力。朱自清的抒情散文,不仅潜隐着一种缠绵、委婉、深沉的感情,同时,他凭借精妙的比喻艺术也可为我们勾描出一群栩栩如生的美的形象。

以质实之物比质实之物,给人一种形象美,这在朱自清的散文中,俯拾皆是。然而,他用质实之物比"空灵"之物,从而托出"空灵"之物的形象,却更是出神入化。在《春》的结尾,作家这样写道:"春天像落地的娃娃……领着我们上前去。"

春天,她无形、无声,是"空灵"之物,一般人要描写出春天的形象,是多么困难,而朱自清写出来了,写得如此美。他独具慧眼,敏锐捕捉主体和喻体的"质"的相似点,把春天的美附丽于"刚落地的娃娃"的勃勃生气美,"小姑娘"的艳丽容颜美,"青年"的健壮身姿美,使抽象的"春天"有形、有色、有声、有神、有情,喷射出诗意的光辉。作家写物附意,扬言切事,也淋漓尽致地抒发了对春天无比热爱和热情赞美的深沉感情。

2. 绘画美。古人有"诗中有画,画中有诗"的美谈。能绘出影像的是画,透出神韵的是诗。好的画和好的诗总是相辅相成,浑然一体,朱自清写的虽是散文,却与诗画有异曲同工之妙。他的散文,有绘画的色彩美,也有诗的韵味美。不过,后者是融于前者,而自然流出来的。在《春》中有这段描写:"桃树、杏树、梨树,你不让我,我不让你,……还眨呀眨的。"

春天的景象被朱自清描写得多么精彩呀!读了这段文字,你仿佛置身于万物复苏,争奇斗艳的春天之中,又仿佛在品赏一幅清丽明朗的水彩画。这幅画,远处可见五彩缤纷的花色,近处可听蜜蜂的低吟,上有蝴蝶的翻飞,下有野花活泼俏皮的眨眼。远、近、上、下、浓、淡、燥、湿,虽是信笔点染,无事雕琢,却成为高妙的艺术珍品。为增强画面的色彩美,再三设譬花色;为使画面呈现生气,以眼睛眨与野花的神态构成一比。由于作家描绘画面,把美的情致注了进去,因此,几多诗意,几许春色,便从一幅动的、立体的画图中溢了出来。

3. 音乐美。音乐是以其特有节奏旋律来打动人心,感染人们,从而获得艺术魅力的。好的音乐,总给人以余韵袅袅、绕梁三日的美感。古今好的诗文莫不如此。

……

4. 含蓄美。汪洋奔放、直抒胸臆的诗是美的。余味曲包,含蓄蕴藉的诗更不失为美。诗为什么要含蓄?这是由生活决定的。生活本身就存在着含与露、隐与现、曲与直的现象。同时进行艺术欣赏的人们,是主观能动的。不希望作家、艺术家把话说尽,一览无余,而是要他们创造出"含而不露"的妙境,以便为人们提供想象和再创造的天地,含蓄非诗独有,散文亦然。朱自清的抒情散文,有余味,有余情,具有咀而"味之不尽"的含蓄美。这种含蓄美,同样也是用比喻艺术来加以实现的。

《海滨仲夏夜》

【课 引 子】

"一片自然风景是一个心灵的境界"(瑞士思想家阿米尔语)。每篇散文都是作者特定环境中的感情的结晶,他写的是景色的美,画的是自然的态,但所要表现的却是汹涌于自己心胸的强烈的感情。《海滨仲夏夜》写于1962年秋冬之际。1962年的中国,还处于三年困难时期,情况是严重的,某些人产生了悲观失望的情绪,个别的甚至对社会主义制度产生了怀疑。到底应该采取什么样的态度来对待困难?大约在春三月的时候,作者峻青回到家乡——山东胶东半岛上的一个偏僻的山村。这里是一个革命老根据地,春天青黄不接,人民勒紧了裤腰带,饿着肚子进行春耕,他们不满当时一些极左的做法,却毫无怨言地劳动,咬着牙要在河山之上点缀上更浓的春色。家乡可爱的山水、家乡可爱的人掀起了作者感情的波浪,他迫不及待地要以这些美丽的河山为背景、用这些动人的景色作衬托,勾画出家乡的英勇的人民。于是他就在那个小山村自己的家里,在小小的煤油灯下陆陆续续写了一组作品,本篇就是这组作品中的一篇。选入教材时,有所改动。

【教学目的】

1. 体会文中热爱祖国河山的美好感情。品味抒情散文借景抒情、融情入景的艺术特点。

2. 学习本篇抓住景色特点,层层展现美景美色的变景描写手法。

提高学生的观察力和艺术想象力。

一、教材研究
(一) 背景简介
峻青,当代著名作家。原名孙峻卿。1922年3月生。山东省海阳市西楼子村人。幼家贫,只读了几年小学,13岁便去工厂当童工。后来积极参加革命工作,家乡胶东半岛老革命根据地的许多可歌可泣的故事,激发起他创作的热情,1941年写出了第一篇作品《风雪之夜》,后担任报纸的记者和编辑,1949年后担任文艺界的领导工作,从1954年后写了一系列优秀短篇小说,如《黎明的河边》《党员登记表》等,表现了抗日战争和解放战争时期,胶东人民英勇艰苦的斗争和英勇不屈的精神,塑造了许多动人的英雄形象,在读者中产生了很大影响。本篇收在1963年出版的散文集《秋色赋》中。他的作品大都具有坚实的生活基础、强烈的斗争气息和革命浪漫主义精神,善于把环境描写、故事情节发展与人物内心活动有机结合起来,在思想性和艺术性上都有较大的成就。

(二) 重点难点讨论
1. 本文写景采用的是什么顺序?作者用了哪些句子或词组点明了顺序线索?
提示:根据海滨夜景的变景特点,采取了变景的描写顺序,随时间的推移展现了海滨夜色的层层变幻,从而描绘出了一幅精彩的画面。以"夕阳落山不久—夕阳逐渐西沉—夜色加浓"次第点明记叙的顺序。

2. 第1段主要是写晚霞、写海浪,还是写活动着的霞光?所写的景物有哪些特点?
提示:写夕阳下山后海面的霞光。看来写了天空、大海和波浪,其实都是围绕着霞光来写的,抓住霞光不停地在变动这个特点来写,在动中写出霞光的色、态和势。不仅是"闪烁""滚动""消失""又闪烁"等词语直接告诉我们霞光在活动,而且"霍霍"燃烧的声音和"燃烧"这个词本身,也形象地刻画出浪峰涌起映照着的霞光的动态。

3. 在写启明星之前,课文先写了什么?为什么要写这些?写启明星又抓住了什么特点?

提示:一开始,层次分明地写了天空的变化,细腻而逼真。先是霞光逐渐变淡,由深红而绯红,而浅红,最后完全消失了,天空由于光线一下变得清亮深蓝,而突然显得高远,给人一种肃穆的感觉。这样高远辽阔的天空,不是高楼林立城市的夜空,也不是云层低垂的冬季的夜空,而恰恰是空旷地带的夏夜所特有的。所有这些描绘,都是为启明星的出现做铺垫的。有这样的铺垫,才能用最凝练的笔墨直接写星,而且写得鲜明真切。

写启明星,紧扣住"大"和"亮"的特点写它的光辉,特别是把它放在广漠深蓝的天幕的背景上,更凸显出它那令人注目的"光辉"。作者又通过联想,把它比喻成一盏"明灯"。

4. 课文从哪个角度写海港周围山坡上的灯光?这个段落所写的内容切合《海滨仲夏夜》的题意吗?为什么?

提示:由天空的"明灯"写到城市各处灯。在各处灯中,又用"尤其"一词着重写了周围山坡上的灯光。并不直接写那些灯光的灿烂,而是写它们在海面上的倒影,而海又是在晃动着的,因而这静止的灯光,倒影在海面上,也晃动、闪烁起来,像"一串流动着的珍珠"。静态的灯火写活了,写美了,写得有生气。把这些倒影和"苍穹里的星斗"比衬,这也是抓住海滨既有辽阔的海面,又有空旷的天空这样的特点的。由"灯火"点明夜色,由"灯光"的倒影形象表现了"海滨"的特色,这段内容十分切合题意。

5. 文章的最后几段正面写到仲夏夜海滨的人们,作者为什么突出地写了人们的声,而没有写一个人的形和貌?

提示:(1)从写作的真实性看。人们的种种情景,作者是在幽静的夜色中一路散步所看到的,在浓重的夜色中,在随意的一瞥中,无法仔细观察到人们细致的音容笑貌,而给他留下突出印象的,是人们欢乐的声音,是这种笑语声所透露出的发自内心的愉快欢乐的情绪。(2)从全文的结构看。本篇是一篇写景的记叙文,仲夏海滨的人们是作为滨海夜景整体的一部分来写的,人在景中,人使景动了,活了,人和景融合成了一体。如果突出写一个个人的形貌,就会显得繁杂,破坏这篇写景记叙文的严谨的结构。

6. 篇末是怎样写海滨的月色的?这篇写景记叙文为什么要在月光的描写中结束?

提示:用了正面描写和侧面描写相结合的方法。例如第9段,先正面写月的本身,"是一轮灿烂的满月",再打比方放在大海的背景上写:"像一面光辉四射的银盘似的,从那平静的大海里涌了出来。"接着扩大到四周,写大海里波浪上和沙滩上的月光,最后写月下的人群。

本篇要描写的是祖国河山一角的美,海上月色是最美的景色;要抒发的是对祖国河山的赞美,要表达的是一种乐观、开朗的情绪,在皎洁、明亮的月光的描写中结尾,更能表达这种感情。

二、训练内容

(一)"思考和练习"的参考答案

1. 参见"重点难点讨论"的有关提示。

2. 春天来了,大地从冬眠中苏醒过来,微微的春雨,滋润了(干枯)的泥土。(枯萎)的小草,被(和煦)的春风一吹,很快地恢复了它的生命。那些(五彩缤纷)的野花,矗立在草丛中,就像碧天里的星星。

鸟儿在树上跳着、舞着,那(清脆)的鸣叫声,好像在歌唱春天的降临。

(二) 综合能力训练

1. 课文用____比喻霞光,用____比喻启明星,用____比喻灯火,这些比喻有什么作用? 结合课文具体分析。

请你给下面的事物各找一个比喻句(不要重复课文上的语言):

(1) 天空的晚霞像_____
(2) 大海的波浪像_____
(3) 满天的星斗是_____
(4) 清新的空气犹如_____
(5) 轻柔的风吹在身上仿佛_____

2. 下面句子中加点的词,换成括号中的词语好不好? 为什么?

(1) 西方的天空,还燃烧(映)着一片橘红色的晚霞。
(2) 大海也被这霞光染(照)成了红色。
(3) 整个广漠的天空中,只有它一个在那里放射着(发射着)令人注目(灿烂)的光辉。
(4) 巷中的明灯越来越多了,而城市各处的灯光也次第(先后)亮了起来。
(5) 海水,轻轻抚摸(拍击)着细软的沙滩,发出温柔(轻轻)的刷刷声。
(6) 瞧,它的空气是多么清新,简直像用什么过滤过似的,一星(一点)灰尘都没有。

三、教学建议

(一) 预习指导

1. 开头一句话在全文中起了什么作用?
2. 本篇共画了几幅画? 画之间是怎样联系起来的?
3. 各幅画面有什么特点?

(二) 教材取舍

应将景色层层变化的描写作为本篇教学重点,作者写得细腻、真切,却又不琐碎、沉闷,这点要让学生仔细品味。修辞手法,正面侧面描写等只须调动学生的知识储备,无须多讲。

(三) 新旧知识联系

本篇教学的末尾,可安排一定的时间让学生从内容、结构、表现方法、修辞手法、语言风格等方面比较本单元的四篇课文。在这个基础上,作单元总结(总结内容参见本单元的教学建议)。

(四) 启迪思维,深究问题

1. 本篇所写的景色变化过程并不很长,却能写得如此细腻、真切,作者靠的是什么?

提示:对周围生活漠不关心的人,是不会认真去观察生活的。只有热爱生活的人,才会细致地、充满情趣地观察生活。没有认真的观察,也就不可能运用妥帖精当的语言来表达。作者靠的是饱满的热情和细致的观察。

2. 各个画面,除了时间推移的线索贯串其间外,还有一条感情暗线,使各个景色片断融合成一个整体,你能具体地分析一下吗?

提示:任何优秀散文,作者的感情总不是冷漠的,总是将自己的感情倾注在描摹的每一笔中。那霞光里燃烧着的,不就是作者对祖国江山的一片深情吗?那闪着亮星的天空,不就是作者一净如洗的襟怀吗?那海里晃动着的,不就是作者在美的享受中所获得的难以名状的愉快吗?令我们心醉、令我们神往的,不就是蕴藏于海滨夜色这"一片自然风景"里的"一个心灵的境界"吗?

(五) 课堂训练方法建议

作者在描写中,脑海里是产生了一些联想的,尽管在文章中没有直接点出。讲析后可引导学生想象,对"浪上霞光""天穹星斗""夏夜星海"展开类比联想,联想到相类似的场面和事物。

(六) 课外活动建议

学习抓住特点多方面描写景物的方法,进行变景的定点观察,或对一种植物的不同生长时间的变化开展观察。观察的时间、场合或物景可由学生自己选定,然后拟出详细的提纲,进行一次口头作文。

四、附录

(一) 可参考《峻青同志谈〈秋色赋〉等的写作》,部分内容摘录于下:

关于课文节选的问题,大概节选的同志对写景的部分比较欣赏。我觉得教学上有需要,教学生如何写景,如何造句,从写作技巧方面教育学生,从这个角度来讲也是必要的。文章比较长,全部选在课本中也许有困难。但是,如果是看文章的主题思想,那从节选的部分是看不出的。我想,是不是可以两个方面都能兼顾,因为一篇文章的景物描写和内容是分不开的。不是单纯为写景而写景的,节选往往有这样的局限性,单是照顾了文字技巧,而忽视了文章的内容,这也达不到教育学生的目的。

我的作品很注意景色描写。无论《秋色赋》《海滨仲夏夜》,还是《瑞雪图》,都有大段的景色描写。我喜欢情景交融,但绝不为写景而写景,总是希望把景色描写与文章内容有机地结合起来。

例如《傲雪篇》中的菊花,那大段的描写,目的是为了从各个侧面表现英雄人物的性格。《秋色赋》也是这样,写秋天的景色,正是为了写出这些景色怎么可爱,怎么来的,因为三年困难时期,有些人意志消沉,看起来很凄凉,而我并不这样看。《海滨仲夏夜》开头写了威海的景色,写了威海这样一个安静的小城市,主要还是为了写人民的爱国主义思想。

我希望学生在学习这几篇课文时,能注意这几点:要学习老革命根据地的人民是如何对待困难的,学习他们的崇高理想和情操。在任何情况下,在任何困难环境中,都要对革命充满必胜的信心……当然,我还希望学生从课文中学到那些遣词造句等写作方面的技巧。

(二)《海滨仲夏夜》未选的段落简介

第6段：在海滨城市的夜色中散步。

第7段：写大海变幻的色彩的美。

第8段：写山的雄伟、山坡的果树和威海市十里翡翠的葡萄长廊。

第9段：写当这儿还是一个荒陌的小渔村时，就燃烧起抗倭斗争的烽火；威海是一座具有反帝爱国传统的英雄城市。

第10段：威海人民是英雄的人民。

第12～33段：写来海滩休整的人们谈话，详记一位白发苍苍的老人与一帮孩子的对话。老人的叙述，控诉了帝国主义分子的残暴，描述了老百姓的反帝暴动，斥责了清政府的卖国行径，揭露了国民党反动派在海边残害爱国人民的罪行。对话中也表现了红领巾们的爱憎分明的感情。

单元检测题

一、听写词语(按记录速度报词语)。

明净　凑巧　幽雅　絮絮叨叨　点缀　黄晕　稀稀疏疏
抖擞　安适　狭窄　宽敞　绯红　广漠　肃穆　舒畅　喧嚣
弥漫

二、给下面的字分别注上音(其中单个的字要注上两个不同的音)，并分别组成词或词组。

$\begin{cases}慨\\概\end{cases}$ $\begin{cases}躺\\趟\end{cases}$ $\begin{cases}绵\\棉\end{cases}$ $\begin{cases}梢\\稍\end{cases}$ $\begin{cases}恼\\脑\end{cases}$ $\begin{cases}眨\\贬\end{cases}$ $\begin{cases}散\\撒\end{cases}$ $\begin{cases}躁\\燥\end{cases}$ 藏　长　和　脉

三、解释下列画线的词在这段话中的意思。

鸟儿将巢安在繁花嫩叶当中,高兴起来了,<u>呼朋引伴</u>地<u>卖弄</u>清脆的喉咙,唱出<u>宛转</u>的曲子,跟轻风流水<u>应</u>和着。

四、填空。

1.《香山红叶》的作者是____,描写采用的是____顺序,以____托喻____。

2.《济南的冬天》的作者是____,描写采用的是____顺序,取了____、____、____、____等景物,表现出济南的冬天_____。

3.《春》的作者是____,描写采用的是____顺序,略写了____、____、____,详写了____、____、____、____等景物,表现出了春天的_____。

4.《海滨仲夏夜》的作者是____,描写采用的是____顺序,次第写了____、____、____和_____;主要用了_____的修辞手法。

五、说说下列句子中加点的动词用得好在哪里。

1. 小草偷偷地从土里钻出来。
2. 小草儿也青得逼你的眼。
3. 水藻真绿,把终年贮蓄的绿色全拿出来了。
4. 海水,轻轻地抚摸着细软的沙滩……
5. 烟树深处,正藏着我们的北京城。

六、下面一段话中运用了哪一些修辞手法,一一具体说出来。

千万条银丝,荡漾在半空中,黑油油的田野,披上了迷迷漫漫的轻纱。

雨落在水库里,像滴进晶莹的玉盘,溅起了粒粒珍珠;雨落在树梢上,像给枝条梳动着柔软的长发;雨落在大地上,卷起了一阵轻烟,土地绽出了一个个笑的酒窝……

小路,下着雨;山岗,下着雨;稻田,下着雨;四面八方都是雨,发出醉人的清香的雨。

第三单元教学设计

初中语文教材第四册

这一单元只有一课——"诗三首"。郭小川的《青纱帐——甘蔗林》用实中蕴虚的象征方法写出了革命战争岁月和革命建设年代之间的内在联系,激励读者要保持过去革命斗争的那么一股干劲,为保卫和建设社会主义的新生活自强不息,一往无前。艾青的《黎明的通知》写于民主革命时期,作者用拟人的方法,激情满怀地"通知"人们:黑暗即将过去,光明马上到来,为了迎接胜利,大家应行动起来。何其芳的《我为少男少女们歌唱》也写于民主革命时期。作者用直抒胸臆的方法,表达了对新的世界、新的生活的由衷赞美。

这一单元放在散文单元之后,可与散文相比较,领会诗歌的特点;并通过联系散文的特点,启发学生懂得从诗歌中学习构思和锤炼语言的方法,同样是写散文(包括记述文)所必需。

单元的教学要求和教学安排建议,与课文的教学目的、教学设计相同,详见后文。

诗 三 首

【课 引 子】

读了一些好的散文之后,人们常说:诗一般的语言,诗一般的构思!

可见,散文与诗有着某些相通之处。事实也的确如此。一些散文家往往都会写诗,许多诗人写出的散文,不乏脍炙人口的佳作。当我们比较集中地读了几篇散文之后再来读一读诗歌,大家一定会进一步体会到散文的语言和构思的特点,大家也可以进一步从诗歌中汲取营养,提高自己的阅读能力和写作能力。

【教学目的】

1. 领会课文运用象征、拟人等多种方法表现巨大的革命热情,对光明和未来的无比向往,以及勇往直前的英雄气概。

2. 理解课文抓住某些具体的形象,展开联想和想象,表现作者思想感情的方法。

3. 学习课文用准确、鲜明、生动的词语和排比、对偶等句式表情达意。

一、教材研究

青纱帐——甘蔗林

(一) 背景简介

作者郭小川(1919—1976),是我国当代著名诗人,出生于河北省丰宁县的一个知识分子家庭,曾在北京读书,1937年"七七"事变后参加革命,在王震领导的三五九旅工作,参军后不到两个月就加入了中国共产党,当过旅的政治部宣传科干事,兼任过教导营的政治教员,后来又担任了旅司令部的机要秘书。1941年到延安,后在延安马列学院、中央研究院(文艺研究室)和中央党校学习,度过了难忘的四个半年头。1945年10月到1948年5月,任故乡丰宁县县长和热西专署民政科长。1948年夏,调到党的宣传部门工作,担任过中共中央热辽分局的机关报《群众日报》的副总编辑,兼任《大众日报》负责人;天津解放时,任《天津日报》第一任编委兼编辑部主任。1949年5月随军南下,曾任中共中央中南局宣传科副科长,宣传处处长。1953年3月,调到中共中央宣传部任理论宣传处副处长。1954年夏,调任中共中央宣传部文艺处副处长。第二年,又调任中国作家协会秘书长,党组成员,以后又担任党组副书记。"十年动乱"中受到林彪、四人帮残酷迫害,1976年10月18日不幸逝世。

郭小川写了许多歌颂党、歌颂革命的优秀诗歌,如《向困难进军》《将军三部曲》《秋歌》等。《青纱帐——甘蔗林》写于1962年,当时,我国已经克服了三年严重的经济困难。这一年,作者从南到北访问了许多地方,从群众的斗争、生活和语言中吸取了更加丰富的营养,为自己的创作注进了强劲的战斗活力和浓烈的生活气息,写出了《厦门风姿》《乡村大道》《刻在北大荒的土地上》《祝酒歌》等名篇。

(二) 疑难词句举要与辨析

1. 青纱帐:"帐",亦作"障"。夏秋之际,北方高粱、玉米等农作物长成之后,一望无际,好像青纱制成的帷帐。

2. 衷肠:内心的情意。

3. 凛冽:读 lǐn liè,刺骨的寒冷。"冽"与"洌"比较,后者是指水清,如"清洌"。

4. 炽烈:炽,读 chì,不读 zhì。"炽烈",炽热而猛烈。

5. 秸秆:读 jiē gǎn,庄稼的茎。"秆"与"杆"不要混淆。

(三) 重点难点讨论

1. 题目:《青纱帐——甘蔗林》中的"——"是什么符号? 有什么作用?

提示:用这样的题目,简明而发人深思:"青纱帐"与"甘蔗林"到底有什么联系呢? ——这正是诗人要告诉读者的内容。

2. 作者究竟为什么要将二者用连接号连在一起呢?

提示:(1) 二者外形上有相似之处。(2) 更为重要的是,二者有着内在联系：① 北方的青纱帐，作者用来象征过去革命战争年代，南方的甘蔗林用来象征今天的革命建设岁月；② "青纱帐"培育了无数革命者，迎来了革命斗争的胜利；"甘蔗林"也同样培育着一代新人茁壮成长；③ 没有昔日的"青纱帐"，就没有今天的"甘蔗林"；今天的"甘蔗林"，又是新时代的"青纱帐"。

3. 诗歌第1段中写道："北方的青纱帐啊，你至今还这样令人神往。"诗歌是怎样具体写出这种"神往"的？

提示：第2、3两段，是具体回答。"染上战斗的火光"，说的是在青纱帐里经受了战争的锻炼和考验；"浴过壮丽的朝阳"，说的是在青纱帐里得到了党和马列主义、毛泽东思想的哺育、培养；"生出翅膀"，说的是在青纱帐里获得了生命的活力和无穷的力量；"炼成纯钢"，说的是在青纱帐里受到锻炼变得无比的坚强。"我的……""我的……"，一连串偏正词组反复铺陈，加上省略号的运用，说明了"我"以及与"我"有关的一切，无不从青纱帐里汲取营养。"青纱帐"，指的不只是北方具体的庄稼林，它是党领导下的北方革命根据地和革命战争年月的象征。一提起它，我们就会想起过去革命战争时期那难忘的峥嵘岁月。作者就是用了上面所说的那些形象的语言，具体地写出了"神往"的原因。

4. 诗歌第1段又说，"南方的甘蔗林哪，你竟如此翻动战士的衷肠"，课文哪几段讲了这个内容，怎样讲的？

提示：第4～6段，写甘蔗林，具体回答上述问题。在第2、3两段，作者直抒胸臆，感情比较外露，这三段，作者的语言比较含蓄，感情更为深沉。作者在这里将北方的青纱帐与南方的甘蔗林作了生动的比较，在比较中突出了甘蔗林的甜、香、美、亮，突出了甘蔗林有着"大气的芬芳"，"朝雾的苍茫"，"欢乐的吟唱"，"节日的盛装"，多么美好，多么恬静，多么欢乐，多么繁荣！相比之下，北方的青纱帐又是多么严峻（满怀凛冽的白霜），多么动乱（充满炮火的寒光），多么紧张（只听见心跳的声响),多么艰苦(只看到破烂的衣裳)! 读着这样的诗句,你想到的难道只是具体的"甘蔗林"? 你难道不觉得这是作者在为我们社会主义新中国的幸福美好而放声歌唱?"甘蔗林",这不正是今天社会主义祖国的缩影或象征?

但是,必须看到,没有昔日的斗争,哪来今天的胜利? 没有昔日的艰苦,哪来今天的欢乐? 这正是作者"衷肠"翻动的主要原因! 在这里,有声有色,动静结合,南方北方,过去现在,两种生活,两个时代,对比何等鲜明,情景多么不同,可又融合、统一得何等协调! 这样的诗句,不仅形象生动,而且富有哲理,发人深思。

5. 既然青纱帐与甘蔗林是两个时代的象征,诗人在第7段又为什么要将二者糅合起来呢?

提示:第7~9段,是作者进一步点明二者的内在联系,表达了作者不忘昔日,继续革命的决心和抱负。风暴、雷声……,这些形象,一语双关,具体说明了无论北方还是南方,无论过去还是现在,对一个革命者来说,到处都可以经受锻炼,获得教育,吸取营养,得到成长。这些诗句,启迪着读者:今天,我们虽然已经取得了伟大的胜利,但是不能忘记,前进的路上还有着"风暴"和"雷声",祖国辽阔的天地正等待着我们去建设、打扮、装点。我们只有像过去的革命者一样,才能继续受到"光华"的照耀和"琼浆"的滋养。

6. 第10段,作者为什么离开了青纱帐和甘蔗林去写人? 这是不是离题?

提示:不能说是离题。作者是在写生活在"甘蔗林"中新老战士的昂扬的斗争精神。这样的战士,正是"青纱帐"哺育的结果,也是"甘蔗林"滋养的结晶。在这里,作者由物及人,将人和物结合在一起写,更增添了诗歌的现实性和战斗性。有了这样的战士,一旦敌人挑衅,今天的"甘蔗林"就又会变成昨天的"青纱帐",变成杀敌的"锐利的刀枪",织成置敌于死地的"强大的罗网"！有了这样的战士，什么困难不能克服，什么敌人不能战胜呢？真正的革命者，既热爱过去的战斗生活，也就一定爱今天的战斗生活，因为过去与现在之间，有一条革命的道路贯通着，紧紧相连。我们的革命者，将一代一代沿着这条路大步前进。

（四）启迪思维，深究问题

《青纱帐——甘蔗林》的写作意图是什么？这样的意图在表现时有何特点？这样的表现方法好在哪里？

提示：(1)课文由甘蔗林引出青纱帐，又由青纱帐回到甘蔗林，然后将二者结合在一起进行描画，从而形象地抒发了这样的思想感情：过去的革命斗争是为了今天的幸福生活，今天生活在幸福之中的革命者不忘过去的革命斗争。经过斗争考验的新老革命战士沿着党所指引的方向，敢于斗争，敢于胜利，永远革命，永远前进。这既是作者的决心和感受，也是作者对人们的激励和教育。这就是作者的写作意图。(2)作为文学作品，诗要以形象感人。作者在这首诗中写了两个地方，两种时代，两代革命者。撷取了"青纱帐"和"甘蔗林"这两个富有特色的具体事物来写，容易引起读者联想。将二者结合起来，人们读后就觉得诗歌处处在写"物"，又处处不限于"物"。这样，景中有情，物中有意，寓情于景，寓意于物，把丰富的思想感情蕴含在生动的形象之中，诗歌要说明的道理就不致空泛。

黎明的通知

（一）背景简介

作者艾青，原名蒋海澄，浙江金华人，1910年生。少年时代受"五四"文学革命的影响，初中毕业后考入杭州国立西湖艺术院。1929年赴法国学习绘画，后因爱好法国著名诗人波德莱尔和兰波的诗作，放弃美术，开始写诗。1932年回国，在上海参加"中国左翼美术家联盟"，7月，因思想激进被法国巡警逮捕入狱，狱中以艾青为笔名创作了长诗《大堰河——我的保姆》(1933年),轰动了当时的诗坛。抗日战争期间,写了《复活的土地》。全面抗战爆发后,加入了"中华全国文艺界抗战协会"。长诗《向太阳》《火把》是这一时期的代表作。1941年皖南事变后到达延安,1945年加入中国共产党。这一时期的代表作有《愿春天早点来》(1944年)、《献给乡村的诗》(1945年)、《反法西斯》(1946年)、《黎明的通知》(1948年)、《舵手颂》(1948年)等。1949年后,曾任《人民文学》副主编,并当选为第一届政协候补委员、全国文联委员、作协理事、美协理事。由于被错划为右派分子,艾青沉默了二十多年。1978年,发表了《红旗》,继而又创作了《在浪尖上》《光明的赞歌》等。曾任《诗刊》编委、中国文联委员、中国作家协会副主席等职。

(二)疑难词句举要与辨析

1. 垃圾:圾,读"jī",不要读成"xī"。

2. 畜棚:畜,作动词读"xù",如"畜养";作名词读"chù",如"畜生""牲畜"。课文中与"鸡埘"相应,应读为"chù"。

3. 污秽:秽,读"huì",不要读成"suì"。

4. 殷勤:这儿是热情而周到的意思。

5. 鼾:读"hān"。

6. "因正义而战争"的"因":在这里,有"为"的意思,不是表原因,而是表目的。

7. 渗合:渗,读"shèn"。"渗合",这里有渗透、混合的意思。"渗"与"掺(chān)"不同。

8. 虔诚:虔,读"qián",恭敬而有诚意。

(三)重点难点讨论

1. 根据内容和结构,题目《黎明的通知》可以有几种理解?课文是哪一种?

提示:可有两种理解:(1)黎明发出的通知,即由"黎明"通知大家;(2)通知的内容,是"黎明",即关于黎明的"通知"。前者如《我的回忆》,后者如《母亲的回忆》(朱德)。课文应按第一种理解,作者将"黎明"当作人来写,用的是拟人手法。

2."黎明"发出的"通知",包括哪些内容?

提示:(1)告诉大家"我"从哪里来;(2)告诉大家"我"将带来些什么;(3)告诉大家应该怎样欢迎"我"。

3.诗歌写"黎明"通知了哪些人?为什么要这样写?

提示:诗歌从不同的角度,写"黎明"通知了城市里的人,又通知了村庄里的人,通知了女人,又通知了男人;通知了年轻的男女,又通知母子;通知了病者、产妇,又通知老人、负伤者、难民;通知了一切不幸者,又通知一切爱生活的人。这样,从不同的地域,不同的身份、年龄、性别、性格等许多方面,把应该通知到的,都写了进去,其目的就在于唤起所有的人,希望大家行动起来,满怀信心,迎接光明。

4.在这首诗里,"黎明"比喻什么?作者写这首诗的用意何在?

提示:"黎明",是用来比作解放、自由、胜利、幸福。作者运用这一鲜明的通俗的形象,告诉人民翻身得解放的日子即将到来。这是作者坚信革命必胜的科学预言,也是广大人民对胜利到来的热情渴望。

我为少男少女们歌唱

(一) 背景简介

作者何其芳(1912—1977),四川万县(今重庆市万州区)人,1935年毕业于北京大学哲学系。1938年夏到延安,在鲁迅艺术学院任教,不久加入中国共产党。后任鲁艺文学系主任。1944年至1947年,两次被派到重庆工作,曾任中共四川省委委员、宣传部副部长、新华日报社副社长等职。中华人民共和国成立后,被选为第一、二、三届全国政协委员,第三届全国人民代表。历任全国文联委员、中国作协理事和书记处书记、中国社会科学院文学研究所所长等职。著有诗集《预言》《夜歌和白天的歌》等,散文集《画梦录》等,文艺论文集《关于现实主义》《论〈红楼梦〉》《关于写诗和读诗》《文学艺术的春天》等。《我为少男少女们歌唱》写于1941年。

(二) 重点难点讨论

1. "少男少女",用现在的话,应当怎样说? 作者为什么要为他们歌唱?

提示:"少男少女",就是现在所说的男女青年。这是从文言文沿袭而来的用法。在文言文中,"少年",指的就是现在所说的青年。诗歌第1段,从"早晨""希望"等不同侧面,表达了对新生活、新世界的赞美与向往;而青年,正是祖国的未来,他们正创建着"那些属于未来的事物",体现了"正在生长的力量"。因此,他要为少男少女们歌唱。

2. 对于少男少女,诗人抱着怎样的希望?

提示:在第2、3两段中,诗人用"飞""找"等形象化的词语,希望少男少女都与诗人一起,去赞美并迎接新的生活、新的世界。

3. 怎样理解诗歌的最后一段?

提示:这一段,写出了为少男少女们歌唱的感受。由于诗人对未来满怀信心,因此"变得年轻",血"流得很快"。在这里,诗人既表达了自己对美好未来的信念,又进一步用未来激发读者特别是青年人,以引起强烈的共鸣。

(三) 启迪思维,深究问题

1. 将"诗三首"与散文单元的几篇课文比较,看一看二者的异同。

提示:(1) 相同处,都注意精巧的构思,语言讲究锤炼,感情较强烈;(2) 不同之处,诗歌跳跃性大,语言的音乐性强(如押韵、对偶、排比、反复、铺陈),一般分行,散文则不必。

2. 将这三首诗比较一下,说一说它们的不同特点。

提示:《青纱帐——甘蔗林》,主要用象征手法,在将青纱帐与甘蔗林作对照的时候,采用对偶、排比等整齐的句式,揭示了事物的内在美;

句式匀称,韵脚响亮,一韵到底。《黎明的通知》用的是拟人手法,诗人在通知各种人迎接黎明时,描绘了一幅幅有声有色的图画,形象地勾勒了各种人迎接黎明的神态、动作和心情。节奏自由,有清淡而深沉的散文美。《我为少男少女们歌唱》是直抒胸臆,语言含蓄、隽永、深刻而又形象,像一首优美的乐曲,音量虽不宏大,感情却很沉郁,能印入读者的心田,唤起心灵的共鸣。

二、训练内容

(一)"思考和练习"的参考答案

参阅"重点难点"讨论。

(二)综合能力训练题

1. 填空

风暴是_____,雷声也_____,

无论哪里的____,都一样能_____;

太阳是_____,月亮也_____,

无论哪里的____,都一样能_____;

____是一样地明澈呀,雨水也_____,

无论哪里的____,都一样是_____;

____是一样地高远呀,大地也_____,

无论哪里的____,都一样是_____。

(填好之后,找出几组对称的词、词组和句子,并说一说运用了哪几种修辞方法。)

2. 说一说下面一首诗的含义:

树

艾 青

一棵树,一棵树

  彼此孤立地兀立着

  风与空气

  告诉着它们的距离

  但是在泥土的覆盖下

  它们的根伸长着

  在看不见的深处

  它们把根须纠缠在一起

1940 年春

  3. 从以下的题目中选择一个,或自拟题目,写小作文一篇,注意学习《青纱帐——甘蔗林》的构思方法:

  《车轮滚滚》(由今天的汽车、火车,想到过去的独轮车、大板车等,写出二者的内在联系,注意要有思想上的深度)

  《路》(眼前的路,过去的"路",将二者联系在一起,不也是很有可写的内容吗?)

  《在高楼上》(高楼引起的遐想,遐想的内容,要与房屋有关)

(三) 课外活动建议

  要求学生从《郭小川诗选》《艾青诗选》或别的诗选(如上海教育出版社出版的《青春诗选》)中选择自己最喜欢的诗,在适当的集体场合(如班会、班级活动)中朗诵。

三、教学建议

(一) 预习指导

  重点预习第一首,要求理解题目中连接号表达的意思,说一说将二者连接起来有什么作用。

  预习时,要求学生反复朗读,至少三遍。

其余两首作为阅读课文,不必预习。

(二)教材取舍

第一首要着重理解诗的构思和排比、对偶的句式,第二、三两首,不必过细分析,只要在朗读中了解它们所表达的思想感情即可。

(三)教学设计

用诗歌的"形象",与有关"形象"显示的相近的抽象的思想作比较,是教学的基本方法之一,因此,要引导学生挖掘诗句所体现的思想,然后再回过来看一看诗歌如果就是讲几句抽象的话好不好,什么道理,以此加深对诗歌特点的理解。

在教学时,可先提一些启发性的问题(参见前文),让学生带着问题朗读,然后一起讨论、研究、归纳,再用朗读巩固。最后,用小作文巩固所学知识,使读写结合,将知识转化为能力。

四、附录

参考书目:

1. 《中国新诗选》(臧克家编选,中国青年出版社 1956 年版)
2. 《青春诗选》(上海教育出版社《中学生文库》)

第三单元检测题

阅读下面一首臧克家写的短诗,然后运用所学知识回答问题。

老 马

总得叫大车装个够,
它横竖不说一句话,
背上的压力往肉里扣,
它把头沉重地垂下!

这刻不知道下刻的命,

它有泪只往心里咽,

眼里飘来一道鞭影,

它抬起头来望望前面。

1932 年 4 月

问题:

1. 写出这首诗的韵脚(把押韵的字找出来,并注上拼音)。

2. 说说诗中加点的字用得好在哪里。

3. 说说作者对老马怀着怎样的感情(要以诗歌的语句为例),作者写老马的意图是什么;对于老马的这种遭遇,你读了以后有什么感想。

第五单元教学设计

初中语文教材第六册

本单元包括《地质之光》《二六七号牢房》两篇课文。这两篇课文都是报告文学。报告文学是常用的一种新闻文体,它具有一定的新闻性,要求内容真实,反映及时,富于战斗性;又具有文学性,讲究一定的情节安排,性格刻画,环境描写以及必要的细节描写。两篇课文都注意选择几个最典型的具体材料来表现人物的精神品质,采用夹叙夹议的方法,语言生动,富有感情色彩。

《地质之光》按人物活动的时间顺序写,并以谈话、演说(人物语言)构成作品的主要内容;

《二六七号牢房》以第一人称写法,把作者在特定环境——二六七号牢房中所见所闻所感直接向读者描述,亲切,真实,富于说明力和感染力。

(一)单元教学要求

1. 以范文所写人物的精神品质,激发学生热爱祖国,献身"四化"的思想感情。

2. 学习在记叙中恰当地插入描写、议论、抒情等表达思想内容的写法。

3. 了解报告文学的一般特点。

(二)单元教学安排建议

第一种,讲读。

在默读、朗读的基础上,采取围绕教学重点,拟出若干讨论题,在学生口议的基础上,教师逐点归纳小结,并作单元总结。

第二种,比较。

从选材、写法、语言等方面比较这两篇文章的异同,教师在学生议论的基础上进行单元总结。

《地质之光》

【课引子】

之一:(由简介李四光生平导入)李四光是我国著名的地质学家。青年时,考上官费留学日本学造船,后又留学英国学地质,想以自己学得的本领帮助祖国富强起来。但国民党反动派政府对李四光的科研工作不但不予支持,反而设置种种障碍。他坚持真理,勇攀科学高峰,经历相当艰苦的历程,创立了一门新的科学——地质力学。1948年,他应邀去伦敦参加第18届国际地质学会会议。同年,沈阳解放,当时还在伦敦的李四光兴奋异常,在朋友的帮助下,他摆脱了国民党反动派的阻挠,离开英国,经过法国到瑞士。1950年5月,他终于克服重重困难,回到北京。李四光回到祖国后,在党的关怀教育和支持下,为祖国社会主义建设做出了巨大的贡献。

之二:(由了解报告文学的一般特点导入)今天我们学习一篇报告文学作品,题目叫《地质之光》。以前,我们学过报告文学作品没有?(学生回答:学过《谁是最可爱的人》)请同学考虑一下,报告文学有哪些特点?(学生回答后,教师归纳)报告文学是常用的一种新闻文体。它把现实生活中具有典型意义的真人真事,作适当的艺术加工,及时地报道出来。报告文学具有一定的新闻性,要求内容真实,反映及时,富于战斗性;又具有文学性,讲究一定的情节安排,性格刻画,环境描写以及必要的细节描写。

【教学目的】

1. 了解毛主席、周总理对李四光的亲切关怀以及李四光为发展我国地质事业所作出的杰出贡献。

2. 使学生领会并学习课文引用人物语言表现人物音容笑貌(气魄、风度)的写法。

3. 学习课文在大段的演讲、谈话的间隙中插入作者精练的抒情、议论、描述的写法。

一、教材研究

(一) 背景简介

作者徐迟,是诗人,又是报告文学作家,中国作家协会理事。原名徐商寿,1914年生于浙江省吴兴(今湖州)。双亲都是教师,作者本人也曾在家乡当过五年的小学和中学教师。1933年开始在上海的《现代》杂志上发表作品。他早期的作品主要是诗歌和散文。1936年出版第一部诗集《二十岁人》。后又出版诗集《最强音》和散文《美文集》、特写集《狂欢之夜》,并翻译了雪莱诗选的《明天》、莫德的《托尔斯泰传》、爱伦堡的《巴黎的陷落》等。中华人民共和国成立后,曾作为《人民中国》和《人民日报》的特约记者两次到朝鲜战场,四次到鞍钢,六次到长江大桥工地,在全国各地旅行,跑了大半个中国,写有诗集《战争,和平,进步》《美丽,神奇,丰富》和《共和国之歌》、论文集《诗与生活》、特写集《我们这时代的人》和《庆功宴》。1957年至1960年,任《诗刊》副主编。1962年发表一系列水利建设的特写。粉碎"四人帮"后,在一个时期内致力于报告文学的创作,发表了《哥德巴赫猜想》《生命之树常绿》《在湍流的涡旋中》《地质之光》等,又结集为《哥德巴赫猜想》出版。

(二) 疑难词句举要与辨析

1. 绵延:延续不断。"延"不可误写成"廷",偏旁是"廴"不是"辶"。

2. 屏障：像屏风那样遮挡着的东西。

3. 英姿勃勃：英俊威武，精神旺盛的样子。

4. 谈笑风生：有说有笑，谈话谈得很高兴和谐。"生"不能误写成"声"。

5. 倾心：本文中意为拿出真诚的心。

6. 索性：干脆。

7. 悉心：尽心。

8. 扉(fēi)页：书刊封面之内印着书名、著者等项内容的一页。

9. 毫厘不爽，形容一点不差。毫、厘，都是很小的计量单位；爽，差失、不合。"毫"不能误写成"豪"。

10. 动容：脸上出现受感动的表情。

11. 低首心折：折，折服。形容心悦诚服。"折(zhé)"不能误读成"shé"，不能误写成"拆(chāi)"或"析(xī)"。

12. 神采奕(yì)奕：形容精神饱满，容光焕发。奕奕，精神焕发的样子。"奕"不可误写成"弈"。

(三) 重点难点讨论

1. 课文记叙了李四光多少年间的活动情况？主要选取了哪几件事加以具体细致地叙写的？

提示：课文中记叙了李四光回国后近二十年间的活动情况。从1950年5月6日写到1969年，从他六十岁写到八十岁，这是李四光一生中最重要的一段经历，他的生活、思想、科研发生了深刻的变化，进入了一个新的生活阶段。在这二十年中，作者选取两次谈话和两次会议以及在李四光主持工作的地质部取得的巨大成绩作为叙写的重点。写李四光在两次会议上的讲话集中表达了他在地质科研的理论和实践方面的新的发展，为祖国社会主义建设做出了巨大贡献。写两次谈话就是具体形象地写出了李四光所以取得这些新的发展与贡献的力量源泉——党的关怀、教育与支持。

2. 课文第2段集中写了李四光从北京饭店四楼看到的西窗外和南窗外的景色,作者为什么要写这一景色?怎样描写这一景色的?

提示:作者写李四光所看到的这一景色是为了反映李四光从国外回到祖国首都北京,开始新生活后的激动、兴奋、喜悦的心情。由此可见,通过人物眼中所见的景色反映人物的内心活动,是写景的作用之一。作者先写看到的西窗外景色:近处的"金光灿灿的天安门城楼"和远处的"绵延苍翠的燕山褶皱带";再写看到的南窗外景色:近处的"正阳门、崇文门的城楼"和远处的"天坛圆顶",由近及远,写得层次分明,井然有序。

3. 本文写的是真人真事。作者写人,除了写人的动作、神态外,主要是记叙人的谈话,恰如其分地表现谈话者的气魄和风度,使读者如闻其声,如见其人。课文怎样写周总理的动作、神态?周总理对李四光的谈话说明了什么?表现了周总理怎样的气魄与风度?

提示:"总理满面笑容,英姿勃勃,目光炯炯地大踏步走进房间来,紧紧地握住了他的手。""总理又环顾室内,和许多在座的老同志点头招呼,谈笑风生。""他们谈话中不时爆发出大声的笑。"对总理的这些动作、神态的描写表现了总理矫健英武的身姿以及他对同志亲切和蔼、热情爽朗的性格。周总理对李四光的谈话,说明了总理对李四光政治上的高度信任,对李四光的身体健康无微不至的关怀,对李四光的成就和学识的高度评价,对李四光"婉转地评论"和"具体地建议"更表现了总理对一位杰出的科学家的殷切期望和对祖国科学事业的高度责任感。总理的这一番谈话表现了他伟大的无产阶级政治家的气魄和风度。

(四)启迪思维,深究问题

本文内容几乎全由谈话和演说构成,作者只是在转述这些谈话和演说。这样的题材,作者是怎样把它写得生动活泼、引人入胜而无枯燥乏味之感的?

提示:(1)作者在转述这些谈话和演说的前头、中间、末尾,插入自己的精练的叙述、描写、议论和抒情;(2)写出每次谈话的不同气氛;(3)写出每次谈话中人物的音容笑貌、风度仪态、思想感情。

二、训练内容

(一)"思考和练习"的参考答案

1、2 参见"教材研究"。

3. 提示:"李四光这一生中还从来没有过一次这样舒畅和快乐的谈话。"——这一句点明情况的话是在周总理和李四光的谈话中间出现的。写出了周总理的关怀在李四光心头引起的反应,强调了党对科学事业的关怀。

"这一席话,说得听者动容,低首心折。"——这一句点明情况的话出现在周总理和李四光的谈话结束后,表现了总理谈话的巨大力量和李四光心悦诚服的兴奋心情。

"那是怎样的一个回答?多好的一个回答啊!"——这一论断性的议论出现在李四光回答毛主席的垂询前面,赞美了李四光的卓越的识见。

"这时,中南海上,轻尘不飞,勤政殿前,纤萝不动。"——这一句点明情况的话出现在毛主席接见李四光的谈话的中间,渲染了接见的庄严气氛,表现了党对科学事业的巨大关怀。

"李四光用他的学识,他的智慧,为我国描绘了多么美丽的石油、煤炭、金属、非金属、稀有元素、分散元素等矿产资源的远景啊!"——这一带有抒情成分的论断性议论出现在毛主席接见李四光的谈话末尾,强调了李四光的远见卓识对我国社会主义建设事业的重大意义。

(二)综合能力训练题

1. 讲述所知道的关于李四光的小故事。

(讲前教师可引导学生阅读有关介绍李四光的文章,观看影片《李四光》,要求学生讲述时声音响亮,口齿清楚,有一定的表情。讲述后,可组织学生根据上述要求进行评论。)

2. 把下列词语连成一段文字,简要评述周总理的光辉形象和崇高品质。注意:要有评有述。可先总述后总评,也可以边述边评。词语的次序可以颠倒。

满面笑容　英姿勃勃　目光炯炯　谈笑风生　问寒问暖　悉心关怀　婉转　建议　环顾　亲切

3. 课文在转述李四光的讲话中谈道:"宋朝的大科学家沈括在《梦溪笔谈》中写着,中国的石油将'大兴于世界'。虽然他说的其实只是要肤施油墨来代替黄山松墨而已,但他说了这个很好的预言。"阅读下面这篇文章,然后说出其大意。

石　油

鄜延境内有石油,旧说高奴县出脂水即此也。生于水际沙石,与泉水相杂,惘惘而出。土人以雉尾裹之,乃采入缶中,颇似淳漆。燃之如麻,但烟甚浓,所沾幄幕皆黑。

予疑其烟可用,试扫其煤以为墨,黑光如漆,松墨不及也,遂大为之。其识文为"延川石液"者是也。

此物后必大行于世,自予始为之。盖石油至多,生于地中无穷,不若松木有时而竭。今齐、鲁间松林尽矣,渐至太行、京西、江南松山太半皆童矣。造煤人盖未知石烟之利也。石炭烟亦大,墨人衣。予戏为延川诗云:"二郎山下雪纷纷,旋卓穹庐学塞人。化尽素衣冬未老,石油多似洛阳尘。"

(三) 课外活动建议

1. 阅读报告文学集《哥德巴赫猜想》中的《哥德巴赫猜想》《生命之

树常绿》等报告文学作品,比较它们与《地质之光》在选材、写法等方面的异同。

2. 组织学生观看影片《李四光》。

3. 收集材料,并加以整理,写一篇报道一位先进人物的文章。

三、教学建议

(一) 预习指导

1.《地质之光》这个题目的含义是什么?

2. 阅读《地质之光》全文,了解这篇文章前四个部分的内容是什么。

3. 这篇文章是按什么顺序写的?作者选取了哪些具有典型意义的事实?

4. 文章是怎样通过记叙人物的谈话来表现谈话者的气魄与风度的?

(二) 教材取舍

本文在记述李四光回国后二十年的经历中,选取了毛泽东同志、周恩来同志与他的两次谈话以及他的两次学术报告为重点,在重点记叙中,本文又着重通过人物的语言表达人物的思想感情,而且在叙写人物谈话时,又辅以描写、议论、抒情,加以渲染,使人物形象栩栩如生。教学时,应根据学生实际把上述内容作为教学重点,而对于课文中所涉及的科学术语及总理和李四光关于地质力学方面的谈话,因是深奥的理论,学生难以理解,教学中则简略带过即可。

(三) 教学设计

课前简要介绍李四光的动人事迹。

采取围绕教学重点,教师提出思考题,学生自学、思考、议论,最后由教师加以归纳、点拨的方法。

安排三课时。

四、附录

1. 关于李四光

李四光(1889—1971),湖北黄冈人。我国著名地质学家。青年时,官费留学日本学造船,后又留学英国学地质,想用自己的本领帮助祖国富强起来。回国以后,应蔡元培先生之请,任教北京大学地质系。教书严肃认真,对学生要求也很严格,但不讲究衣着,有时裤子破了也不在乎,有的学生开玩笑地叫他"破裤子先生"。1927年,由于地质研究上的初步成就,获英国伯明翰大学授予的科学博士学位。在科研中,他坚持真理,不畏强暴,坚持与敌视中国的帝国主义国家地质"权威"及中国买办式的"学者"作斗争,富于民族气节;同时,他又十分注意学习、吸取外国先进科研成果以为我所用。但国民党反动政府对李四光的科研工作不但不给予支持,反而经常设置种种障碍。李四光曾愤然说:"中国这样大,却无我容身之地!"1934年,趁中英交换教授作学术报告的机会,去英国讲学,深得英国地质学界的重视。他把讲稿整理成书,名为《中国地质学》,在伦敦出版。1936年,取道美国回国。全面抗战时期,鉴于他在学术界和教育界的声望,蒋介石在庐山、重庆多次想以教育部长之类高位来拉拢和收买他,他都托故拒绝了。在重庆期间,他两次见到周恩来同志,这使他进一步了解中国的光明前途,并更加向往延安。1948年,受邀去伦敦参加第18届国际地质学会会议。11月初,沈阳解放,他兴奋异常,立即开始做回国的准备工作。正在这当口,蒋介石密令国民党驻英使馆:要李四光发表声明,拒绝共产党政府给予的全国政协委员的职务;如果李四光不肯发表声明,就扣留他。李四光在朋友的帮助下,得知这个消息后,当机立断,连夜离英,经法国到瑞士。临走前,他给国民党驻英大使留下一封信,大意是:"我决不发表你们要我发表的声明。我要立即返回祖国去。"他还劝告那个大使认清大势,不要再为蒋介石效劳了。1950年5月,李四光克服了种种艰难险阻,回到北京。

2. 关于《地质之光》

《地质之光》全文共分六部分：第一部分写李四光在 20 世纪初到 1947 年的遭遇与在地质方面的优异成就，创建了地质力学这门新的科学；他对国内政治形势的基本态度（反对国民党的黑暗统治，向往光明的前景）；他准备参加 1948 年于英国伦敦举行的国际地质学会年会。第二部分写李四光以革命热情，进一步充实和丰富地质力学的理论，以强烈的感情宣告了新华夏构造体系的诞生。第三部分写李四光在友人的帮助下，摆脱国民党反动派的阻挠，从伦敦到瑞士准备回国的经过。第四部分写李四光在归国途中的经历以及他在归途中研究地质构造、撰写科学论文的生动事迹。课文节选的第五、六两部分，集中描叙了李四光回到祖国后，在毛主席和周总理的关怀、教育和支持下，为祖国社会主义建设做出的巨大贡献。

文章以"地质之光"为标题，象征着李四光一生热爱祖国，热爱共产党，热爱科学，坚持真理，追求光明，刻苦钻研，勤奋工作，为祖国社会主义建设，对世界地质科学作出的杰出贡献，他的一生是闪闪发光的一生。

《二六七号牢房》

【课 引 子】

之一：上学期，我们学过《坚强的战士》这篇课文。请同学们回忆一下，林红在狱中教林道静、俞淑秀唱的那首囚歌的内容是什么？（学生回答后，教师引导）在黑暗如漆、腥秽如血的年代里，多少革命者被敌人逮捕入狱，但任凭敌人怎样虐待，他们的"热血依旧在沸腾"；敌人的残酷折磨、严刑拷打丝毫也不能动摇他们的斗志，"牺牲的虽然牺牲了，活着的依然在战斗"；他们坚信："总有一天，红旗将随着太阳红遍全球！"中国的革命者是这样，外国的革命者也是这样。

之二：(学生读课文注释①后，教师补充)伏契克出身于工人家庭，18岁就加入了共产党。1928年，受党指派，担任捷共中央机关报《红色权利报》的编辑。《绞刑架下的报告》是伏契克被囚禁在庞克拉茨监狱时，在身受酷刑，又被严密监视的艰难情况下秘密写成的。当时的一个爱国看守冒着生命危险向伏契克提供纸和铅笔，然后又把写满字迹的纸张秘密带出狱外，分藏各处。捷克解放后，由作者的妻子古丝达·伏契克娃汇集整理出版。《绞刑架下的报告》不是普通的报告文学作品，而是一部壮丽的英雄史诗。它深受捷克人民及全世界人民的热爱，1950年荣获国际和平奖金的"特别荣誉奖"。现已被世界各国译成各种文字，出了一百六十多种版本，在全世界产生了巨大的影响。

【教学目的】

1. 学习反法西斯战士团结战斗，坚贞不屈的高贵品质和对共产主义事业充满信心的革命情操和乐观主义精神。认识德国法西斯凶残、怯懦的本质。

2. 领会本文采用第一人称和叙事抒情相结合的写作特点。

一、教材研究

(一) 背景简介

本文节选自《绞刑架下的报告》。作者伏契克是捷克作家，著名的反法西斯战士。1903年他出生于一个工人家庭，一生爱好音乐、戏剧和文学。18岁时加入共产党，并担任大学生共产主义组织的领导工作。1928年，捷克反动当局疯狂镇压工人运动，向共产党发动全面进攻。在这期间，伏契克受党委托，担任捷共中央机关政治和文化周刊《创造》的总编辑和捷共中央机关报《红色权利报》的编辑与记者。这以后，他为了斗争的需要，一直过着半公开半地下的生活。1938年9月，捷克卖国政府接受了慕尼黑协定。1939年3月15日，德国法西斯全部占领了捷克,伏契克(当时已是党中央委员)被迫转入地下,继续留在布拉格领导对敌斗争。1941年春,党的第一个中央委员会被破坏。在艰难的情况下,他和另外两名中央委员一起建立了第二个中央委员会,并负责政策指导和新闻宣传,继续领导捷克人民与法西斯匪徒进行斗争。1942年4月24日,由于叛徒出卖,不幸被捕,关押在布拉格近郊庞克拉茨秘密警察监狱的二六七号牢房里。在狱中,法西斯匪徒以最残忍的手段折磨他,企图使他屈服。他面对法西斯的酷刑和屠刀,视死如归,表现了共产党人宁死不屈的革命气节和百折不挠的斗争精神,特别是在如此艰难的条件下,竟以惊人的毅力和勇气,写下了不朽名著《绞刑架下的报告》。作品手稿是在爱国看守克灵斯基帮助下一页页被带出监狱,存放各处。1945年捷克解放后,才由伏契克的妻子古丝达·伏契克娃整理出版。1943年6月9日,《绞刑架下的报告》刚刚写完最后几行,伏契克便被接走了,后又辗转被押往柏林。1943年9月8日,柏林法西斯法庭判处伏契克死刑。他高唱《国际歌》英勇就义。

(二) 疑难词句举要与辨析

1. 褐(hè)色:黄黑色。"褐"的偏旁是"衤",不是"礻"。

2. 枢(shū)纽:事物的关键。"枢"不能误读"qū"。

3. 肘(zhǒu):上臂和前臂相接处向外面突起的部分。"肘"不能误读为"cùn"。

4. 炖(dùn):加水烧开后用文火久煮使烂熟(多用于肉类)。

5. 草拟(nǐ):起草;初步设计。"拟"不可误读成"sì"或"shì"。

6. 栅(zhà)栏:用铁条或木条做成的类似篱笆而较坚固的东西。"栅"不能误读"shān"。

(三) 重点难点讨论

1. 布拉格庞克拉茨监狱二六七号牢房是法西斯囚禁革命者的地方,课文从哪些方面揭露了法西斯摧残革命者的残暴罪行?

提示：牢房内恶劣的生活环境（牢房狭小，陈设简陋）；囚犯们精神上受摧残（"连人都机械化了，像是些自动机器"，"弹簧似地跳起来，直挺挺地站着"）；肉体上受折磨（除被严刑拷打外，还要受饥挨饿："我们的肚子饿得叽里咕噜地叫"；"洗澡时都露出皮包骨头的瘦样子"；"那掺着稀番茄汁的令人作呕的干菜粥也成了我们渴望的美味"）。

2. 作者反复交代："从门到窗子是七步，从窗子到门是七步。""走过去是七步，走过来是七步。"而作者对"这个"沉闷、狭窄、单调阴暗的牢房的"一切"两次强调"我很熟悉"，含义是什么？

提示：这个牢房过去是捷克反动政府囚禁革命者的地方，伏契克"也许就是在这一间牢房"被监禁过。现在，它又成了德国法西斯迫害革命者的地方，这就有力地揭示了内外反动派是一丘之貉；同时，也表达了伏契克为了人民的美好未来，与国内外敌人一直进行着坚决的斗争。

3. 卡瑞尔·马里茨是一个工人革命者，作者没有用过多的笔墨来描写他，但这一人物却深深铭刻在读者心中。作者是怎样描写卡瑞尔的？

提示：先概括介绍卡瑞尔的光荣历史。他是个司机，运出过地下革命工作所需要的爆炸物。他对妻子和孩子"爱得要命"，但为了祖国的解放事业，他毅然离别妻子和孩子，献身革命。他说，"这是我的义务"，"我只能这样做"，他酷爱自由胜过亲人，把献身革命事业当作自己的崇高义务。作者把卡瑞尔对妻儿的挚爱和对祖国的热爱相对照，充分表现了一个共产党人忠于革命，视革命利益高于一切的伟大胸怀和崇高品格；然后写卡瑞尔对伏契克的尽心爱护。他设法并以"强制手段"使"我"吃东西。他为"我"能吃下一碗稀粥而感到很高兴，又为"我"不能吃下去肉菜汤而"叹息"，"悲哀"。临别时，他跪在"我"床边，双手捧着"我"的头，吻"我"。这一切表现了他对垂危的伏契克的深情关怀。所以，尽管伏契克处于半昏迷状态，却不能忘怀"他那善良的心"。

4. 课文在深情记叙"老爸爸"约瑟夫·贝舍克无微不至地关怀和照料"我"的事迹中，为什么要写他趁着早晨半小时放风的时间，冒着生命危险采摘"一小朵雏菊和一根青草"带给"我"？

提示：这是一个以小见大、意味蕴藉的细节。它不但向人们敞开了"老爸爸"那诚挚、纯洁、渴望光明和自由的心扉，而且也表达了"老爸爸"和"我"之间团结战斗、永不凋败的友谊。虽经霜打雪压、风凌雨欺，而仍然含苞怒放的雏菊和萌芽吐绿的青草，正是坚韧顽强、不屈不挠的化身，它将给被法西斯打得皮开肉绽、人事不知的伏契克以思想上精神上的支持和鼓舞。

5. 伏契克把监狱变为对敌斗争的战场，以实际行动影响、团结、鼓舞难友和同志们，向法西斯侵略者进行不懈的斗争。课文从哪些方面表现了伏契克坚强的党性和反抗法西斯的革命精神？

提示：运用侧面描写手法从以下四方面表现：（1）难友对伏契克的关怀与鼓励。在秘密警察头子"不管死活"提审"不能移动"的伏契克时，抬担架的难友嘱咐他"手里要拿稳，心里也要拿稳"，鼓励他要为真理和正义坚持斗争到底，决不动摇妥协。（2）伏契克鼓励难友家属。伏契克面对囚犯家属的哀怜目光，表示"不喜欢这样子"，他"把手举到头上，握紧拳头"，"向他们致意"，激励同志们紧密团结，坚决斗争，同时也表现了自己决心与敌人斗争到底的坚强不屈的意志和大无畏的革命精神。（3）揭露法西斯匪徒的凶残与虚弱本质。对法西斯匪徒把垂危的伏契克抬去审问的滑稽场及审问"没有多久，秘密警察弗立德里赫很不小心地'碰'了我一下"的描述，有力地揭露了法西斯匪徒的惨无人道与色厉内荏的本质。作者以幽默的语言对敌人进行辛辣的讽刺与无情的嘲笑，同时也表现了自己坚贞不屈的崇高品质与乐观主义的精神。（4）对太阳与歌唱的赞美。歌唱是革命者战斗的武器，"没有歌唱就没有生命，就像没有太阳就没有生命一样"。在作者笔下，太阳就是光明，就是胜利,就是未来。他坚信,光明和胜利一定会到来,祖国一定要胜利,人民一定得解放!热爱歌唱,热爱太阳,集中表现了伏契克的革命乐观主义精神。

(四)启迪思维,深究问题

《二六七号牢房》不仅具有深邃的思想内容,也具有强烈的艺术感染力。除了用第一人称以及叙事、抒情、议论相结合的写法外,本文在语言的运用上有些什么特色?

提示:(1)以朴素的语言表达深厚的感情。文中很少有缠绵委婉的抒情之言,慷慨激昂的发意之词,也难得有夸张形容的惊人之笔,比拟描绘的动人之墨,作者把火一样的热烈感情和海一般深沉的意念寄寓在平常的写景、写人、写事之中,真是笔轻意重,墨淡情浓。(2)以幽默的语言对法西斯匪徒进行辛辣的嘲讽。如伏契克被打得不省人事,四个党卫队员还要握着枪,用凶暴的眼光监视他,"怕"他"逃走",一个"怕"字生动地揭示了敌人貌似强大,实为怯懦的本质。"秘密警察弗立德里赫很不小心地'碰'了我一下","不小心"实际是存心,"碰"实际是拷打。这些幽默的语言无情地揭露了法西斯匪徒的残暴,表现了伏契克对敌人的极端蔑视。(3)运用比喻、排比、反复、象征等修辞手法,增强了语言的表现力。如对"挂在门口的号牌上的名字"变换反复描写:"三个,两个,三个,两个",含蓄而深刻地表现了革命者英勇顽强,前仆后继的斗争精神及法西斯匪徒残杀革命者的累累罪行。又如用阳光来象征光明,象征胜利,象征革命理想的实现更是意味深长,寓意深刻。

二、训练内容

(一)"思考和练习"的参考答案

参见"重点难点讨论"。

(二)综合能力训练题

1. 教师朗读第二部分最后一段,要求学生静听、默记,然后说出这一段共有几个句子,从哪几方面表现"老爸爸"贝舍克对身负重伤、濒临死亡的伏契克的关怀、爱护。

提示:这一段共八个句子,几乎每个句子都记述了一件事。从以下三个方面表现贝舍克对伏契克的关怀与爱护:

(1) 减轻伏契克的伤痛;(2) 生活上无微不至的照顾;(3) 精神上给以安慰和鼓励。

2. 朗读《绞刑架下的报告》片段,并概括所读片段的中心。要求读得声音响亮、口齿清楚、富有感情。读后教师组织学生进行评论。

3. 讲述国内外革命者在监狱中与敌人英勇斗争、宁死不屈的英雄事迹。要求在讲述中穿插适当的议论和抒情。

(三) 课外活动建议

1. 阅读《绞刑架下的报告》,了解伏契克等革命者坚持斗争、英勇不屈的革命精神以及法西斯匪徒惨无人道地迫害革命者的滔天罪行。

2. 选择一个场面,仔细观察,然后抓住环境特征、人物活动,写一篇文章。

三、教学建议

(一) 预习指导

1. 认真阅读课文,并概括每段大意。

2. 给加点的字注音,并注出它另一种读音:

(1) 汤匙(　　)(　　)　　(2) 重演(　　)(　　)

(3) 恶劣(　　)(　　)　　(4) 脏衣服(　　)(　　)

(5) 转瞬(　　)(　　)　　(6) 传票(　　)(　　)

3. 课文哪些地方表现了伏契克坚贞不屈、英勇无畏的崇高品质?哪些地方揭露了德国法西斯的凶狠残暴和色厉内荏的虚弱本质?

4. 找出课文中表现作者热爱歌唱、热爱阳光的句子,并体会它们的深刻含义。

（二）教材取舍

本文选取狱中斗争生活的几个片段,用第一人称写法在叙事中穿插抒情,歌颂了反法西斯战士的优秀品质,揭露了敌人残酷迫害革命者的滔天罪行,教学时,宜将重点放在第1、3两段,对卡瑞尔、贝舍克与作者的战斗友谊则可不必多加讲析。

（三）教学设计

以学生自学为主,教师提问启发并归纳小结。

安排三课时。

四、附录

关于《绞刑架下的报告》

《绞刑架下的报告》是伏契克被囚禁在庞克拉茨监狱时,在身受酷刑又被严密监视的艰难境况下,从"死神那里窃取的时间里"秘密写成的,是一首用鲜血和生命写成的反法西斯的英雄战歌。作者如实地描写了他从被捕第一天起,法西斯匪徒对他施行骇人听闻的拷打和迫害的滔天罪行;描写了他组织和领导"狱中集体"向法西斯匪徒作斗争的事实,揭露了敌人内部矛盾重重和他们的色厉内荏、士气低落,表现了"狱中集体"的坚如磐石、刚毅乐观、宁死不屈。特别是对法西斯匪徒的兽性和对叛徒懦夫的卑污灵魂的揭露深刻有力。与此形成鲜明对照的,我们看到了为人类的解放事业斗争到生命最后一息的共产主义战士的光辉形象。

《绞刑架下的报告》共约七万字,分八章。开头三章——《二十四小时》《死时的痛苦》《二六七号牢房》,记叙伏契克的被捕,法西斯匪徒对伏契克的严刑拷打和伏契克宁死不屈的革命精神。第四章《四〇〇号》,记叙伏契克被捕的真实原因及米瑞克的叛变,写捷克共产党员把秘密警察的拷问室变成了共产党的中央。第五章《人像和木偶（一）》,描绘了在狱中坚决斗争的共产党员的英雄形象,揭露了法西斯秘密警察的残暴,愚蠢和虚弱。第六章《一九四二年的戒严》,记叙德国法西斯为巩固其摇摇欲坠的统治而对捷克共产党员和人民群众所进行的血腥镇压。第七章《人像和木偶(二)》,描绘在纳粹监牢中其他的同志和木偶的群像。第八章《历史的一页》,追叙了党中央委员会被破坏、重建,再度被破坏的经过,以及另两位中央委员被捕后的情形。全书充分表现了英雄的捷克共产党员和劳动人民忠于祖国、忠于革命、坚贞不屈的崇高品质,深刻揭露了德国法西斯惨绝人寰的罪行。它充满了对共产主义事业的坚定信念。正因如此,它不是普通的报告文学作品,而是一部壮丽的英雄史诗。它深受捷克人民及全世界人民的热爱。1945年在捷克出版后,已被译成86种语言,1950年荣获国际和平奖金的"特别荣誉奖"。

《二六七号牢房》选自《绞刑架下的报告》中的第三章。

知识短文教学设计

初中语文教材第六册

《句与句之间》

【教学目的】

1. 教学本文,使学生认识到写文章必须思路清楚,有条有理,不仅要注意段与段之间的联系,还必须注意每段话里句与句之间的联系。

2. 使学生懂得,不同的文体句子与句子之间的联系有各自不同的特点,但不论什么文体,每一段话都要说明一个意思,所有的句子都要围绕这个意思来发挥,从而使学生在写作中能做到有条有理,句句相连,环环相扣,首尾一致,把意思表达出来。

一、教材研究

1. 我们写文章时,不仅要注意文章里段与段之间的联系,还要注意每段话里句与句之间的联系,做到前后一贯,首尾一致。如何理解"前后一贯""首尾一致"?下面这段文字的意思是否连贯?

(1)小王是个朴实可爱的青年。(2)干起活来总是把浑身的劲儿都使上。(3)衣服整洁、朴素。(4)微黑的圆脸,粗壮的身体,浑身充满青春的活力。

提示:前后一贯,是指前一句和后一句之间在意思上的连贯,或者前几句和后几句之间在意思上的连贯,首尾一致,是指全段各句之间在意思上的关系,所有的句子都要围绕这一段的中心意思。前后不连贯,就是前言不搭后语;首尾不一致,就是东拉西扯,一段文章没有中心。

这段文字的中心是说小王"朴实可爱"。"朴实"可从人物外表上看出:"可爱"则既包括外表,又包括精神品质。第(1)句提出这段文字的中心,第(2)(4)句的一部分说的是人物的精神品质,第(3)(4)句的一部分说的是人物的外表,所以句与句之间意思不连贯。可先说人物衣着,然后说人物外貌,再由"身体"说到"活力",由"活力"说到干活的"劲儿"。顺序调整为(1)(3)(4)(2),意思就连贯了。

2. 各种文体都要注意每段话里句与句之间要前后连贯,首尾一致。课文中为什么说"特别是议论文,更要注意句与句之间的联系合乎逻辑"?

指示:议论文要摆事实,讲道理,做到以理服人。主要运用概念、判断和推理,所以更要注意句与句之间的联系合乎逻辑。

3. 推理是由一个或几个已知判断推出一个新判断的思维形式。它首先要求已知判断(即推理的根据)必须是正确的,其次还要求已知的判断和推出的新判断之间具有严密的逻辑联系。违背这些要求,就会产生逻辑错误。下面这一推理是否合乎逻辑?

劳动人民是历史的创造者,我的父亲是劳动人民,他就是历史的创造者。

提示:表面上看来,两个前提中的"劳动人民"这个词是相同的,但实际上二者表达的概念并不相同,大前提中的"劳动人民",是指千千万万劳动者所构成的"整体",小前提中的"劳动人民",仅是千千万万劳动者中的"一分子"。它们没有相同的概念起桥梁作用,就不可能必然地推出结论。

4. 怎样才能做到每段文章句与句之间的意思前后一贯,首尾一致?

提示：(1)要确定每一段文章的中心意思，一段中的所有句子都要围绕着这个意思来发挥。(2)下笔之前先要仔细地想一想，尽量想清楚一段之内先说什么，后说什么。写完之后，还要一句句地推敲，有不连贯的地方，就加以改正。

二、训练内容

1. 下面一组句子，应该怎样重新安排，才能做到句与句之间前后连贯，首尾一致？

(1)我们写东西，时常有不会写的字。(2)此外还会有其他一些有关语文方面的疑难问题。(3)或者对自己所要写的某个字的字形说不准确。(4)我们读书看报，时常碰到不认识的字，不懂得的词语(包括成语、俗语、各学科的名词术语等)。(5)在这种情况下，最好的办法是查字典。(6)因此，我们应该有一些关于字典和词典的知识。

提示：合理顺序是(1)(3)(4)(2)(5)(6)。

2. 分析下面一段文章中句与句之间的关系：

(1)历史上的战争分为两类，一类是正义的，一类是非正义的。(2)一切进步的战争都是正义的，一切阻碍进步的战争都是非正义的。(3)我们共产党人反对一切阻碍进步的非正义的战争，但是不反对进步的正义的战争。

提示：第(1)句概括指出战争可分为"正义"和"非正义"两类。那么什么样的战争是"正义"的或"非正义"的呢？第(2)句就这个问题作说明，指出"进步的战争"是"正义"的，"阻碍进步的战争"是"非正义"的。我们对这两类战争应采取什么态度呢？第(3)句紧接着就回答了问题，我们反对"非正义"的战争，不反对"正义"的战争。句与句之间，围绕一个中心，环环相扣，紧密相连。

3. 分析下列三段论错在哪里？

(1)他看了很多古典文学作品，所以思想不健康。

提示：省略的大前提错误。

(2) 学生是不抽烟的，他不抽烟，所以他是学生。

提示：两个前提都是否定的。

三、教学建议

1. 本文内容较抽象，学生学习有一定的困难，应适当联系学生写作中前言不搭后语、东拉西扯的毛病，通过集体改正活动，加深对课文的理解。

2. 采取边讲边练的形式进行教学，使学生能较透彻地消化课文内容，并能初步把知识化为能力。

3. 议论文的句与句联系为教学重点。

4. 安排一课时。

第五单元 检 测 题

一、给下列字注音，然后分别组词。

| 绵 | 皱 | 纤 | 署 |
| 棉 | 雏 | 歼 | 暑 |

| 枢 | 掺 | 稚 | 慨 |
| 讴 | 渗 | 雅 | 概 |

二、根据拼音完成下列各词。

1. zhě____皱　　　 2. píng____障　　　 3. fēi____页
4. 垂 xīn____　　　 5. yùn____藏　　　　 6. chóu____备
7. 颠 bǒ____　　　 8. 滑 jī____　　　　 9. zhà____栏
10. 忧 yù____　　 11. níng____视　　　 12. 哀 lián____

三、填空。

1. 开国之初，生机蓬____。虽然百废____，但已经是万紫____的局面。各种景象,新鲜而又庄严,使他目不__给,驰__夺__。许多老友闻讯赶来,叙__话__。

2.《绞刑架下的报告》这部著作描述了_____,表现了_____,揭露了_____。

四、说说下列句子各运用了什么修辞方法?

1. 中南海上,轻尘不飞,勤政殿前,纤萝不动。

2. 连人都机械化了,像是些自动机器。

3. 挂在门口的号牌上的名字,从两个换成三个,又从三个换成两个,然后又是三个,两个,三个,两个,新的囚犯来了又去了。

4. 在这一年里,"老爸爸"这几个字上面的引号已经不存在了;在这一年里,两个年龄不同的囚犯已经变成真正的父子了;在这一年里,我们彼此的习惯,说话爱用的字眼,甚至说话的腔调,都掺和起来了。

五、把下列句子组成一段有条理的话。

(1)几幢正在兴建中的楼房吸引着南来北往的过客。(2)在北京展览路附近。(3)而只要绑扎好钢筋,支立好钢模,灌注混凝土,经12至48小时后脱模,便成为一间完整的房子了。(4)到11月初,他们采用这项新工艺,已完成一幢五层二千五百多平方米的住宅楼立体结构工程。(5)它既不要砖砌内墙,也不要预制构件拼装。(6)这就是基建工程兵驻京某部试验的隧道模建筑新体系。

六、从下列词语中选八个写一段约200字的短文。

英姿勃勃 目光炯炯 谈笑风生 意味深长 低首心折 神采奕奕 心潮澎湃 倾心长谈 雪融冰消 诚心诚意 昏迷不醒 普照大地

第一单元教学设计

高中语文教材第三册

《风景谈》

【教学目的】

1. 理解把延安军民火热的战斗生活寓于风景描写之中的创作意图,受艰苦奋斗、奋发向上的伟大民族精神的熏陶感染。
2. 学习课文在描写中插入议论,深化主题的表现手法。
3. 加强朗读和想象力的训练,发挥文章巨大的感染力。

【教学过程】

一、再现形象,引入课文

说也奇怪,文艺作品就是有难以磨灭的魅力。一旦某个动人的形象进入脑海,往往会常忆常新,经久不忘。不信,请同学们试试看。初中时候,我们学过一篇《白杨礼赞》,请同学们或用文中语句或用自己语言描述一下白杨树的形象。(请三五学生描述)

大家说得很好。白杨树是力争上游的树,笔直的干,笔直的枝,枝枝叶叶团结向上。白杨树伟岸、正直、朴质、严肃,也不缺乏温和,挺拔而坚强不屈,是树中的伟丈夫。作者塑造这样的形象寓意何在?我一"点",你们准知道。(学生回答)以白杨树象征敌后根据地共产党领导下的抗日军民,讴歌他们倔强挺立,不屈不挠的精神。

今天，我们学习茅盾同志的另一篇著名散文——《风景谈》。这篇文章写于 1940 年 12 月，在《白杨礼赞》之前。文中主要描写了延安新气扑面的风光，勾画了好些启人深思的形象。让我们细读深思，作者在文中描绘了哪些"风景"，表达了怎样的写作意图。

二、初读课文，理清画面，掌握概貌

1. 以"预习提示"为指引，认真阅读课文，思考回答下列问题：

（1）什么叫"风景"？文中描绘的风景与一般理解的有何不同之处？

（2）文中描绘了几幅风景？试给每幅风景加两个字或四个字的小标题。

2. 检查阅读情况，讨论上述两个问题。

（1）请读下列词语，并解释词义。

颀(qí)长：(身材)修长。

黑魆魆(xū xū)：形容黑暗。

干坼(chè)：干裂。

河水汤汤(shāng shāng)：河水又大又急。

浅濑(lài)：浅的急流。

（2）讨论几幅画面。

"风景"指风光景色。一般理解为自然景观，由山水、花草树木、建筑物等形成的可供人观赏的景象。课文中的"风景"，不仅包括自然景观，还包括人的活动，人是风景的构成者、风景的主宰。

文章先后描绘了六幅"风景画"。如果用两个字为各幅画拟小标题，就很难概括得准确。比如第二幅画，以"晚归"为标题，就表达不出人活动的自然背景。因此，在给画面拟小标题时，须注意两个方面的内容，一是人的活动，二是人活动的自然背景。

请以此为依据，衡量"思考和练习一"中的词语，哪些概括得很准确，有无可商榷的？显然，"沙漠驼铃""高原归耕""桃林小憩""北国晨号"等自然背景与人的活动兼备,特点鲜明。而"沙漠风光""石洞雨景""桃园即景""延河夕照"只有自然景色,"促膝读书""生产归来"又只有人的活动,不无遗憾。如果第四幅画以"石洞趣读"来概括,是否确切些? 第三幅画以"河畔声喧"概括可不可以呢?

即使人与景兼备,也有个准不准确的问题。如"黎明剪影",乍看很好,但你仔细阅读,就会发现这仅仅诉之于视觉,而破晓的喇叭声更能醒人耳目,因而"北国晨号"更为铿锵。

用词语概括或列小标题,不在于选用哪几个词,而在于对有关内容有切实的理解,真正把握住要点。

三、再读课文,剖析画面,理解内涵

1. 抓住六个画面再次阅读,要求:

(1) 弄清楚写景如何和写人的活动结合。

(2) 说明在写景中如何插入议论,而这议论起怎样的作用。

(3) 对自己最感兴趣、最有感受的画面进行剖析,从画面的构成、感情的抒发、议论的精辟到语言的运用。

(4) 朗读描写一两个画面的文字,体会遣词造句的准确、严密。

(5) 六幅画面之间是怎样联系、怎样衔接的? 如果去掉第一幅行不行? 原因何在?

2. 交流学习体会,开展讨论。

(1) 尽管六幅画面都既写景又写人,但结合的方法是妙笔生花,不同凡响。第一幅是先极写沙漠的纯然一色,茫茫无际。就在给人四顾有苍茫之感的时候,用移动的黑点、丁当的驼铃引入撑着猩红大旗领驼队行进于沙漠之中的人。作者没有花许多笔墨写具体的人,一杆猩红大旗已生气毕现。色彩的强烈反差,画外音的巧妙配置,使人与景融为一体;塞外风光表现得淋漓尽致,"人类比自然伟大"的判断发出诱人的呼唤。

黄土高原晚归图一着力写山的情态,一着力绘水的欢乐。蓝天、明月、黑魆魆的山、丛密挺立的谷子构成静谧的背景,从"长出两支牛角"引出三两掮犁晚归的种地人,用歌声伴他们没入山坳。用的是人从景中过的手法。河边声喧又是一番景色。雄壮的歌声、爽朗的笑声和河水的喧哗结合起来写,静穆的自然托出众多的弥漫着生命力的人,美妙绝伦。

"石洞趣读"采用了对比的手法,把两种背景两种人交织起来写,突出雨天荒山石洞内二人促膝而读的"奇迹"。

"桃林小憩"的画面上活动着一群群生气勃勃的人。先用相当笔墨描绘简陋的绿荫,然后用"应当从另一方面去看"极其自然地转到人的活动的叙述,而景也就由于人的活动很出名了。这一幅风景用的是欲扬先抑的写法。

"北国晨号"由破空的喇叭声带出贴照簿上号兵的画面,塑造了霞光下荷枪战士和小号兵的英姿。以景烘托人,虚实结合起来写,使屹立在山峰之上的两名战士的形象如在眼前。

每幅画面都有景有人,但有的是先景后人,有的是人与景交织写,有的是以静的景托人的动,有的是以静托静、雕塑形象,有的是人的单体显意义,有的是人的群体显特色。然而,不管怎样巧妙地运笔,都突出了人是风景的构成者,风景的主宰。

(2) 文章的这一主旨是通过简短的议论表现的。它的特点是:

结合风景描写,抒发感情,发表议论。如彩笔绘沙漠驼铃景后,用"多么庄严,多么妩媚"赞叹人的活动使自然为之改观,然后紧接着发表观赏此景的深刻感受,从理性的高度揭示人和自然的关系,起升华意境、画龙点睛的作用。

议论逐层深化,启人深思,感人肺腑。第一幅画面揭示人和自然的关系,赞颂人类的伟大。第二、三幅画面后生发议论,运用概念限制的方法,由一般到具体,歌颂"充满了崇高精神的人类",使开掘深了一层。"石洞趣读""桃林小憩"画面值得"称道"和"留恋",在于"内生活极其充满的人"作主宰,在于"人类的高贵精神的辐射,填补了自然界的贫乏",在于"人创造了第二自然"。这就从唯物辩证的高度阐述人类精神活动的能动作用,颂赞精神生活极其丰富的革命青年。北国的黎明风景,作者把他们当作民族精神的化身来塑造,所以在篇末激情洋溢地议论"如果你也当它是'风景',那便是真的风景,是伟大中之最伟大者"。一个"真"字,一个"最"字,感情浓烈,笔力千钧,由衷地歌颂坚持抗战的战士。

一幅幅画面刻画的是生活片段,生产、学习、休息、战斗,从不同角度表现充满朝气的新生活。从形式上看,信笔写来,时间、地域、人员幅度大,而一段段议论层层开拓,步步深入,犹如一根红线把一个个风景的横断面连缀成一个有机整体,神韵盎然,有力地表达歌颂延安军民的主题。

(3) 其中最为感人的莫过于最后一幅,言简意深,形象凛然。画面的构成别开生面,先用嘹亮的喇叭声打破寂静,吸引读者;然后宕开笔墨勾勒贴照簿上小号兵吹号的形象;再描写眼前实景。眼前实景描写既有与贴照簿上重合之处,又增添新的内容——荷枪战士的刚毅形象,而这形象的出现是用"使我惊叹叫出声来"引入的,既自然贴切,又可激起读者共鸣。最后把两个刚毅的形象胶合在一个画面上,以动衬静,以柔衬刚,凝重,威严。作者不是客观描写,而是全身心投入,"我"想,"我"回味,"我"听,"我"看见,"我"惊叹……因而"民族的精神化身而为他们两个"的感受是深刻的、真切的、撼人心魄的。感情的抒发渗透在字里行间,诗情画意,使人浮想联翩。

"生产归来"的群体画面也很感人。作者没有用在涂抹好的自然背景上勾画出人的活动的写法,而是用叙述的方法介绍奔赴延安的有志青年,"七八种不同的方音"用"同一的音调"唱歌,拿调色板的手、拉提琴的手、不离木刻刀的手、下笔如有神的手、调朱弄粉的手,为了一个目标聚到一起来了,都被锄锹的木柄磨起了老茧。这种超常的凝聚力,这种追求真理、献身革命的崇高精神怎不催人奋进,令人神往呢?自然美和人文美织成了美妙的风景,而充满崇高精神的人的活动确实是"伟大之中之尤其伟大者"。

(4)朗读第三或第六幅风景的文字,口头剖析语言特色。

比如"吐",准确生动。干坼的黄土把吸收的热"吐"出来。赋予黄土以生命,比"散"形象,更富表现力。

又如"清冽",把北国清晨空气的纯净、寒冷表达得十分准确。

文中语言洗练,清新,有色彩。山脊上"长"出两支牛角;它的光辉"幻"成了满天的彩霞;河水"跌"在石上便"喷"出了雪白的泡沫,等等,这些动词运用得出神入化。遣词造句功力极深,仔细咀嚼,意味无穷。

(5)六幅画面除内在联系外,注意文字上的衔接。在描写每一个画面之前,先使用提示句,如"于是我又回忆起另一个画面","另一个时间","另一个场面",等等,把读者引入画境。画面结束时,又以议论归结,对画意进行理性上的阐述,结构清晰。

第一幅风景是塞外风光,与后五幅描绘的不是一个地点。这幅风景的佳妙且不去说,目的在从远处落笔,娓娓谈来,貌似谈与现实无关的沙漠景象,实际上由远及近,由浅入深,由一般到具体,从赞美人类改造自然的活动开始,引出对延安军民生活与斗争的怀念。颂扬沙漠风光为全文定下"自然是伟大的,然而人类更伟大"的基调,这个基调是全文的引子,为后面的画面做铺垫。有了这个基调,后面几幅画境的寓意可层层深入,步步提高。

四、综合思考,研讨主旨

1. 本文用回忆录的形式来谈风景,而所谈的又不是单纯的风景,更主要的是赞美人,赞美有特定含义的人。根据阅读体会,述说是怎样的人。

是"内生活极其充满的"、有"崇高精神"的,主宰自然风景的延安农民、战士和知识分子。既然是这样的主旨,可不可以用个更为恰当的标题?请思考回答。

2. 用《延安礼赞》《延安人赞》似乎更为确切,那为什么不用,而用《风景谈》呢?采用《风景谈》为题,是一种战斗的艺术。正如作者在《回忆录》中说,"我写了延安的'风景',而把政治寓于风景之中"。作者生活在只准"多谈风月",不准议论国事的国民党反动统治的白色恐怖年代里,要纵情歌唱另一个天地里人民的生活、战斗、思想情操,不得不运用含蓄、曲折的表现手法,以此来对付国民党的书报检查官,使文章免遭"斧削"之灾。

3. 既然是隐晦曲折,会不会影响主旨的表达呢?

细心的读者对文章的真实用意是一看就明,一想就清楚的。这是因为用色彩、声响、形态(通过语言来表现)构成的风景十分逼真,使读者有身临其境之感,而每幅风景又都是新生活的气息扑面。《塞上风云》一句话暗示了写的是抗日时期,而一系列的议论又起着画龙点睛的作用。

文章之所以能如此跌宕多姿,挥洒自如,是由于作者有生活在延安的功底,深受延安儿女崇高精神的感染,"情动于中而言溢于外";还由于作者的笔力深厚,驾驭文字的功力极强,与《白杨礼赞》一样,成为思想深邃、艺术感染力很强的名篇。

【训练设计】

1. 阅读采用总—分—总的步骤,由粗知概貌到局部细部深入剖析,再到反映生活本质的写作主旨的理解,逐层深入。

2. 思维和语言的训练贯串于每幅画面的剖析之中。重点不在流水式的逐一剖析每幅画,而在于剖析画中景、画中人和画中景与人的结合,情与意的生发,训练思路的清晰和思维的条理化。

3. 进行朗读训练。

齐读文中五段议论性文字,读出判断、反问、赞叹的语气,领悟文章的精神实质。

每个学生小声朗读,理解"风景"的诗情画意,领悟语言的精练、严密、生动。

请二三位学生重点朗读几段,检查理解的程度和朗读的技巧。

四、抓住一两个画面要求学生进行眼看、口述、手写、心想的综合训练,使文中塑造的形象镌刻在学生心中。

例如在阅读分析的基础上要求学生口述北国晨号的风景。要求:开展想象,描述民族精神化身的感人形象,对画面的构成与意义进行评论。霞光、喇叭、刺刀的寒光、凛然在山峰肃立的战士,要主次分明,烘托得当,既要诉之于听者的听觉,又要能让听者脑中出现栩栩如生的图景,更要以形象中寓含的民族精神给人以感染。

学生口述后开展评论,深化感受,让学生懂得勤劳勇敢、酷爱自由、反抗侵略、反抗压迫、敢于战斗、勇于牺牲,正是伟大的民族精神,担负着挽救中华民族危亡重任的抗日战士当然是这种精神的化身,而一幅幅风景中艰苦奋斗、热情乐观、勤奋学习、精神充实的延安英雄儿女都是这种精神的体现者。如果说前几幅风景是撒开来写的话,这最后一幅是浓缩、高度浓缩,用民族精神浇铸成战士的雕像,那么庄重,那么沉稳,那么壮美,将全文的画意推到一个新的高度。作者不仅用词句,更用生命在赞美,在歌唱,正如毛主席所说的:"惟共产主义思想体系和社会制度,正以排山倒海之势,雷霆万钧之力,磅礴于全世界,而葆其美妙之青春。"作者对党所领导的生机蓬勃的革命事业的热情歌颂,对勇敢担负抗日救亡重任的延安军民的热情歌颂,对伟大的民族精神的热情歌颂,给人以深刻的启示和强烈的感染。

【教学说明】

1. 课的起始用《白杨礼赞》引入,一是以旧导新,二是加强形象所寓意义的理解,把作者同一时期相同主题的两篇名篇联系起来思考。

2. 检查阅读情况,目的在培养学生良好的阅读习惯。要求学生"三看一查一提问"。不能只看课文,还要读注释,读文前的"预习提示"和文后的"思考和练习",遇到不认识的字和不理解的词须查词典,有疑难问题应提问。

3. 自始至终以问题引路,促使学生读而思,从语言文字和思想内容辩证统一的高度把握文章的精神实质。

4. 重点剖析一两幅画面,其他粗线条地拉过,突出重点,兼及一般。

5. 反馈时(口述"北国晨号")掀起高潮,熔知识理解、能力培养、智力发展和思想情感的熏陶于一炉,使学生获得多方面培养。

6. 语言方面可学的很多,只能略举一二,主要通过默读咀嚼和朗读品味让学生感受。

7. 放手让学生读、想、说、评,教师只点拨引导。"思考和练习"全在学习过程中探讨解决,课后不留书面作业。

8. 摘引卞之琳《断章》中的诗句,供学生加深对"风景"的理解。诗句是:"你站在桥上看风景,看风景的人在楼上看你。"